신 영 어 학 총 서

고문　　　　조성식
주간　　　　전상범
편집위원　　김인숙　박병수
　　　　　　김영석　박영배

신영어학총서 전15권

1. 영어학개론 (전상범)
2. 영문법론 (조성식)
3. 영어품사론 (문용)
4. 영어음성학 (구희산)
5. 영어사 (박영배)
6. 영어음운론 (정국)
7. 영어형태론 (김영석)
8. 영어통사론 (이환묵)
9. 영어의미론 (이익환)
10. 미국영어 (김인숙)
11. 문법이론: (GB, LFG, HPSG)
    (박병수·윤혜석·홍기선)
12. 영문법 (조병태)

신·영·어·학·총·서 7

영어형태론
(ENGLISH MORPHOLOGY)

김 영 석

한국문화사

New English Linguistics Series 7

English Morphology

copyright by
Young-Seok Kim

Hankook Publishing Co., Seoul

영어형태론

(ENGLISH MORPHOLOGY)

한국문화사

「신영어학 총서」 간행에 부쳐

    1883년에 설립된 통변학교(通辯學校)를 우리나라 영어 교육의 효시라고 한다면 우리의 영어 교육도 이제 1세기를 넘긴 셈이며, 해방 후부터의 영어 교육도 반세기를 넘기게 되었다. 그간 영어는 우리가 처하게 된 특수한 사정과 국제적인 대세의 영향으로 그 중요성이 더욱 강조되어 왔다.

    그간 우리가 영어에 대해 쏟은 노력과 정열은 막대하다. 그러나 그 성과는 결코 만족스러웠다고 할 수 없다. 이것은 경험의 부족에서 오는 시행착오의 탓이기도 하지만, 그 보다는 영어 자체에 대한 학문적 접근 방법이 만족스럽지 못했다는 데에 그 원인이 있다고 할 수 있다.

    그러나 우리가 이 방면에 노력을 게을리 한 것은 아니다. 전국의 모든 대학에 영어영문학과나 영어교육학과가 있으며, 또 이들 과에는 여러 과목의 영어학 강좌가 개설되어 있다. 그럼에도 불구하고 이들 강좌들의 내용과 폭이 충분히 깊고 넓지 못했다는 것 또한 사실이다. 물론 이것은 영어학에서만 볼 수 있는 현상은 아니고, 아직도 일천한 우리나라의 학문 분야 전반에 해당되는 현상이기도 하다.

    이와 같은 현상을 극복하려는 노력이 영미어문학 총서라는 이름으로 몇몇 출판사에 의해 시도되었다. 그러나 이들은 그 이름이 말해주듯이 영어학만의 총서도 아니며, 대부분의 경우 완간을 보지 못한 채 오늘에 이르렀다. 그리하여 영어 교육 100년이라는 역사를 거치면서도 우리는 영어학 전문의 총서 하나 갖지 못하고 있다. 「신영어학 총서」는 이와 같은 상황에서 영어학도들의 욕구를 충족시켜야 한다는 시대적 요구에 의해 계획되었다.

    통상적으로 문법의 역사는 다음과 같이 분류된다.

(Ⅰ) 전통문법
　　문법 A: 규범문법(Varro, Murray)
　　문법 B: 문헌문법(Jespersen, Poutsma, Curme)
(Ⅱ) 언어학적 문법
　　문법 C: 구조주의문법(Fries, Trager/Smith)
　　문법 D: 변형생성문법(Chomsky, Halle)

해방 이전에 우리나라에서 교습된 영문법은 주로 규범문법이었으며, 문헌문법은 50년대에 들어와서야 그것도 극히 제한된 일부 대학에서 교습되었을 뿐이다. 한편 50년대 말부터 구조주의 문법이 관심 있는 일부 영어학도들 사이에 알려지게 되는 것과 거의 동시에 60년대에 들어서면서 변형문법의 큰 파도가 학계를 휩쓸게 되었다. 우리는 서구에서 2,000여 년에 걸쳐 겪은 문법의 변천을 불과 100여 년 안에 경험한 셈이다.

이처럼 우리나라의 영어학계는 해방 후 50여 년 동안 숨가쁘게 밀려오는 새로운 학문의 파도가 가져다 주는 연이은 충격에 노출되어 왔다. 그러나 너무 짧은 시간 동안에 겪어야 했던 너무 많은 변화가 적지 않은 혼란을 가져온 것도 사실이다.

혼란의 가장 큰 원인은 언어학과 영어학을 구분하지 못하였다는 데에 있다. 구조주의문법과 변형생성문법은 어디까지나 언어학이다. 따라서 문법 C와 문법 D에서 영어가 운위된다고 하더라도 그것은 근본적으로는 영어 그 자체에 대한 관심에서 출발한 것이 아니라 언어의 본질을 규명하기 위해 영어를 하나의 예로 삼고 있는 것에 불과하다. 영어학이 영어의 실증적인 면에 대한 관심이 높았던 대신 언어학은 언어 보편적 원리에 더 많은 관심을 가졌던 것이다.

이와 같은 근본적인 차이에 대한 몰이해는 결국 언어학과 영어학 사이에 상대방에 대한 비하라는 바람직하지 못한 결과를 가져 왔다. 언어학적 문법가들, 특히 변형생성문법가들은 이론적 바탕이 없는 지식의 축적은 별 의미가 없다는 생각을 가져 왔고, 전통문법가들은 새로운 언어 이론이 영어에 대한 우리의 이해를 넓히는데 이렇다할 도움을 주지 못한다고 믿어왔다. 양자의 주장 모두 타당하다. 이론의 뒷받침이 있을 때 자료가 빛나는 것도 사실이지만, 이론만 있다고 해서 영어학이 성립되는 것은 아니기 때문이다.

이와 같은 혼란 속에서 그간 우리나라에서의 영어학 연구, 특히 변형생성문법이 소개된 이후의 영어학 연구는 확실한 항로를 결정하지 못한 채 표류할 수밖에 없었다. 본 총서의 가장 큰 목적은 이와 같은 상황에서 바람직스러운 영어학의 위상을 정립한다는 데에 있다.

본 총서는 趙成植교수님의 발의에 의해 본인을 비롯한 金寅淑, 朴秉洙, 金永錫, 朴榮培 다섯 편집위원이 이론과 지식의 접목이라는 보다 원대한 목적을 위해 "언어로서의 영어에 대한 이해의 증진"을 목적으로 계획되었다. 각 분야의 권위자들에 의해 집필되는 본 총서가 해방 이후 혼미를 거듭해 온 우리 나라 영어학계에 그 나아갈 길을 밝혀줌으로써 작으나마 한국의 영어학에 공헌할 수 있게 된다면 총서를 주간한 사람으로서 더 없는 보람으로 여길 것이다.

정축년 초봄에

田 相 範

머 리 말

 이 책은 이전에 언어학에 접해보지 않았더라도 영어에 관심있는 이라면 누구나 쉽게 읽을 수 있도록 엮은 영어 형태론(English Morphology)의 입문서이다. 그것은 무엇보다도 영어 단어와 언어 전반에 대한 새로운 흥미를 자극하려는 의도에서 쓰여졌다.
 필자가 특별히 고심한 것은 지나치게 이론에 매이지 않고 영어와 영어 단어에 대한 이해를 깊게 할 수 있는 내용의 구성이었다. 최근의 형태 이론을 좇아 글을 쓰기는 오히려 쉽다. 그러나 그것이 영어 자체에 대한 이해를 넓히는 데에 얼마나 도움이 되었는지는 분명치 않다. 이 책에서 필자가 기본적으로 전통문법의 입장을 견지하기로 한 까닭이 여기에 있다. 다만 어떤 이유로서든 과거에 소홀히 했던 부분은 최근의 연구 결과를 토대로 할 수밖에 없었다. 전체 내용은 이론과 언어학적 전문어보다는 언어 현상의 기술에 초점을 맞추려 했고 이 흐름을 깨지 않으려고 애썼다. 다루어진 자료는 물론 차용이나 언어 유형론을 다룰 때처럼 불가피한 경우를 제외하고는 모두 영어에서 가져왔다.
 불과 15년 전에 Bauer는 그의 책의 말미에 "고대 문법 학자들이 범어(Sanskrit)를 기술한 이래 축적된 연구에도 불구하고 어형성은 아직도 유년기를 벗어나지 못했고, 어형성은 여전히 언어 연구의 '가장 비밀스런' 영역이다"(1983: 293)라고 끝맺고 있다. 돌이켜 보면, 형태론 연구에 있어서 생성문법 초기는 암흑기와 같은 것이었다. 1970년에 Chomsky의 "Remarks" 논문이 나오면서 생성문법 안에 형태론이 되돌아 올 빌미가 생겼다고 하지만,

Halle 1973에 이르러서야 겨우 생성 형태론의 틀이 짜이기 시작했으니 그 후의 괄목할 발전에도 불구하고 적어도 영어의 어형성에 관한 한 Bauer의 말이 터무니없다고 하기 어렵다.

생성 형태론에 관한 해설서(Scalise 1984, Spencer 1991 등)가 나온 지도 벌써 오래인데, 지난 시절의 문법은 알아서 무엇하는가 하는 의문이 있을 법하다. 사실 요즈음의 젊은 학자들 중에는 구조주의에 대한 아무런 배경 지식 없이 생성문법의 틀에만 매달리는 이가 적지 않다. 『신영어학 총서』가 기획된 것도 따지고 보면 이것 때문이지만, 이와 같이 그릇된 성향에 대한 우려는 비단 오늘에 한하는 것만은 아닌성 싶다. 1951년에 벌써 Haugen의 탄식 소리가 들렸으니 말이다.

　　미국 언어학자들은 점점 우리 분야에서의 유럽인들의 글을 읽기 어려워하고, 젊은 언어학자들은 나이든 필자들을 소홀히 하고 있어서, 우리는 얼마쯤 언어학의 전통과 더불어 여타 세계의 대표적 흐름과도 단절되고 있는 것이다. Saussure, Trubetzkoy나 다른 유럽의 학자들이 우리에게 연구 방법을 알려준 사색가들이었음에도 불구하고 언어 이론에 관한 미국인의 글에서 그들의 저작에 대한 언급은 찾아보기 어렵다.

현대 언어학의 방향을 제시하는 자리에서 나온 Haugen의 이 말은 분명 우리에게 많은 것을 생각케 한다.

언어학 공부가 대개 그렇듯이, 형태론에 대해 배우는 최선의 길은 실제로 형태론을 하는 것이다. 이 책에는 거의 매 단계마다 독자가 스스로 실제 언어 자료를 눈으로 보고 논점을 생각하도록 많은 문제들이 주어져 있다. 문제의 구성은 Nida 1949, Stageberg 1981, Katamba 1993, 1994, Murry 1995, Bauer 1983, Jensen 1990 및 그 밖의 여러 문헌에 근거한 것이고, 자료의 보충은 Jespersen 1942, Marchand 1969, Adams 1973에 의지한 바 크다. 대부분의 문제에 대한 모범답을 부록에 실은 것은 학습의 편의를 위한 것이었지만, 나머지 일부의 문제는 과제로 주어질 수 있도록 그대로 남기거나 힌트만 간단하게 적어 놓았다.

이 작은 책 안에 영어 형태론의 모든 것을 담을 수는 없는 노릇이다. 입문

서인 까닭에 짐짓 피해간 개념들도 있고, 흥미있는 자료인데도 미처 다루지 못한 것이 적지 않다. 그러나 영어 자료로 구성된 형태론 교재로서 한껏 정성을 들인 책인 것만은 확실하다. 이 한 권의 책이 영어의 단어에 대한 전에 없던 호기심을 불러일으킨다고 하면 필자로서는 더 이상의 욕심이 없겠다.

   이 한 권의 책이 나오기까지는 수 차례에 걸친 내용 검토와 함께 지리한 교정 작업이 이어져야 했다. 이 과정에서 특히 수고를 아끼지 않은 김진형 선생과 김현순 선생, 그리고 서울대학교와 서강대학교 대학원의 여러 학생들에게도 이 자리를 빌어 고마움을 표한다.

1998년 여름
노고산 언덕에서
지은이

영어형태론
(ENGLISH MORPHOLOGY)

목 차

1장 서론 ··· 19
  1.1 형태론이란? ·· 19
  1.2 몇 가지 기본 개념들 ······································ 20
  1.3 영어 형태론의 최근 역사 ································ 23
    1.3.1 Saussure 이후의 연구 동향 ······················ 23
    1.3.2 형태론의 귀환 ······································ 24
  1.4 문법기술의 모델들 ·· 25

2장 단어 ··· 31
  2.1 서언 ··· 31
  2.2 단어의 정의 ·· 33
  2.3 단어의 새로운 개념들 ···································· 37
    2.3.1 어휘소 ·· 37
    2.3.2 어형 ··· 39
    2.3.3 문법어 ·· 40
    2.3.4 목록소 ·· 41
    2.3.5 음운어 ·· 45
  2.4 단어의 분류 ·· 47
    2.4.1 개방 범주와 폐쇄 범주 ··························· 47
    2.4.2 단일어와 복합어 ··································· 48

IX

2.5 품사 ··· 51

3장 형태소 ··· 59
3.1 서언 ··· 59
3.2 형태소의 정의 ··· 59
3.3 형태소의 종류 ··· 62
3.3.1 의존 형태소와 자립 형태소 ··· 63
3.3.2 어휘 형태소와 문법 형태소 ··· 64
3.3.3 어기와 접사 ··· 67
3.3.4 기타 형태소 ··· 70
3.3.4.1 혼성 형태소 ··· 71
3.3.4.2 불연속 형태소 ··· 71
3.4 이형태 ··· 71
3.4.1 음운적 조건과 형태적 조건 ··· 74
3.4.2 대체 이형태 ··· 78
3.5 형태소와 의미 ··· 79
3.5.1 크랜베리 형태 ·· 80
3.5.2 라틴어계 어간 ·· 81
3.5.3 유어 공통음 ··· 84
3.5.4 동음이어 ··· 87
3.5.4.1 접미사 -ly ··· 89
3.5.4.2 분사형 -en/-ing ·· 90

4장 파생과 굴절 ··· 95
4.1 서언 ··· 95
4.2 영어의 파생 접미사 ··· 95
4.3 영어의 굴절 접미사 ··· 96
4.4 굴절과 파생의 구별 ··· 99
4.5 굴절 어형변화 계열 ··· 107
4.5.1 명사 어형변화 ·· 107
4.5.2 대명사 어형변화 ·· 111

x

4.5.3 동사 어형변화 ··· 112
　　4.5.4 비교 어형변화 ··· 114
　4.6 기타 술어 ··· 116
　　4.6.1 보충법 ··· 116
　　4.6.2 결여 어형변화 계열 ································ 117
　　4.6.3 융화 ··· 118

5장 형태소 분석 ·· 121
　5.1 서언 ·· 121
　5.2 형태소의 식별 원칙 ····································· 121
　5.3 직접성분 분석 ··· 132
　　5.3.1 직접 성분 ··· 132
　　5.3.2 IC분석 ·· 134
　5.4 형태소 분석의 난점들 ································· 137

6장 단어의 구조 ·· 141
　6.1 단어의 계층구조 ··· 141
　6.2 하위범주화 ·· 145
　6.3 어휘부 ··· 148
　　6.3.1 어휘부의 성격 ·· 148
　　　6.3.1.1 가능어 ··· 149
　　　6.3.1.2 어휘부의 역할 ··································· 149
　　6.3.2 어휘 기재 항목 ······································· 150
　6.4 핵의 개념 ·· 152
　6.5 자질 삼투 ·· 154
　6.6 어형성 규칙 ·· 155
　6.7 형태적 유형론 ··· 158
　　6.7.1 네 가지 형태적 유형 ······························ 159
　　6.7.2 Greenberg의 분류 ·································· 161

XI

7장 어형성 과정 ········· 163
7.1 신어의 두 근원 ········· 163
7.2 파생 ········· 165
7.3 합성 ········· 167
7.4 기타 어형성 유형 ········· 168
7.4.1 신조어의 사용 ········· 168
7.4.2 두자어 형성 ········· 170
7.4.3 절단 ········· 173
7.4.4 혼성 ········· 174
7.4.5 역형성 ········· 177
7.4.6 민간 어원 ········· 180
7.4.7 환칭 ········· 183
7.4.8 의성 ········· 185
7.4.9 중첩 ········· 186
7.5 무리 짓기 ········· 189
7.6 어형성의 회피 ········· 191

8장 접사 첨가 ········· 193
8.1 접사의 기원 ········· 193
8.2 접두사 첨가 ········· 194
8.2.1 부정 접두사 ········· 195
8.2.2 결성 접두사 ········· 196
8.2.3 정도(또는 크기) 접두사 ········· 197
8.2.4 태도 접두사 ········· 197
8.2.5 처소 접두사 ········· 198
8.2.6 시간과 순서 접두사 ········· 198
8.2.7 경멸 접두사 ········· 199
8.2.8 수효 접두사 ········· 199
8.2.9 기타 접두사 ········· 201
8.3 접미사 첨가 ········· 203
8.3.1 명사→명사 접미사 ········· 203

  8.3.1.1 직업인 접미사 ·· 203
  8.3.1.2 여성형 접미사 ·· 204
  8.3.1.3 지소형 접미사 ·· 205
  8.3.1.4 신분·영역 접미사 ·· 206
 8.3.2 명사/형용사 →명사/형용사 접미사 ····························· 207
 8.3.3 동사 →명사 접미사 ·· 207
 8.3.4 형용사 →명사 접미사 ·· 208
 8.3.5 (명사/형용사 →)동사 접미사 ·· 208
 8.3.6 명사 →형용사 접미사 ·· 209
 8.3.7 기타 형용사 접미사 ·· 210
 8.3.8 (형용사/명사 →) 부사 접미사 ······································ 210
8.4 파생어 ··· 211
8.5 두 부류의 영어 접사 ·· 212
 8.5.1 부정 접두사 in-과 un- ··· 213
 8.5.2 접사의 배열 ·· 214
 8.5.3 접사 첨가의 내재적 순서 ·· 218

9장 제로 파생과 전환 ··· 221
9.1 전환 ··· 221
 9.1.1 전환의 예시 ·· 222
  9.1.1.1 동사 전성 명사 ·· 222
  9.1.1.2 명사 전성 동사 ·· 223
  9.1.1.3 형용사 전성 동사 ·· 226
  9.1.1.4 기타 전환 ·· 226
 9.1.2 전환의 한계 ·· 227
9.2 제로 파생 ··· 228
 9.2.1 제로 접미사의 개념 ·· 229
 9.2.2 제로 파생의 방향 ·· 231
 9.2.3 문제점 ·· 232
9.3 또 다른 시각 ·· 233

XIII

10장 합성 239
10.1 합성어의 기준 239
10.1.1 단어 강세 240
10.1.2 불가분성 243
10.1.3 굴절과 분포 245
10.2 합성어의 분류 247
10.2.1 품사별 분류 247
10.2.2 전통적 접근법 250
10.2.3 동사 합성어 252
10.2.3.1 불변화사-동사 253
10.2.3.2 의사 합성 동사 253
10.2.3.3 기타 근원에서 온 동사 합성어 255
10.3 합성어의 유형 257
10.3.1 어근 합성어와 종합 합성어 257
10.3.2 내심 합성어와 외심 합성어 259
10.3.2.1 내심과 외심의 구별 259
10.3.2.2 외심 합성어 260
10.3.3 종속 합성어와 병렬 합성어 265
10.4 기타 합성어 268
10.4.1 중첩 합성어 268
10.4.2 신고전 합성어 271
10.5 합성어의 내부 구조 273
10.6 불규칙 굴절과 합성어 274

11장 어형성에서의 생산성 279
11.1 생산성의 개념 279
11.2 생산성에 대한 제약들 283
11.2.1 화용적 요인 284
11.2.2 저지 284
11.3 어기에 대한 제한 289
11.3.1 음운적 요인 289

11.3.2 형태적 요인 ··· 294
　　　11.3.3 의미-통사적 요인 ································· 296
　11.4 의미의 일관성 ··· 302

12장 논항 구조 ·· 303
　12.1 논항과 어휘기재 항목 ···································· 303
　12.2 의미역 ·· 304
　　　12.2.1 의미역과 타동성 ································· 308
　　　12.2.2 의미역의 근원 ···································· 314
　12.3 Lieber의 어휘구조 이론 ·································· 318
　12.4 파생과 논항 구조 ·· 321
　12.5 합성어의 의미 해석 ······································· 325
　　　12.5.1 어근 합성어의 특성 ····························· 325
　　　12.5.2 합성어의 논항 구조 ····························· 328
　　　　　12.5.2.1 논항 연결 원리 ························· 329
　　　　　12.5.2.2 두 합성어의 구별 ······················ 334

13장 형태음소론 ·· 337
　13.1 서언 ·· 337
　13.2 음운 교체 ··· 337
　　　13.2.1 교체의 유형 ·· 338
　　　　　13.2.1.1 내적 연성과 외적 연성 ·············· 338
　　　　　13.2.1.2 자동 교체와 비자동 교체 ··········· 339
　　　　　13.2.1.3 규칙적 교체와 불규칙적 교체 ······ 340
　　　　　13.2.1.4 음운적 조건에 의한 교체와 형태적 조건에 의한 교체 ···· 341
　　　13.2.2 교체의 설명 ·· 343
　13.3 두 종류의 규칙 ··· 345
　13.4 형태음소 변화의 유형 ···································· 348
　　　13.4.1 동화 ·· 348
　　　13.4.2 이화 ·· 351
　　　13.4.3 삽입 ·· 353

XV

  13.4.4 탈락 ·· 355
  13.4.5 융합 ·· 357
  13.4.6 중화 ·· 357
  13.4.7 음위전환 ······································ 358
 13.5 조정 규칙 ·· 361

14장 접어 ·· 365
 14.1 형태론 영역의 확장 ······························ 365
 14.2 접어의 종류 ····································· 365
 14.3 접어화 ·· 366
 14.4 접어의 특성 ····································· 367
 14.5 단순 접어와 특수 접어 ··························· 369
  14.5.1 접어와 굴절 접사의 분리 기준 ················ 370
  14.5.2 소유격 's ···································· 373

15장 어휘화 과정 ·· 375
 15.1 서언 ·· 375
 15.2 임시어 형성 ····································· 376
 15.3 제도화 ·· 377
 15.4 어휘화 ·· 379
  15.4.1 음운적 어휘화 ······························ 380
   15.4.1.1 운율 자질 ······························ 380
   15.4.1.2 분절음 자질 ···························· 380
  15.4.2 형태적 어휘화 ······························ 381
   15.4.2.1 어근 ·································· 382
   15.4.2.2 접사 ·································· 382
  15.4.3 의미적 어휘화 ······························ 383
  15.4.4 혼합된 어휘화 ······························ 384

『물음』의 힌트와 모범답 ·································· 386

참고문헌 431

색인
　인명 색인 440
　언어 색인 444
　주제 색인 (한·영) 446
　주제 색인 (영·한) 459

1장 서론

1.1 형태론이란?

형태론(morphology)은 단어의 내부 구조를 연구하는 분야이다. 이것과 관계되는 두 가지 측면은 기존 단어의 분석과 새로운 단어의 형성이다 (Aronoff 1976: 1). 단어가 무엇인지는 직관적으로 매우 분명한 것이지만, 이 개념을 정의하기는 여간 어렵지 않아서 그것의 정확한 정의는 언어 이론에서의 오랜 과제거리였다(cf. Di Sciullo/Williams 1987). 이 점에 대해서는 곧 다음 장에서 알게 될 것이다.

형태론이란 뜻의 'morphology'란 말은 괴테에 의해 만들어졌다고 전하는데(Aronoff 1994: 1), 그것의 언어학적 의미는 학자에 따라 견해가 조금씩 다를 수 있다. 어떤 이는 파생(derivation)과 합성(compounding, composition)만을 조어법 또는 어형성(word-formation)이란 이름으로 다루고, 또 어떤 이는 여기에 굴절(inflection)까지를 포함시킨다. 파생과 굴절의 구별은 미묘하여 때로는 알기 어렵다. 일반적으로 굴절은 인칭(person), 성(gender), 수(number), 격(case), 시제(tense), 상(aspect) 등 '문법 표지'(grammatical markers)를 지칭하는 것으로 생각한다. 문법적인 현상이면서도 굴절에 포함시켜 다룰 수 없는 것들이 있다. 그 하나는 접어화(cliticization)이다. 다음의 예를 보면, 형태론에 관계된 현상을 대략 짐작할 수 있을 것이다.

파생: work*er*, work*able*, *re*work, work*less*
합성: workman, workload, housework
굴절: work*s*, work*ed*, work*ing*
접어: He*'ll* work, The work*'s* done

이에 따라 형태론의 범위는 아래와 같이 나타낼 수 있을 것 같다(cf. Bauer 1983: 34). 접어화가 일어나는 보다 정확한 위치는 뒤에 밝혀질 것이다.

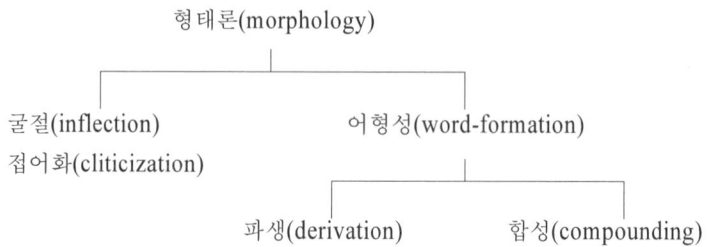

이 책에서는 형태론에서 다룰 중요한 영역으로 생각되는 위의 모든 것에 적절한 비중을 두어 논의하게 될 것이다.

1.2 몇 가지 기본 개념들

이 절에서는 형태론 연구에서 요구되는 가장 기초적인 술어들을 간략히 소개하기로 한다. 사용되는 술어가 부담스럽지 않아야 자료도 눈에 들어오고 문제 내용도 손에 잡힐 것이기 때문이다. 사실 그 중 많은 것들은 언어 연구의 모든 분야에서 통용되는 것이어서 당장 길게 설명할 필요가 없는 것들이다.

형태소, 이형태. 형태론에서 인정하는 분석의 기본 단위를 형태소(morphemes)라고 부른다. 예를 들어 recyclable을 보자. 이 단어는 re-, cycle, -able의 세 요소로 가를 수 있다. 그리고 각 요소는 그 나름대로의 형식(form)과 의미(meaning)를 지니고 있고, 또한 더 이상 나뉘어지지 않는다. 형태소란 이처럼 한 언어의 발화에서 의미를 갖는 최소의 단위로 정의될 수 있다.

한 형태소가 하나 이상의 음운 형태로 나타날 때 우리는 이형태(allomorphs)란 말을 써서 표현한다. 영어의 형태소들은 대부분 (*icy*의 /ays/, /-i/처럼) 하나의 이형태만을 갖지만, 가령 (*cycle, cyclic*에서) 형태소 cycle은 /saykl/~/sɪkl/의 두 이형태를, 과거 시제 -ed는 /-t/~/-d/~/-ɪd/(또는 /-əd/)의 세 이형태를 가진다.

어근, 접사. 단어의 중핵부(nuclear part)를 지칭하는 술어에는 어근, 어간, 그리고 어기가 있다. 그리고 여기에 덧붙는 형태소들은 접사(affixes)라고 한다. 접사는 나오는 위치에 따라서 접두사(prefixes), 접미사(suffixes)로 나뉜다. 어근(root)은 파생 형태론과 굴절 형태론 어느 것으로도 더 이상 분석할 수 없는 형태이다. 다시 말해서, (*recyclable*에서 *cycle*처럼) 그것은 어떤 단어에서 모든 접사를 떼어내고 난 부분이다. 어간(stem)은 굴절 형태론을 다룰 때에 문제가 된다. 그것은 (*behead, artist* 같은) 파생어이거나 (*redhead, artform* 같이) 합성어일 수도 있지만, 꼭 그래야 하는 것은 아니다. 만약 굴절 접사를 지우고 나서 남은 것이 (*head, form* 같은) 어근이면, 이 경우에는 어근이 곧 어간이 되는 것이다. 엄격하게 구별을 하자면, 어간은 굴절 접사가 붙기 전의 형태를 가리키는 말이다. 그러나 이것을 파생 과정에서도 (어근이나 다음에 언급할 어기 대신에) 서슴없이 사용하는 학자가 하나 둘이 아니어서, -mit, -ceive 등은 라틴어계 어간(Latinate stems)으로 불린 지 오래이다. 어기(base)는 말 그대로 단어의 바탕인 만큼 첨가되는 접사의 종류를 가리지는 않지만, 파생 과정에서 접사가 첨가되는 부분은 어기라고 하는 것이 보통이다. 다시 recyclable을 본다면, cycle에 re-를 붙여 recycle을 만들 때 cycle은 어근이면서 접두사 첨가의 어기가 되고, recycle은 다시 -able 접미사 첨가의 어기가 되는 것이다. 여기서 물론 recycle을 어근이라고 불러서는 안 되지만, 또 어간이라고 해서도 안 되는 것은 이것이 굴절 접사의 첨가가 아니기 때문이다.

자립형, 의존형. 형태소는 문장 속에 혼자서 나타날 수도 있다. 그 자체로 단어의 모양새를 갖춘 이와 같은 형태를 **자립형**(free form)이라고 한다. 예를 들 것도 없이, 단일 형태소로 이루어진 모든 단어가 여기에 속한다. 반면에 적어도 하나의 다른 형태소와 함께 나와야 하는 형태는 의존형(bound form)이라고 한다. 이렇게 갈라놓고 보면 결국 모든 접사들은 예외없이 의존형에 속할 수밖에 없다. 그렇다고 해서 의존형에 접사만 있는 것은 아니다. 위에서 언급한 적이 있는 라틴어계 어간 같은 경우는 독립적으로 쓰이는 예가 없는 까닭에 당연히 의존형으로 분류된다.

가능한 단어. 기존의 단어를 분석하는 것도 어렵지만, 새로운 단어의 형성을 위해서는 한 두 가지 개념을 다시 이해할 필요가 있을 것 같다. Halle(1973)가 지적했듯이, 문법의 형태부에서 만들어지는 단어들은 가능한 것이기는 해도 그렇다고 반드시 실제 단어(actual words)는 아닐 수 있다. 그러므로 어형성 과정에서 우리의 관심은 실제로 존재하지는 않지만 가능한 단어(possible/potent words)를 단어가 아닌 것(non-words), 혹은 불가능한 단어(impossible words)와 구별짓는 일이다. 아래 예를 보자.

	-(at)ion	-al
(a)	recitation	recital
	proposition	proposal
(b)	derivation	*derival
	conversion	*convertal
(c)	*arrivation	arrival
	*refusation	refusal

영어에는 -ation이나 -ion, 혹은 -al을 첨가하여 명사를 만드는 동사 어간들이 많다. 그러나 두 형태가 항상 가능한 것은 아니어서 어떤 동사 어간은 -(at)ion을, 또 어떤 동사 어간은 -al을 허용할 뿐이다. 가능한 단어란 이처럼

체계에 우연한 공백(accidental gaps)으로 나타나는 것이다. 다시 말해서, 위에서 별표(*)로 표시한 것들이라든가 Scalise(1984: 26)의 milkery '우유 판매소'(=place that sells milk) 같은 예는 영어에서 빠져야 할 특별한 이유가 없는 단어들이다.

1.3 영어 형태론의 최근 역사

형태론은 새로운 것이 아니다. 그러나 이 분야가 영어의 문법가들이나 일반 언어학 분야의 학자들로부터 주목을 받은 것은 최근에 들어와서이다. 그 동안에는 접사 첨가, 합성, (품사) 전환 등 여러 형태 과정들을 묶어서 문법의 한 두 장에 걸쳐 잠깐 나오는 정도였다.

1.3.1 Saussure 이후의 연구 동향

19세기는 역사 및 비교 언어학(historical and comparative linguistics) 연구에서 커다란 진보를 거둔 시기였고, 언어학은 방법론에서 자연과학에 견줄 만한 하나의 과학으로 처음 자리잡은 때이기도 하다. 구조 언어학(structural linguistics)이 발흥하던 20세기에는 역사적 연구보다는 공시적 연구로 중점이 옮겨졌는데, 당시 언어학의 흐름에 가장 큰 영향을 준 학자는 다름 아닌 Ferdinand de Saussure(1916)였다. 그는 통시성(diachrony)과 공시성(synchrony)의 엄격한 구별을 강조함으로써, Adams (1973: 5)가 지적하듯이 그의 이론 안에서 단어의 형성을 연구할 여지가 있을 수 없었다. 새로운 어형성의 논의는 바로 역사와 현재의 엄격한 구별의 포기를 의미하기 때문이다. 그래서 Otto Jespersen(1942) 같은 일부 학자들은 어형성 연구에 공시적 방법론과 통시적 방법론을 병행하기도 했으나, 대부분의 학자들은 어형성을 완전히 공시적인 관점(예: Bloomfield 1933) 아니면 완전히 통시적 관점(예: Koziol 1937)에서 고찰하든가 했다. 당시 구조 형태론 분야에서 가장 큰 업적을 남긴 것은 그래도 Eugene Nida(1949)였다. 그의 관심은 형태소를 식별해내기 위한 객관적인 기준을 설정하는 일이었다(5.2절 참조).

1957년 *Syntactic Structures*의 출간과 함께 "촘스키 혁명"(Chomskyan revolution)의 회오리가 언어학계를 강타하였다. Chomsky의 변형생성문법(transformational-generative grammar) 이론이 등장하면서 언어에 대한 접근 방법에 급격한 변화가 일었다. 그 중의 하나는 이전에는 언어학에서 배제되었던 생산성(productivity), 또는 창의성(creativity)의 개념을 중요시한 것이었다. 그러나 어형성은 여전히 언어학자들에게서 홀대를 받았다.

초기 변형문법의 틀에서 음운론은 마침내 분류 음소론(taxonomic phonemics)의 테두리에서 벗어나 과거의 음소론과 형태음소론에서 다루어지던 모든 것을 한 규칙 체계 안에 싸안았다(cf. Chomsky/Halle 1968). 그 밖의 모든 것은 통사론이 맡아 처리했다. 여기서 음운론을 제외한 나머지 모든 것이란 "한 언어의 형태소들의 모든 문법적 연쇄"(Chomsky 1957: 32)를 말하는 것이니, 단어의 형성까지 통사론에 맡긴다는 뜻이다. 사실 Lees(1960)처럼 변형 통사론에 기초한 단어 연구에서마저 단어 영역이 실질적으로 문장 영역과 다른 것으로 보지 않았다. 이른바 생성 의미론(generative semantics)의 주창자들은 최근에까지도 단어가 근본적으로 어느 다른 통사 단위와 다를 것이 없다고 주장하는데, 아무튼 이것은 본질상 형태론의 독립성을 부정하는 것이다.

요약하면, 미국 구조주의(American structuralism)는 그 주된 관심이 단어보다 작은 단위, 즉 형태소이었기 때문에 어형성에 관심이 없었고, 단어에 어떤 무게를 실을 이론적 구실을 찾지 못했다. 이에 대해 변형생성문법은 그 주된 관심이 단어보다 큰 단위인 구절과 문장의 구조이었기 때문에 어형성에 대한 관심이 없었다(Adams 1973: 5; Bauer 1983: 3).

1.3.2 형태론의 귀환

생성문법 안에 형태론이 되돌아 온 것은 역시 Noam Chomsky의

"Remarks on Nominalization"(1970)과 더불어서였다. 이 논문에서 그는 모든 파생 형태론은 통사부에서 떼어내어 "어떤 별도의 문법 부문"에 의해 확대 어휘부에서 대신 다루어지는 것으로 가정한다. 이 구분으로써 형태론 분야가 독립된 영역으로 인정을 받는 빌미가 생긴 것이다.

그러나 Chomsky가 형태 이론을 제안한 것은 아니었다. 그는 단순히 그와 같은 것이 있어야 한다고 시사했을 따름이다. 생성 형태론(generative morphology)의 기본 틀은 결국 그 후 3년이 지나 Halle(1973)가 선보였고, Jackendoff(1975), Siegel(1974)을 거쳐 Aronoff(1976)에 이르러서야 겨우 이론이 정돈된 느낌이었다. 그 후에도 Selkirk(1982), Lieber (1980, 1983), Kiparsky(1982, 1983)를 비롯한 많은 학자들이 조금씩 다른 시각에서 영어의 형태론에 대한 주목할 이론을 내놓고 있다.

변형문법 밖에서 전통을 고수하던 학자들에 의해 어형성에 대한 괄목할 많은 저작이 Chomsky 1970과 거의 같은 시기에 나왔다는 것은 재미있는 우연이었다. 그 중에서도 Hans Marchand이 쓴 *The Categories and Types of Present-Day English Word-Formation*의 개정판이 1969년에 나왔고, 1973년에는 Valerie Adams의 *An Introduction to Modern English Word-Formation*이 상재되었다.

오늘날 형태론에 대한 연구는 묵혀둔 시절이 있었던가 싶다. 갑자기 형태론은 이론 언어학(theoretical linguistics)의 중심적 관심사가 되고 있는데, 이것은 어형성이 언어의 다른 양상을 설명하는 데 도움이 되기 때문이다.

1.4 문법 기술의 모델들

문법(=형태론 + 통사론)을 기술하는 전통적 모델에는 항목-배열(item and arrangement, IA), 항목-과정(item and process, IP), 그리고 단어-계열 (word and paradigm, WP)의 세 가지가 있다. 1950년대 중반에 발표된 논문에서 Hockett는 앞의 두 문법 모델에 특히 주목하여 WP는 이름만 언급하는 정도로 그치고 있지만, 여기서는 Matthews(1972, 1974)의 논의를 좇아 그 내용도 간략히 소개하기로 한다.

IA모델에서 '항목'(item)은 언어 형태를 이루는 최소의 문법 단위인 형태소를 말하는 것으로, 그것들의 적절한 '배열'(arrangement) 방식을 기술하면 언어구조를 파악할 수 있다는 것이다. 가령 baked에서 형태소 bake, -ed가 이 순서로 결합하여 BAKE + 과거(past)의 의미를 나타낸다고 생각하는 것이다. 이 모델은 1930년대를 풍미한 행동주의(behaviorism) 철학의 영향을 받아 매우 기계적인 언어관을 내세웠던 Leonard Bloomfield에 의해 확립되어 그 후 30년간 미국 언어학을 지배한 구조주의의 주요 분석 도구이었다.

예를 바꾸어, Turkish에서 가져 온 *dişçilerimin* 'of my dentists'를 보자 (Matthews 1991: 112 참조). 아래 표에서 화살표는 어형의 어느 부분이 어느 형태소를 실현하고 있는지를 보여준다.

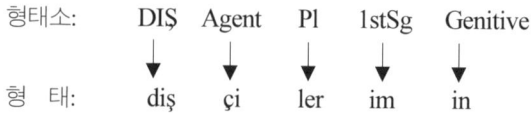

형태소: DIŞ   Agent   Pl   1stSg   Genitive

형   태: diş   çi   ler   im   in

여기서 '형태소'(morphemes)는 형태적 또는 문법적 표시(morphemic/grammatical representation)이고, '형태'(morphs)는 음소 표시(phonemic representation)이다. (WP모델에서는 형태란 말 대신에 '실현'(exponents)이라는 용어를 채용한다). 이렇게 형태와 형태소가 1대 1 대응을 보이는 언어 자료라면 IA방식으로 흠잡을 데 없는 분석이 가능하다.

Hockett도 지적했지만, (형태의 순차적인 배열이 보이지 않는 took와 같은 예 말고도) 배열론(tactics)의 측면에서 이 모델은 문제가 있다. 다음에서 보는 것처럼 old men and women은 적어도 두 가지의 다른 구조로 분석된다.

    (a) [old [men and women]] (=old people)
    (b) [[old men] and [women]] (≠old people)

이와 같은 예는 문법 기술이 단순한 항목의 배열만으로는 충분치 않음을 의미하는 것이다.
　IA보다도 먼저 등장한 IP모델은 한 어근으로 이루어진 단일어(simple words)는 그렇다치고 복합어(complex words)의 경우는 어떤 기본형으로부터 도출된 것으로 본다. 예를 들어, 어간 bake로부터 baked가 나오기 까지는 과거시제 형성(past-tense formation)이라는 과정이 있다는 것이다. 이 과정에는 과거를 나타내기 위한 여러 표지(markers)가 있겠는데, bake의 경우에 그 표지는 (기저형의 음소에 따라) /-t/가 된다. took도 배열론적으로 baked와 같아서, 기저형은 take이고 단지 형태음소상 과거 표지가 기저형의 어간 모음 /ey/를 /ʊ/로 대체한다는 차이가 있을 뿐이다.
　이 모델은 Franz Boas(1911)와 Edward Sapir(1921)의 생각을 따른 것으로 언어 현상을 동적인 과정으로 보려는 태도이다. 불행히도 이 언어관은 뒤에 등장한 Bloomfield 학파와의 갈등 때문에 당시에는 상대적으로 외면을 당하기도 했으나, 그 후 Chomsky의 생성문법 이론에서 새롭게 각광을 받게 된다.
　형태론에 대한 WP모델은 단어를 형태소의 연속으로 분석하려는 극단의 단순화된 항목-배열 관념에 대한 반발이었다. 형태와 형태소의 1대 1 대응이 보이지 않는 경우에 그러한 모델은 심히 부적당하게 여겨진 때문이다. 특히 (영어의 *took*처럼) 둘 이상의 형태소의 결합인 혼성어(portmanteau words)라든가 반대로 단일 형태소가 여러 개의 (때로는 불연속적인) 형태로 실현되는 경우가 그렇다. 이 점의 예시를 위해 Ancient Greek에서 특별히 복잡한 예 *elelýkete* 'you had unfastened'를 골라 보았다. 여기에서 e-가 나타내는 문법적 기능은 과거(past)이고, le-는 완료상(perfective), lý는 ('fasten'의 뜻을 갖는) 완료상 어근, -k는 완료상 능동태(perfective active), -e는 직설법 과거 능동태(indicative past active), 그리고 -te는 능동태 2인칭 복수를 나타낸다(Matthews 1991: 173-174). 이것을 다시 표의 형식을 빌려서 나타내 보이면 다음과 같다.

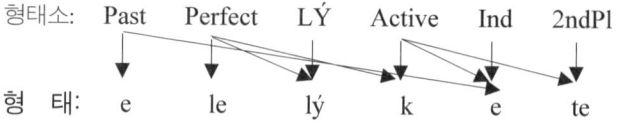

여기에서 볼 수 있는 것처럼, 주어진 범주의 표지가 서로 이웃할 필요는 없다. 완료상(perfective)과 과거(past)는 둘 다 어근 앞의 접두사에 의해서 또 뒤에 오는 접미사에 의해서 동시에 표시된다. 이와 같은 상황에서는 단어를 순차적인 형태소의 실현이라고 보기 어렵다. 따라서 WP모델은 형태소보다는 '단어'(word)를 문법 구조의 기본 단위로 하자는 입장이다. 단어는 통사적 기능에 따라 분류되고, 어기나 접사는 모두 '어형변화 계열'(paradigm)로써 기록된다. R. H. Robins(1959), P. H. Matthews(1972, 1974)에 의해 주창되었고, 최근에는 Anderson(1982)의 확대 이론이 나온 바 있는 이 모델은 파생을 다루는 명세는 제시되어 있지 못하니, 기본적으로 굴절 이론이라 말할 수 있다.

지금까지 살펴본 것만 보아도 일반적으로 말해서 IA가 가장 단순한 모델이고, IP가 그보다는 조금 더 복잡하며, WP가 가장 복잡하다고 할 수 있다. Bauer(1988: 171)의 촌평도 그러했지만, 대체로 고립어(isolating languages)는 IA식의 문법 모델로 보다 쉽게 다루어질 수 있을 것 같고, 교착어(agglutinative languages)와 굴절어(inflecting languages)의 어떤 면은 IP모델로써 보다 쉽게 설명된다. 그리고 굴절어의 어떤 면을 가장 효과적으로 다루기 위해서는 WP모델의 힘이 요구된다고 정리할 수 있겠다.

Hockett는 그의 논문 말미에 문법 기술의 모델을 평가하는 상위 기준(metacriteria)을 잠정 설정하고 있다.

(1) 모델은 보편적(general)이어야 한다. 그것은 단지 어떤 유형의 언어만 아니고 어느 언어에든 적용될 수 있어야 한다.
(2) 모델은 특정적(specific)이어야 한다. 어떤 주어진 언어에 적용했을 때, 그 결과는 전적으로 모델의 성격과 그 언어의 성격에 의해 결정되어야지 결코 분석자의 기분에 따른 것이어서는 안 된다.

(3) 모델은 포괄적(inclusive)이어야 한다. 어떤 주어진 언어에 적용했을 때, 그 결과는 관찰된 자료는 물론이고 적어도 아직껏 관찰되지 않은 모든 자료의 거의 대부분에 적용되어야 한다.
(4) 모델은 생산적(productive)이어야 한다. 어떤 주어진 언어에 적용했을 때, 그 결과는 무한정한 수의 적정한 단어나 발화를 새로 만들어 낼 수 있게 해야 한다.
(5) 모델은 효율적(efficient)이어야 한다. 어떤 주어진 언어에 적용했을 때 최소의 장치로써 필요한 결과를 달성해야 한다.

위의 기준에 비추어 볼 때, 두 주요 모델(IA, IP) 중 어느 것도 완전히 만족스럽지 못하다. Hockett가 평가하지는 않았어도 WP 모델도 완전히 만족스럽지 못하기는 마찬가지이다. 적어도 굴절이 복잡한 언어의 경우에는 어느 모델에 뒤지지 않는 듯하다. 어쩌면 WP의 주창자들이 그나마 위안을 삼는 것은 바로 이 점이 아니었던가 싶다.

Hockett도 덧붙였던 것처럼, 우리에게 남겨진 것은 더 한층의 실험정신일 것이다. 어느 한 모델에 치우치지 말 것이고, 가능하다면 무리없이 모든 것을 통합하는 방안도 있을 법하다. Hockett의 이 마지막 논평은 궁극적으로 새 문법 모델의 등장을 예고한 듯 아직도 그 여운이 남은 듯하다.

2장 단어

2.1 서언

언어마다 단어(word)가 있음은 당연한 일쯤으로 여기고 모든 이들은 그것이 무엇인지 아는 듯하다. 물론 어떤 단위를 단어로 취급해야 하는지에 대하여는 화자에 따라 의견이 같지 않을 수 있다. 가령 wóodchùck와 wóod dùck는 강세형마저 같아서 띄어쓰기의 차이를 드러낼 분명한 기준이 없어 보이며, alright와 같은 의미인 all right가 한 단어인지 두 단어인지 말하기 어렵다.

단어임을 식별하는 어려움은 Nida(1946: 149)의 말 속에 잘 드러나 있다.

> 낱말 단위의 적절한 결정과 연관된 문제들은 언어구조의 분석에서 가장 복잡한 것 중에 든다. 음절, 형태소, 그리고 발화 등의 단위는 보다 용이하게 정의될 수 있다. 낱말 단위를 결정하는 데에는 많은 어려움이 있다. 왜냐하면 그것을 설정하는 데 소용되는 기준들이 다른 유형의 것이고, 또 각 언어는 특유의 형성 양식과 특유의 구조 단위를 가진 별개의 체계를 구축하기 때문이다.

요컨대 모든 언어는 형태소와 완전한 발화 사이에 어떤 구조 단위를 갖는 것 같은데, 언어마다 그것들을 구별하는 방식이 따로 있다는 것이다.

한마디로 단어는 복잡하다. 혹자는 단순한 문제를 놓고 너무 복잡하게 생각하는 것은 아닌가 하고 느낄런지 모른다. 사실 지금껏 당연하게만 생각했던 많은 사물들이 객관적으로 고찰할 때에는 의외로 복잡해질 수 있다. 그렇지만 단어가 무엇인지에 대해서는 일반적으로 화자들의 생각이 일치하고 있는 듯하다. Nida가 모국어 화자의 직관(intuition)이 낱말 단위를 결정하는 데 매우 값질 때가 많다고 한 것도 이 때문이다. 그렇다면 도대체 단어는 무엇인가?

다음과 같은 환경 속에 언어학적 형태가 나타남은 이것들이 어떤 의미 있는 단위일 것이라는 증거가 된다.

> What does *exonerate* mean?
> *Spit* is an ugly word.
> *Assistance* and *help* are two words for the same thing.
> (Francis 1958: 202)

모국어 화자라면 spit와 help같은 형태나 assistance와 exonerate처럼 구조가 복합적인 것 모두가 '단어'(words)라고 하는 공통의 부류에 속하고, -ate나 -ance는 이 부류에 속하지 못하는 것으로 인식한다.

단어를 단어 아닌 것과 구별하는 기준이 무엇인가를 찾아내는 일은 언어학자의 몫이다. 일반 사람들은 앞뒤의 빈자리를 보고 단어에 대한 결정을 내리는 것이 보통이다. 그들에게 있어 이 장의 서두에서 인용한 woodchuck는 한 단어이나 wood duck는 두 단어인 것이다. 같은 이치로 matchbox는 한 단어이고, match box는 둘, 그리고 match-box는 하이픈을 어떻게 해석하느냐에 따라 둘 또는 하나의 단어로 취급한다. 의심이 날 때면 사전을 찾아 확인하면 된다고 생각하는 듯하다. 그러나 "단어가 무엇이냐?"라는 질문에 대한 대답을 하는 데 말이 아닌 글에 의존한다는 것은 앞뒤가 맞지 않는다. 글은 결국 말에서 나온 것이며, 문자는 언어를 기록하기 위한 임의적 기호 체계에 지나지 않는다. 그러므로 단어를 규정하는 유일한 방법이 글을 보는 것이라고 한다면, 그것은 사실상 말에는 단어와 같은 것이 없다고 말하는 것과 같고 이 말은 곧 문자가 발명되기까지 단어 같은 것은 없었다는 해괴한 결론에 이르게 된다.

더욱이 영어는 단어 표기에 있어 혼란스러울 만큼 일관성이 없어 보인다. 거리를 거닐다가 bookstore와 shoe store를 지나갈 수 있을 것이고, sidewalk나 side street를 걸어서 china shop에서 chinaware를 살 수 있지만 (Francis 1958: 203), 이 단어들의 표기를 구별해 주는 규칙은 쉽게 발견되지 않는다.

■ 물음 1 ■

Francis (1958: 38) sets forth three points that he believes must be in the mind of the linguist:

> Writing is not language, though it usually represents language. Letters are not sounds, though they may represent sounds. Combinations of letters are not words, though they may represent words.

What do you think is the gist of these points?

2.2 단어의 정의

단어란 정확히 무엇을 의미하는가? 단어의 정의 가운데 가장 잘 알려진 것은 Leonard Bloomfield(1926: 156; 1933: 61)의 "최소의 자립형"(a minimum free form)이다. 자립형이란 혼자서 쓰일 수 있거나 이웃하는 요소에 대하여 나타나는 위치가 고정되어 있지 않은 요소를 말한다. 영어의 다음 예들처럼 하나 또는 그 이상의 형태소로 된 것들은 때때로 하나의 완전한 발화로 나타날 수 있는 특성을 갖는다.

John	act
John's	actor
John's bat	actors

그래서 "Whose bat is that?"에 대한 대답으로 단순히 (억양을 더하여) "John's"/ˈjanz¹↓/라고 말할 수가 있다. 이 특성을 일컬어 '자립'(freedom)이라 하는 것이다(Hockett 1958: 168).

John과 act는 더 이상 나뉘어지지 않는 자립 형태소이기 때문에 아무 문제가 없다. 그러나 자립형 가운데는 둘 이상의 자립 성분들로 구성된 것도 있을 수 있다. John's bat는 John's와 bat가 둘 다 자립형이므로 그 한 예가 된다. '최소의' 자립형이라고 한 것은 그 때문이며, Bloomfield의 정의에 따라 John's bat는 두 개의 단어로 분석된다. John's, actor, actors는 각 예에서 한 성분(*John, act*)은 자립형이지만 다른 것(*-'s, -or, -s*)은 의존형이므로 단어의 자격을 얻는다. 그리고 라틴어계 어간이 포함된 defer, confer 같은 예들 역시 단어가 되는데, 그것들이 각각 한 형태소는 아니라 해도 그 성분인 de-, con-과 -fer가 모두 의존형이기 때문이다.

결국 Bloomfield의 정의에 의하면, 단어란 완전한 문장 또는 발화로서 혼자 쓰일 수 있는 최소의 의미 단위이고, 그것은 적어도 하나의 자립 형태소로 구성되어야 한다.

그런데 영어에는 혼자 쓰이기 어려운 주변적인 경우들이 있다. 문장 내 자리 이동(transposition)과 앞뒤의 것들과의 분리 가능성(separability)의 기준이 동원되는 것은 바로 여기에서이다(Robins 1964: 195). 영어의 관사 a와 the는 완전한 문장으로 나타날 수 없으나, 다른 면에서는 문장 구조에 있어 this와 that에 비슷한 독립어로 행동한다.

> *the* man is here   in *the* room
> *this/that* man is here   in *this/that* room

또한 관사와 뒤에 오는 단어들과 분리될 수도 있다(예: *a* big dog; *the* big shaggy dog). 관사 a와 다르게 ablaze에서의 a-는 그것과 blaze 사이에 어느 것도 넣을 수 없고 따라서 자립 형태소(단어)가 되지 못한다. 단어의 이러한 측면까지를 고려하여 Marchand(1969: 1)은 단어를 "문장 안에서 자리 이동이 가능한 최소의 독립적인 불가분의 의미있는 말 단위"(the smallest independent, indivisible, and meaningful unit of speech, susceptible of transposition in sentences)를 나타내는 것으로 보았다.

한편 Hockett(1958: 167)는 휴지(pause)와 고립(또는 독립) 가능성(isolability)을 통하여 단어를 정의하려고 한다. 그에 의하면 단어란 "휴지가 가능한 연속점으로 둘러싸인 문장의 조각"(any segment of a sentence bounded by successive points *at which pausing is possible*)이다. 여기서 휴지는 소리를 내지 않거나 "u-u-u-h" 혹은 다른 말을 넣을 수 있는 자리이다. 사실 휴지는 화자마다 또 말하는 속도에 따라 얼마든지 달라질 수 있다. 위의 영어 정의에서 이탤릭체로 가능한 휴지(potential pauses)를 강조하고 있는 것도 이 때문이다. 아래 예에서 휴지가 들어갈 자리를 점(dot)으로 나타낼 때, 두 개의 점 사이에 놓인 분절음의 연속은 모두 단어로 규정된다는 말이다.

· John · treats · his · older · sister · nicely ·

위의 문장에서 굴절 어미 -s, -er이 붙은 treats, older는 말할 것 없고, 파생 접미사 -ly가 붙은 nicely도 각각 한 단어로 간주된다.

■ 물음 2 ■

How many words can you identify in the following sentences?

1. His older brother likes to play softball.
2. Little Jimmy plays with a soft ball.

단어의 정의 속에 '최소의'란 말이 포함된 것은 단어를 여느 구(phrase)와 구별하기 위함이다. Bloomfield(1933: 207)는 형태론을 의존형이 다른 구조(단어 혹은 다른 의존형)에 나타나는 것이라고 규정하고, 그 안에 의존형이 들어 있지 않은 blackbird나 jack-in-the-pulpit 따위는 형태론과 통사론의 중간 경계인 것쯤으로 생각했다. 합성어를 대하는 Hockett의 태도 또한 일반 문외한의 생각과 항상 같지가 않다. 그는 휴지로써 분명한 식별이 곤란할 때의 보충 절차로 고립 가능성을 제안했다. (은연중에 Bloomfield의 영향이 느껴진다.) 그 형태가 홀로 쓰일 수 있는 환경을 찾을 수 있으면 그것은 단어로 보아서 틀림이 없다는 것이다. 그는 이 기준에 따라 outside를 (out와 side의) 두 단어로 분석해 보이고 있다. 그러나 이 기준을 무작정 수용하기에는 결코 사소하지 않은 문제가 가려져 있다.

단어를 정의함에 있어 이따금 통사 구조적인 측면의 고려가 필요한 것도 이 때문이다(cf. Marchand 1969: 1). 일반적으로 outside를 단어로 보는 것은 문장 속에서 부사로 기능하기 때문이고, matchbox, doorknob과 같은 합성어의 경우도 문장 안에서 한 단위로 쓰이는 까닭에 하나의 단어로 취급되는 것이다.

■ 물음 3 ■

On the basis of "isolability," Hockett (1958: 167) concludes that outside as in the following conversation, for example, is two words, not one.

A: Where are you going?
B: Out.
A: Out where?
B: Side.

What could be the problem(s) with his isolability procedure, or rather Bloomfield's definition of the word?

2.3 단어의 새로운 개념들

단어의 본질을 규명하는 일이 간단치 않은 것은 무엇보다도 '단어'라는 술어가 몇 가지 다른 의미로 사용된다는 데 기인한다. 이제 그것이 갖는 중의성(ambiguity)을 차례로 짚어보기로 하자.

2.3.1 어휘소

가령 He develops films in the darkroom upstairs와 같은 문장에서 동사의 뜻을 모른다고 하자. 그러면 우리는 그 단어를 사전에서 찾아보게 될 터인데, 이 때 사전에서 찾는 단어는 develops가 아니고 develop라는 형태일 것이다. 이것은 누가 말해 주지 않더라도 develop라는 표제어(entry) 아래 develop 뿐 아니라 develops와 developed, developing의 뜻도 알 수 있으며, 무엇보다도 이 모든 것들이 어떤 의미에서 '같은' 추상적인 어휘 항목 (보통 Matthews의 관례를 좇아 대문자로) DEVELOP의 여러 다른 실현(realizations)이라는 것을 알기 때문이다. 이 추상적 어휘 항목으로서의 단어를 가리켜 어휘소(lexeme)라고 한다. 어휘소는 사전에 수록되는 어휘 항목(lexical/vocabulary item)이며, 사전을 편찬하는 이는 이 의미로서의 단어를 수록하게 된다.

Aronoff(1994: 10-11)의 지적도 있었지만, 사전(lexicon, dictionary)에 들어

있다는 것은 어휘소가 될 필요 조건도 충분 조건도 못 된다. 그러므로 예컨대 숙어(idioms)같은 것들은 비록 사전에 수록된다고 해도 어휘소라고 하지 않는 것이다. 그것들은 단어가 아니기 때문이다. 숙어를 어휘소에 포함시키는 학자도 없지 않지만(cf. Lyons 1977), 우리는 여기에서 Matthews(1974, 1991)의 입장을 따르기로 한다. 아무튼 어휘소의 개념은 Chomsky(1965)가 문법 형성소(grammatical formative)에 대비시켜 어휘 형성소(lexcial formative)라 지칭한 것과 같은 것이고, Di Sciullo/ Williams(1987)는 이것을 통사 원자(syntactic atom)라 부른다.

■ 물음 4 ■

Which ones of the words below belong to the same lexeme?

shoot	woman	flies	die
kind	shot	flow	limping
flowed	shoots	limp	dies
shooting	limped	flew	women
dyeing	died	limps	kindest
kinder	flying	flown	dyed

2.3.2 어형

말이나 글 속에 나타나는 실제의 단어 형태를 어형(word-forms)이라고 한다. 예를 들어, 어휘소 WRITE는 그것에 속하는 어형들인 write, writes, writing, wrote와 written 중 어느 하나로 실현되는 것이다. 그러나 그것이 writer로 실현된다고는 말하지 않는다. 하나의 어형은 그 어휘소의 한 형태이면서 또 다른 의미에서의 단어가 되는 것이다.

어느 이야기책에서 인용한 다음 글을 읽어보라.

> The Russian writer Anton Chekhov once told a story about a man who tried to teach a kitten to catch mice. Whenever the kitten refused to give chase, the man beat it. After the animal grew up into an adult cat, it always cowered in terror in the presence of a mouse. "The man who beat the cat," says Chekhov's character, "is the man who taught him Latin."

여기에서 동사 beat(과거)가 두 번 나타난다. 이것들을 어형의 의미에서 보면 두 단어로 세게 되고, 명사 kitten, cat 역시 마찬가지이다. teach와 taught가 두 개의 어형으로 간주되는 것은 명사 mouse와 mice가 두 개의 어형인 것과 다를 바가 없다. 사전에 수록될 어휘 항목과 그것에 속하는 여러 어형을 보이면 다음과 같다.

TRY	COWER	GROW	CATCH
try	cower	grow	catch
tries	cowers	grows	catches
trying	cowering	growing	catching
tried	cowered	grew	caught
tried	cowered	grown	caught

명사의 경우에도 어휘소 MOUSE에는 어형 mouse와 mice가 속하고, KITTEN에는 kitten과 kittens가 속하며, (*good, fast* 등의) 형용사나 부사에 대해서도 원급, 비교급, 최상급에 따른 어형의 차이를 볼 수 있다.

■ 물음 5 ■

Illustrating your answer with the italicized words below, explain the difference between lexeme and word-form.

The boy in the green *jumper* is a better *jumper* than his brother who was the school champion last year. Each of his first two *jumps* so far have been higher than his brother ever *jumped*.

(Katamba 1994: 52-53)

2.3.3 문법어

어휘소는 (명사, 동사, 형용사 등) 소위 대어휘범주(major lexical categories)에 속하는 것으로써, 어떤 특정의 통사 문맥을 떠나 존재하는 것이다. 그러나 실제 발화에서 어휘소는 어떤 모습을 띠고 문장 속에 나타나게 되는데, 문법어(grammatical words)의 개념이 들어오는 것은 여기서이다. 문법어란 어떤 특정의 통사 문맥 속에서의 어휘소라고 말할 수 있다. 다시 말해서, 단어는 시제(tense), 성(gender), 수(number) 따위와 같은 어떤 형태·통사적 특성과 연관된 어휘소의 실현일 수도 있는데, 이 의미에서의 단어를 문법어라 부른다.

동사 어휘소 CUT에 속하는 똑같은 어형 cut는 동사 CUT의 (3인칭이 아닌) 현재와 과거라는 두 개의 다른 문법어를 나타낼 수 있다.

(a) Usually I *cut* the grass with a lawn mower.
(b) Yesterday I *cut* the grass with a lawn mower.

어형 cut는 위의 두 문법어 외에 Jill has a *cut* on her finger에서도 볼 수 있는데, 이 문법어는 물론 단수 명사로서 동사와는 다른 부류에 속하는 까닭에 별개의 어휘소 CUT(명사)에 속하는 것이다.

2.3.4 목록소

단어는, 어느 특정 의미와 임의로 연관되어 기계적으로 암기할 수밖에 없는 말토막을 가리키는 것일 수 있다. 이 의미로서의 단어를 Di Sciullo/Williams (1987)는 암기 목록의 단위라는 뜻의 '목록소'(listeme)라고 불렀다. 일반적으로 사전(dictionary)에 들어있는 (명사, 형용사, 동사 등) 어휘 항목들(lexical/vocabulary items)은 두말할 필요도 없이 목록소이다. 그러나 이 개념은 종래의 단어 단위와는 사뭇 다른 면이 있다. 숙어(또는 관용어구)의 경우를 생각해 보자.

kick the bucket (죽다)
spill the beans (비밀을 털어놓다)
bite the bullet (고통을 꾹 참다)
give up the ghost (죽다; 단념하다)
hit the fan (고약한 일이 생기다)
go bananas (미치다)
buy the farm (죽다)

(Pinker 1994: 148)

동사구의 모습을 띤 이 예들의 의미가 무엇인지 그 성분들의 의미로부터 예측하는 길은 없다. kick the bucket는 '죽다'(=die)의 뜻이니 (이 숙어의 기원을 듣기 전에는) 걷어차는 행위도 양동이도 그 의미와 관계가 있어 보이지 않는다. 이 구절 크기의 단위들이 갖는 의미는 단순한 단어 크기의 단위들과 마찬가지로 목록소로서 사전(또는 어휘부)에 등재되어야 하는 것이기에 그러한 의미에서 그것들은 '단어'라 불릴 만하다.

■ 물음 6 ■

Study the following idioms and discuss the role of semantic compositionality in the study of lexical items of this kind.

1. eat one's words
2. turn over a new leaf
3. bury the hatchet
4. feather one's nest
5. beg the question
6. blow the lid off
7. cut corners
8. bark up the wrong tree
9. show (someone) the cold shoulder
10. throw out the baby with the bathwater

(Katamba 1994: 165)

> ■ 물음 7 ■
>
> Di Sciullo & Williams (1987: 3) describe the lexicon as follows:
>
> > If conceived as the set of listemes, the lexicon is incredibly boring by its very nature… The lexicon is like a prison—it contains only the lawless, and the only thing that its inmates have in common is their lawlessness.
>
> Are you for or against this view of the lexicon?

　　Di Sciullo/Williams의 말처럼, 만약 어휘부가 목록소의 집합에 불과하다면 그것은 흥미를 가질 가치가 적은 곳일 것으로 생각된다. 사실 전통 문법가들은 언어를 크게 문법(grammar)과 어휘부(lexicon)의 두 부분으로 나누었다. '어휘적인'(lexical)이란 말은 단순히 '단어와 관계있는' 이라는 것보다는 좁은 의미로서 '문법적인'(grammatical)이란 말과 대조된다. 20세기에 들어와서 어휘부를 "근본적인 불규칙한 것들의 목록"(a list of basic irregularities)으로 정의한 Bloomfield(1933: 274)의 영향을 받아 '어휘적인'은 점차 '특이한'(idiosyncratic)과 같은 의미로 받아들여지게 되었다. Chomsky(1965: 87)가 "일반적으로 본질상 특이한 형성소의 모든 특성들은 어휘부에 명시될 것이다"라고 말한 것도 표현만 다를 뿐 같은 내용이다. 이렇게 보면, 어휘부는 결국 범주가 어떻든지 언어형식과 의미를 임의로 짝지어 놓은 목록에 지나지 않는다. Di Sciullo/ Williams 1987은 이 견해를 잘 대변하고 있다.

■ 물음 8 ■

It would be wrong to define an individual word as a unit with a single meaning. Why?

(based on Robins 1967: 197)

■ 물음 9 ■

Phrases such as bite the bullet and beat about the bush are called idioms, while phrases such as peanut butter and jelly and macaroni and cheese are called collocations. Using what you know of morphology, write definitions for idiom and collocation based on the examples given.

(Murry 1995: 183)

2.3.5 음운어

단어는 글에서보다는 말속에서 가려내기가 어렵지만, 휴지(pause)나 연접(juncture)과 같이 경계를 확인케 하는 음운적인 실마리가 있게 마련이다. 이 의미로서의 단어를 (글에서 '철자어'(orthographic word)라 하는 데 반하여) 말에서는 음운어(phonological word)라 칭하고, 두 가지 의미를 담는 중립 용어로 어형(word-form)을 쓰기도 한다(Crystal 1985). 이 말을 철자어와 음운어가 항상 일치하는 것쯤으로 오해해서는 안 된다. 음운어는 하나의 주강세를 가진 일단의 음절로써 정의된다. 이것은 곧 음운어는 적어도 음보(또는 운각(foot)) 이상의 크기가 되어야 한다는 뜻이니, 이렇게 운율 단위를 이용한다고 보면 운율어(prosodic word)란 이름이 그럴 듯하다. 아무튼 위의 정의에 따라 음운어는 철자어와 꼭 같지 않을 수 있다. 두 단어(=철자어)가 합쳐서 한 음운어가 되기도 하고 반대로 한 단어가 두 개의 음운어로 분석되기도 한다는 뜻이다.

단어는 그것을 구성하는 성분이 어떻든 중간에 휴지를 둔다거나 다른 요소를 삽입할 수 없는 것으로 알려졌다. 이 규칙에 예외가 될 수 있는 것은 소위 비속어 삽입(expletive infixing)을 보이는 다음의 예들이다(Adams 1973: 8; Siegel 1974: 180-181; Aronoff 1976: 69-70; Bauer 1983: 90-91 참조).

Phila-fuckin'-delphia   Ala-goddamn-bama
al-bloody-mighty   abso-bloomin'-lutely
guaran-friggin'-tee   emanci-motherfuckin'-pator

얼핏 보기에 이같은 예들은 아무 규칙도 없는 듯하여 Adams의 표현대로 "기이하게" 마저 여겨진다. 그러나 다시 들여다보면, goddamn, blooming, fucking 따위의 비속어(expletives)가 들어가는 위치가 강세 음절, 보다 정확히 말하면 두 번째 음보(또는 운각(foot))의 앞이 됨을 알 수 있다(cf. Aronoff 1976: 69-70). 이것은 엄격하게 지켜야 하는 규칙이어서, 가령 *Philadelfuckin'-phia와 같은 형태로는 결코 나타나는 법이 없다. 여기서 음보는 곧 (최소의) 음운어 또는 운율어가 되는 것이니 여기에서 단어의 또 다른 개념을 찾게 된다.

■ 물음 10 ■

Now construct novel words by the process of expletive infixation. What's the generalization again in light of your results and the unacceptable forms such as *Chíco-fuckin'-pèe, *Chi-fuckin'-cágo (cf. Cherokee). On the basis of your generalization, write a rule for where the expletive can go.

1. fantastic
2. Santa Cruz
3. Monongahela
4. propaganda
5. licketysplit
6. kangaroo
7. economics
8. incandescent
9. unbelievable
10. confrontation

운율어는 그 크기가 최소한 음보, 영어의 경우에는 강약 음보(trochee) ˊ(ˋ) 이상이 되는 운율 단위이다(Nespor/Vogel 1986 참조). 운율어는 단어를 최소의 자립형이라고 한 Bloomfield의 정의의 음운적 측면을 가장 가깝게 표현한 말이라고 Aronoff(1994: 9)는 단정하고 있다. 그러나 Francis(1958: 204)에게서 빌려온 다음의 예를 비교해 보자.

  a friend of mine /fr$\hat{\epsilon}$ndəmàyn/
  a calcimine/kalsomine /kǽlsəmàyn/

위에서 /fr$\hat{\epsilon}$ndəmáyn/은 세 개의 단어/형태소로 이루어진 말이지만 음보의 개수와 같은 두 개의 운율어로 분석되어, 두 형태소로 구성된 단어 /kǽlsəmàyn/과 같다. 이처럼 음운어와 단어가 늘 같이 가는 것은 아니다. 단어 가운데 둘 이상의 음운어를 포함하는 것이 얼마든지 있을 수 있는 것이다. 대부분의 합성어가 그렇고, 더 이상 어떻게 형태소 분석이 될 것 같지 않은 단일어 중에도 그 예를 찾기가 어렵지 않다(ábracadábra, Tàtamagóuchi 등).

2.4 단어의 분류

형태 과정을 논의하기에 앞서 단어에 관계된 술어를 정리해두는 것이 편리할 것 같다. 품사 분류와는 별개로 언어 기술에서 유용하게 사용되는 것들이기 때문이다.

2.4.1 개방 범주와 폐쇄 범주

단어는 개방과 폐쇄의 두 범주로 나누어 생각해볼 수 있다. 단어의 폐쇄 범주(closed category)는 쉽사리 새 단어를 받아들이지 않는다 하여 붙여진 이름으로 문장 내 문법 관계를 보여주는 한정사(관사, 소유격, 지시사), 대명사, 접속사, 전치사 등의 기능어(function words)가 여기에 포함된다(Bolinger/Sears 1981: 69-70). 잠시만 생각해 보아도 한 언어에서 대명사를 새로 만든다거나 차용하는 것이 얼마나 드문 일인지 짐작할 수 있다. 폐쇄 범주에 들어있는 예들을 빠짐없이 열거한다고 해도 그다지 큰 노력이 들지 않는다. 반면에 개방 범주(open category)는 얼마든지 그 수를 늘릴 수 있다는 것으로서, 더 많은 의미가 담겨있는 듯이 보인다 하여 내용어(content words)라는 이름이 붙여진 품사들, 즉 명사, 동사, 형용사, 부사 등을 가리킨다. 폐쇄 범주의 경우와 다르게 개방 범주에서는 새로운 어휘 항목들이 끊임없이 만들어지고 있는 까닭에 누구도 예를 들어 영어의 모든 명사의 목록을 만들고서 그것이 완전하다고 자신할 수가 없다.

■ 물음 11 ■

Identify each of the following as a member of either the open or closed category of words.

1. mice　　　_____　　5. of　　　_____
2. and　　　_____　　6. show　　_____
3. her　　　_____　　7. this　　_____
4. food　　　_____　　8. square　_____

2.4.2 단일어와 복합어

개방 범주에 드는 단어는 그것을 구성하는 요소의 종류와 결합에 따라 다시 단일어(simple words)와 복합어(complex words)로 분류할 수가 있다. 단일어란 그 짜임새가 단일한 것으로 play, scare, peep, strong, fog, early, genius처럼 하나의 요소로 된 것을 말한다. 여기에 굴절 접미사가 붙을 수도 있는데(예: *plays, scared, peeping, stronger, earliest, geniuses*), 이것까지를 단일어로 분류하는 경우도 없지 않지만(cf. Francis 1958: 205), 일반적인 견해는 아닌 성싶다. 반면에 복합어는 둘 이상의 요소로 이루어진 단어를 가리키며, 이것은 파생어(derivatives 또는 derived words)와 합성어(compound words 또는 compounds)로 하위 구분된다. playful, housing, defog, scary가 전자의 예라면 playhouse, housefly, fog lamp, scarecrow 등은 후자의 예이다. (복합어와 합성어는 동일한 개념이 아니다.)

지금까지 언급한 것 중에서 (굴절어를 제외하고) 어형성에 관계된 술어를 모아 표로 정리하면 다음과 같다.

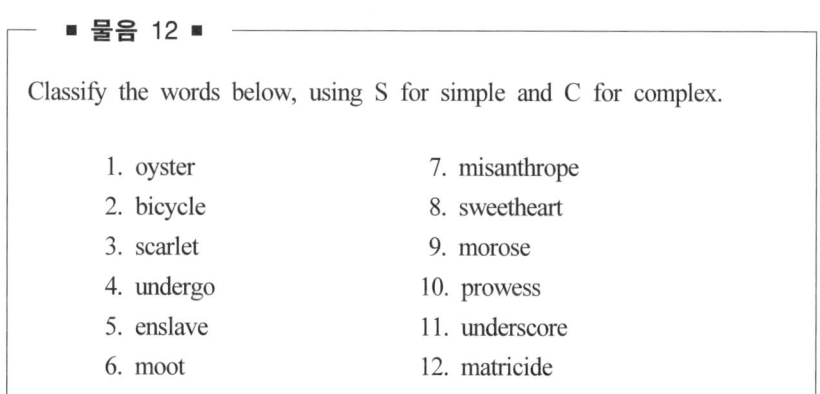

■ 물음 12 ■

Classify the words below, using S for simple and C for complex.

1. oyster
2. bicycle
3. scarlet
4. undergo
5. enslave
6. moot
7. misanthrope
8. sweetheart
9. morose
10. prowess
11. underscore
12. matricide

그 밖에도 합성어는 결합 요소의 성격에 따른 어근 합성어(root compounds)와 종합 합성어(synthetic compounds)의 구별이 특히 중요한데, 이 두 가지를 포함한 합성어의 여러 유형들은 10장에서 다시 상세하게 다루게 될 것이다.

파생어는 의존 어간(bound stem)을 갖는 것과 자립 어간(free stem)을 갖는 것이 있다. 이따금 전자를 일차 파생어(primary derivatives)라 부르고 후자를 이차 파생어(secondary derivatives)라고 부르기도 한다. 일차 파생어는 두 개의 의존 형태소로 구성된 것으로 그 중 하나는 어기이고 다른 하나는 접두사 혹은 접미사이다(예: *conceive, disturb, prepare; missile, version, amity*). 이 단어들은 또 disturbed, preparing, missiles에서 보듯이 굴절 접미사를 갖기도 한다. 이차 파생어는 그 자체가 자립 어간과 접두사 또는 접미사로 이루어진다. 이때 어간은 lover, undo, hopeless에서처럼 단일어이기도 하고 receiver, misconceive, fissionable에서처럼 복합어이기도 하다. 역시 각 유형은 굴절 접미사를 가질 수 있다(예: *undoes, misconceived*).

■ 물음 13 ■

Classify the following words into (a) primary derivatives and (b) secondary derivatives.

placate	rupture	pliable	manly
legible	displace	uncouth	easy
corrupt	ringer	inert	untie
untoward	circumvent	uncanny	intramural

(based on Francis 1958: 207-208)

2.5 품사

1500년대에 출간된 William Lyly의 *Lyly's Grammars*는 영어로 쓰여진 최초의 라틴어 문법서이다. 그것은 1540년에 이례적으로 Henry 8세의 인가를 받았고, 그 후 3세기동안에 걸쳐 영국이나 미국의 학교에서 학습 교재로 널리 사용되었다고 한다(Stageberg 1981: 151). 이 라틴어 문법은 후일 영문법을 집필하려는 이들에게는 더없이 좋은 본보기가 되었다. Lyly의 문법에서 품사 (word classes 또는 parts of speech)는 8개를 설정하고 있는데, 명사(noune), 대명사(pronoune), 동사(verbe), 분사(participle), 부사(adverbe), 접속사(conjunction), 전치사(preposition), 그리고 감탄사(interjection)가 그것이었다. 여기에 분사가 들어 있는 대신에 형용사(adjective)는 명사의 하위 부류로 다루었다.

Ben Jonson은 1641년에 내놓은 작은 영어 문법서에서 Lyly의 분류를 그대로 들여오고, 단지 관사(article)를 영어의 아홉 번째 품사로 보태는데 그쳤다. 그 이후로 품사의 갯수나 내용에 대한 논의가 끊이지 않았음은 쉽게 짐작할 수 있다. 1760년대에 이르러서는 대부분 분사는 인정하지 않으려는 분위기였고, Joseph Priestley와 Robert Lowth같은 문법가들은 이미 우리 눈에 익은 여덟 품사를 잡아 놓고 있었다.

영어 단어를 분류하는 데 어떤 품사를 써야하는가 하는 문제는 1795년에 Lindley Murry의 *English Grammar*가 출간되면서 일단 해결이 된 듯했다. 그는 아래에서 보듯이 그 동안 정리된 8품사에 관사를 더 보탰다.

명사(noun)   전치사(preposition)
대명사(pronoun)   접속사(conjunction)
형용사(adjective)   감탄사(interjection)
동사(verb)   관사(article)
부사(adverb)

라틴어 문법에서 나온 이 품사명은 지금도 사전과 문법서에서 사용되고 있는 만큼 우리에게 매우 친숙해진 이름이다. 그렇지만 구조언어학에서 새삼 분류 기준을 문제삼기 시작하면서 품사에 관련한 논란이 새로운 국면을 맞게 되었다.

전통 문법에서 품사의 정의로 크게 지적받은 것은 그 기준이 모호하다는 것이었다. 예를 들어, 동사(verb)는 동작이나 상태를 나타내 보이는 단어라고 듣지만, 우리가 (가령 act에서만 아니고) action에서도 동작이 느껴지고 actless는 동작이 없으니까 상태를 나타내는 것이 아니냐는 것이다. 더욱이 명사와 동사는 의미에 근거하면서 나머지는 문장에서의 기능 (또는 용법)에 근거하고 있다. 두 개의 다른 기준을 편리한대로 쓴다는 얘기다. 위의 아홉 개 품사들이 유용하고 또한 여러 언어 분석에서 요긴하게 쓰이고 있기는 하다. 그러나 그것들에 대한 종래의 정의에 결함을 보완하기 위해서 그 동안 여러 학자들이 보다 나은 품사 체계를 정립하고자 애썼다. 여기에서는 이 장의 마무리를 겸하여 품사의 새로운 개념 몇 가지를 간략하게 소개해 두고자 한다(Stageberg 1981 참조).

첫째는 형식 부류(form-classes)라고 불리는 것들로서 여기에는 명사(nouns), 동사(verbs), 형용사(adjectives), 부사(adverbs), 그리고 비굴절어(uninflected words)의 다섯이 있다. '형식 부류'라고 하는 술어를 사용하는 것은 단어를 그 형식적 특징에 따라 분류하기 때문이다. 예를 들어, 어느 단어의 형태가 복수의 -s와 같은 굴절 형태소를 취할 수 있다든가 혹은 그 형태가 -ness, -ity, -ism, -ment와 같은 명사화 파생 접미사로 끝나면 그것은 명사로 분류될 것이다.

■ 물음 14 ■

Think about the characteristic aspects of form by which the other form-classes — verbs, adjectives and adverbs — are identified as such.

(based on Stageberg 1981)

앞서의 네 형태 부류에 들지 못한 단어들은 비굴절어일 수밖에 없다. 그런데 여기에는 뜻밖에도 종래 명사나 부사로 불리던 단어들까지도 들어 있다

    명사: pathos, tennis, haste, botany, charisma
    부사: often, seldom, also, never, then, perhaps

이것들은 형태상의 변화를 겪지 않는 단어이기 때문이다. 그렇지만 이 결과는 크게 염려될 것이 없다. Stageberg(1981: 165)의 지적처럼, 오늘날 문법가들은 형식(form)과 위치(position)의 이중 기준을 채용하기 때문이다. 문제가 된 위의 단어들은 새 기준에 의해 제 자리를 찾게 될 것이다(아래 설명 참조).

■ 물음 15 ■

Classify the italicized words as N(noun), V(verb), Adj(adjective), Adv(adverb), or UW(uninflected word).

  1. Davis like to play *golf* on Sunday mornings.
  2. Only the *dregs* are left.
  3. There will be a *meeting* at four tomorrow afternoon.
  4. Every social class has its own *snobbery*.
  5. May you be healthy and prosperous.

6. She smiled cheerfully.
7. The quickest way is to use your calculator.
8. We counted the tickets in haste.
9. Your ideals seem sensible.
10. Mondays she sleeps late.

(Stageberg 1981)

둘째는 위치 부류(positional classes)이다. 주요 위치 부류로는 명사류(nominal), 동사류(verbal), 형용사류(adjectival), 그리고 부사류(adverbial)의 넷이 있다. 이것들은 위치에 의해 그 구성원이 결정되는데, 그 구성원은 단어일 수도 있고 단어가 아닌 어구일 수도 있다. 예를 들어, 아래 문장들을 보자.

I really enjoyed the _____.

빈칸은 명사 자리이고, 이 자리를 차지하는 항목은 어느 것이든 명사류가 된다. 가령 빈칸을 채울 법한 concert, singing, red wine, peace, art 따위는 각각 명사류가 되겠지만, 그렇다고 the 다음에 반드시 명사만 오는 것도 아니다. 그리고 가령 영어에서 전치사 뒤에 오는 것은 명사류라고 할 때, 다음과 같은 문장에서 밑줄 친 부분은 모두 명사류인 것이다.

A dictionary is not merely a home for living words; it is a hospital for the sick; it is a cemetery for the dead.
— R. W. Dale in 1878 (Matthews 1921: 83에서 재인용)

■ 물음 16 ■

Identify each italicized element by its position-class: nominal, verbal, adjectival, or adverbial.

1. The *poor* are always with us.
2. *His way* is the best.
3. He did it *his way*.
4. Jack was *wrestling* with his math.
5. Juniper found *wrestling* exciting.
6. They came in *wrestling*.
7. Can you see from *where you sit*?
8. The boys stomped *upstairs*.
9. The slept in the *upstairs* room.
10. One can see the airport from *upstairs*.
11. A chipmunk emerged from *under the porch*.
12. Our guide split the log *with ease*.

(Stageberg 1981: 239)

마지막으로 구조 부류(structure-classes)라고 하는 것들이 있다. 공통된 형태적 특징을 공유하지도, 또 (소수의 예외를 제외하고는) 형태를 바꾸지도 않는 까닭에 주로 나오는 위치에 의해 알 수밖에 없는 수식어(qualifiers), 전치사(prepositions), 한정사(determiners), (인칭, 의문, 관계) 대명사(pronouns), 조동사(auxiliaries), 그리고 (등위, 종속) 접속사(conjunctions) 를 가리키는 말이다. 여기서 한정사는 조금 생소하게 들릴지 모른다. 이것은 명사 앞에 오는 관사, 소유격, 지시 형용사를 가리키는 것으로써 형용사/부사 앞에 쓰이는 수식어와는 구별된다. 구조 부류는 형식 부류와는 다르게 각 구조 부류는 크기가 작고 그 구성원이 고정되어 있는 폐쇄 범주이다.

■ 물음 17 ■

Write a D(determiner), Q(qualifier), or NS(noun substitute) to show the category of the italicized word.

1. Have you got *a* match?
2. This water is *freezing* cold.
3. We did not disturb *George's* room.
4. It can't be *that* good.
5. *This* cold is invigorating.
6. *His* is the last house but one.
7. *That* old house is for sale.
8. The bottle is *bone* dry.
9. *Your* slip is showing.
10. I can't tell his sneakers from *Pete's*.

(Stageberg 1981: 174)

■ 물음 18 ■

Each of these newspaper headlines is ambiguous. Add a determiner to each in such a way that a noun will be identified and the meaning reduced to a single one.

1. Police raid gathering   _____
2. Complete faculty at State   _____
3. Rule book not obscure   _____
4. Clean model house.   _____

(Stageberg 1981: 174-175)

3장 형태소

3.1 서언

우리가 전에 들어본 적이 없는 언어에 접하게 되면 먼저 아무 의미 없는 소음이 뒤범벅된 듯한 인상을 받는다. 그렇지만 그 언어의 모국어 화자는 혹시 상대방이 잘못 말하던가 액센트를 섞어 말하지 않는 한, 소리에 대해서는 거의 의식하지 않고 말 내용 즉 소리에 의해 전달되는 의미에 귀를 기울일 뿐이다(Gleason 1961: 1 참조).

이 장에서는 최소의 의미 단위인 형태소 및 이것과 관련된 개념을 보다 상세하게 알아보기로 한다.

3.2 형태소의 정의

언어학의 한 갈래로서 형태론은 단어의 내부구조를 다룬다고 했다. 앞 장에서 언급한 바 있지만, **Bloomfield**는 단어를 "최소의 자립형"으로 정의했다. 언어에서 홀로 쓰일 수 있는 가장 작은 단위는 단어라는 뜻이고 어쩌면 이것이 일반인의 견해일 수 있다. 그래서 자칫 최소의 의미 단위는 단어를 지칭하는 말처럼 여겨질지 모른다. 그렇지만 아래와 같은 단어를 가만히 들여다보면 그 안에 완전한 단어가 아닌 작은 의미 요소가 여럿 들어 있음을 알 것이다.

 uniformly .... (3)
 unpredictably .... (5)
 antidisestablishmentarianism .... (6)

(괄호 안의 숫자는 각 예에서 식별되는 의미 요소의 갯수를 미리 밝힌 것이다.) 이 요소들이 홀로 쓰이는 일은 없어도 개별적인 의미가 있는 것은 분명하다. 의미와 관련한 기본 단위는 더 이상 의미있는 부분으로 나눌 수 없는 단일어일 수도 있고 단어보다 작은 것일 수도 있다. 이 각각의 요소들을 형태소(morpheme)라고 부른다. "형태소는 한 언어의 발화 속에서 개별적인 의미를 갖는 최소의 요소이다"(Hockett 1958: 123). 형태소를 최소의 의미 단위로 규정하고 있는 이 정의는 적어도 미국 구조언어학(structural linguistics)에서 널리 받아 들여졌던 것이다.

예를 들어, 단어 toad, frog, mole 등은 더 이상의 분할이 가능치 않은 형태소들이다. 가령 toad를 쪼개면서 (혹시라도 *tadpole*에서처럼) 그것이 '두꺼비'에 관계된 의미를 갖게 하는 길은 없기 때문이다. 그렇지만 복수형인 toads는 어떤가? toad와 toads 사이의 유일한 구조상의 차이는 -s이고, 이 복수 표지(plural marker)로써 관련된 두 단어가 구분된다. 이것은 -s가 영어에서 또 다른 최소의 의미 단위가 된다는 것을 뜻한다.

이제 crawl, dig, jump, climb같은 단어를 생각해 보자. 이것들은 모두 동사의 부정형으로서 여기에 -ed를 더하면 과거에만 연관되게 의미가 바뀌고, -ing를 더하면 진행 시제와 연관된다. 이것은 접사인 -ed와 -ing가 최소의 의미 단위임을 말해준다. 비슷하게 shorter/shortest에서 -er/ -est, uneatable에서 un-, -able, kingdom에서 -dom, fearlessness에서 -less, -ness 모두가 영어에서 최소의 의미 단위인 것이다.

■ 물음 1 ■

Write the meaning of the italicized morphemes.

1. toddl*er* _____ 6. weak*en* _____
2. *re*make _____ 7. storm*y* _____
3. woman*ly* _____ 8. *mal*formed _____
4. *un*stable _____ 9. *sub*way _____
5. *ante*date _____ 10. cheap*est* _____

그러나 Adams(1973: 141)나 Aronoff(1976: 7-15)가 지적했던 것처럼, 형태소가 반드시 의미 있는 요소일 필요는 없다. 이 점에 대해서는 뒤에 다시 따져보기로 하고 일단 위의 정의를 따르기로 하자.

■ 물음 2 ■

Identify all the morphemes in the following definition quoted from Hockett 1958.

> Morphemes are the smallest, individually meaningful elements in the utterances of a language.

문법의 최소 변별 단위로서 형태소는 다음의 세 가지 기준을 만족시키는 것이어야 한다(Stageberg 1981: 83).

(1) 의미를 지니는 단어 또는 단어의 일부이다.
(2) 그 의미를 벗어난다거나 의미없는 나머지 부분을 남기지 않고는 더 이상 의미있는 부분으로 나눌 수 없다.
(3) 비교적 안정된 의미를 갖고 여러 언어 환경에 되풀이하여 나타난다.

이 기준에 비추어 spray /sprey/를 검토해 보자. 먼저 우리는 그것을 한 단어로 인식하고 또 그렇게 사전에 등재되어 있음을 안다. 둘째, 그것은 의미를 위배하지 않고는 더 이상 나뉘어지지 않는다. 예를 들어, spray를 나누어서 pray /prey/, ray /rey/ 등의 더 작은 형태를 얻을 수는 있겠지만, 이것들의 의미는 spray의 의미와 동떨어진다. 더구나 이런 식으로 나누었다고 했을 때 나머지 부분인 /s/, /sp/에는 아무 의미도 부여할 수 없다. 셋째, spray는 sprays, sprayed, spraying, a sprayer, a spray plane 등 여러 언어 환경에서 비교적 안정된 의미를 갖고 되풀이하여 나타난다. 이로써 spray는 형태소의 모든 기준을 만족시킨다.

예를 바꾸어 man과 manly를 비교해 보자. 소리에 있어서 두 단어 사이의 차이는 -ly /-lɪ/ 뿐인데, 의미에 있어서는 manly에 '...다운'(=like) 정도의 의미가 더해졌다. 이것은 곧 -ly에 의미가 있음을 말해준다. 그러니까 -ly는 의미를 갖는 단어의 일부인 것이다. 그리고 이것은 더 작은 의미 단위로 나뉠 수 없으며, 같은 의미를 갖고서 friendly, womanly, ghostly, saintly, kingly, cowardly와 같은 단어 속에서 되풀이하여 나타남을 알 수 있다. 그러므로 -ly는 형태소가 분명한 것이다.

■ 물음 3 ■

How many morphemes does each of the following words contain?

1. restraint
2. endangered
3. lukewarm
4. mournful
5. moodier
6. unemployed
7. sntact
8. callousness
9. inactivity
10. fertilizer
11. disinfectants
12. deformation

3.3 형태소의 종류

한 언어에서 각 형태소는 그것이 다른 형태소와 더불어 나타나는 방식 곧 분포 관계(distributional relationship)를 근거로 여러 다른 이름으로 분류된다.

3.3.1 의존 형태소와 자립 형태소

형태소에는 우선 자립형과 의존형의 두 종류가 있다. 자립 형태소(free morphemes)란 일정한 의미를 갖고 혼자서 쓰일 수 있는 것을 말한다. 예를 들어, "What are you going to do now?"에 대한 대답으로 "Eat."라고 말할 수 있을 터이다. 이렇게 독립어로 존재할 수 있는 것이 바로 자립 형태소이다. 의존 형태소(bound morphemes)는 자립 형태소와 다르게 결코 혼자서는 쓰이지 못하고 늘 하나 또는 그 이상의 다른 형태소와 함께 단어 안에 나타날 뿐이다. 가령 unwanted에서 un-과 -ed와 같은 접사는 당연히 여기에 속하겠지만, 의존 형태소에는 consent, dissent, assent 따위에서 -sent같은 어근/어간도 포함된다.

그리고 접사는 굴절(inflectional)과 파생(derivational)으로 구분할 수 있다. 굴절과 파생의 차이는 4.4절에서 보이게 될 것이다.

지금까지 논의한 형태소 범주 사이의 관계를 도식화하면 아래와 같다 (Murry 1995: 152 참조).

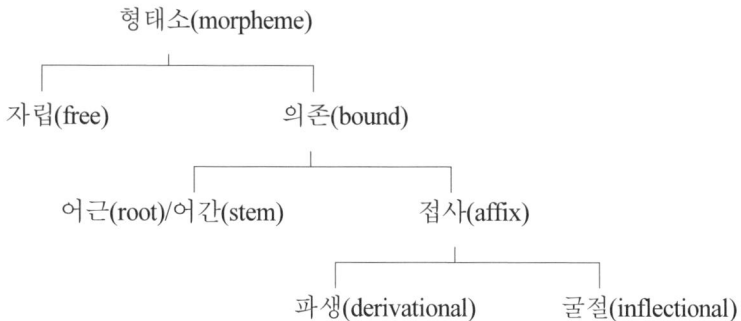

■ 물음 4 ■

Underline the bound morphemes in the words below.

    1. amoral   5. darken
    2. intersect   6. idolize
    3. remake   7. friendship
    4. unload   8. kingdom

                                      (Stageberg 1981: 85)

이 밖에 어휘 형태소(lexical morphemes)와 문법 형태소(grammatical morphemes)의 구별이 요긴할 때가 있다.

3.3.2 어휘 형태소와 문법 형태소

어휘 형태소(lexical morphemes)는 한 언어에서 그 자체로 충분히 이해될 정도의 분명한 의미를 지니는 것으로서 (명사, 동사, 형용사, 부사 등) 내용어(content words)는 그 대표적인 예이다. 반면에 문법 형태소(grammatical morphemes)는 문장 내 문법 관계를 표현하기 위해 쓰이는 형태소를 말한다. 문법 형태소는 단어일 수도 있고 접사일 수도 있는데, 과거 시제 따위의 굴절 어미는 물론 여기에 속한다. 개별 단어이면서 문법 형태소가 되는 것들은 아무래도 한정사, 전치사, 접속사 등 기능어(function words)라 불리는 단어들이다.

어휘 형태소는 특정 의미로써 나타낼 수 있는 것인데 비해 문법 형태소는 다소 일반적 의미를 갖는다고 생각하는 것이 보통이지만, 이 구별은 대략적인 일반화에 지나지 않는다. 사실 어휘 형태소와 문법 형태소 사이의 구별은 쉽지 않아서, 접사들을 굴절과 파생 가릴 것 없이 모두 문법 형태소로 취급하기도 하고(Adams 1973: 12; Murry 1995: 150-152), -ize, -ship 등 파생 접사를 (굴절 접사와 다르게) 어휘 형태소로 보는 입장도 보인다

(Bolinger/Sears 1981: 59). 여기서 우리는 일단 후자의 입장에 공감한다. 이것은 또한 형태론에 접근하는 최근의 동향이기도 하다.

지금까지 설명한 내용은 다음과 같은 표로 정리해 볼 수 있다.

형태소의 종류	단 어 (WORDS)		접사 (AFFIXES)	
어휘 형태소	내용어:	crab, pure, drag, cower, quick 등	파생 접사:	in-, anti-, -ful, -ize, -ness 등
문법 형태소	기능어:	the, of, which, my, when, and, if 등	굴절 접사:	-s, -ed, -ing, -en, -er, -est 등

(과거분사를 가리키는 굴절 접사는 Chomsky(1957)를 좇아 -en으로 나타냈다.) 위의 표를 보고 어휘 형태소와 문법 형태소의 구별이 이원적(binary) 분류와 같다는 오해를 해서는 안 된다. Bolinger/Sears(1981: 68-69)는 문법적/어휘적 형태소의 구분이 자의적임을 비교급 -er의 행동을 통해 잘 보여주고 있다. 우리가 'redder'라고 말할 때 우리는 (가령 *read* − *reader*의 경우처럼 다른 단어가 아니라) 한 단어 red의 다른 형태를 쓰고 있다는 느낌이 든다. 이렇게 보면 비교급의 -er은 문법적 형태소의 자격을 갖춘 것으로 여겨진다. 그러나 형용사의 비교변화를 자세히 들여다보면, 그 속에서 어휘적 형태소의 특징들이 발견된다. 일례로 바른 음운적 조건에서도 사용 빈도 곧 친숙도가 낮은 것일수록 그만큼 -er을 안 쓰기 쉽다. wanner는 분명 이상하고, apter는 적형이 못 된다.

　　　?You look *wanner* than you did last night.
　　　*He is *apter* to go than to stay.
　　　　　　　　　　　　　　　　(Bolinger/Sears 1981: 69)

반면에 널리 사용되는 형용사는 선뜻 -er을 취한다. 다음 문장에서 handsome과 winsome의 비교급을 비교해 보라.

　　　John is *handsomer* than Jerry.
　　　?Oliver is *winsomer* than Charlotte.

또한 Bolinger/Sears에 의하면, 평범한 형용사이면서도 *sourer처럼 소리의 결합이 좋지 않으면 피한다(cf. *surer*). 이것은 문법적 형태소에서 없는 일이다. 그러므로 -er과 more를 문법적이라고 할 것인지 어휘적이라고 할 것인지를 결정하기는 결코 쉽지만 않다.

이와 같이 두 가지 형태소의 구별이 모호한 까닭은 Adams(1973: 12)의 다음 설명 속에 잘 드러난다.

> '어휘적'(lexical)과 '문법적'(grammatical)을 마주 보는 축으로 생각하는 것이 편리하다. 즉 굴절(inflections), 대명사(pronouns), 한정사(determiners)는 문법축에 가장 가깝고, 전치사(prepositions)는 덜 '문법적'이어서 어휘축에서 그다지 멀지 않은 것이다.

문법 형태소와 어휘 형태소는 하나의 연속체와 같은 것이고, 그 구별은 다분히 상대적이라는 말이다.

■ 물음 5 ■

In the following sentences, indicate whether each morpheme is (a) a lexical morpheme or (b) a grammatical morpheme.

> *Example*: The children skipped rope and played games joyfully.
>   (a) child, skip, rope, play, game, joy, -ful, -ly
>   (b) the, -ren, -ed, and, -ed, -s,

1. I once heard about a man who never drank and never smoked. He was healthy up to the time he killed himself.
     — Johnny Carson
2. I have a dream that one day on the red hills of Georgia the sons of former slaves and the sons of former slave-owners will be able to sit down together at the table of brotherhood.
     — Martin Luther King, Jr.

3.3.3 어기와 접사

형태소는 어기(bases)와 접사(affixes)의 두 부류로 분류해 볼 수 있다. 어기란 접두사 혹은 접미사가 붙기 이전의 형태를 말한다. 다음 예에서 이탤릭 부분이 어기이다.

re-*gain*
doubt-ful
annoy-ance
betray-al

한 단어에는 접사가 여러 개 들어 있을 수도 있다. 가령 unfriendliness의 경우에 접미사 -ly의 어기는 friend가 되고, 접두사 un-의 어기는 형용사인 friendly, 접미사 -ness의 어기는 unfriendly가 되는 것이다. 영어에서 대부분의 어기는 자립 형태소이지만, 앞에서도 언급했듯이 -mit, -vene, -ceive, -cur, -sent 등 라틴어계 어간(Latinate stems)처럼 일부 의존 형태소인 것들도 있다.

┌─ ■ 물음 6 ■ ─────────────────────────────────┐
│   │
│ Consider the word *optionality*. What is the base for the affix *-ion*? │
│ What is the base of the suffix *-ity*? Is either of these bases also the │
│ root for the entire word? If so, which one?   │
│   │
└──┘

일반적으로 접사는 단어의 중심적 의미를 일부 바꿔주는 데 반하여 어근(root)은 단어의 중핵 부분을 일컫는다. 예를 들어, untouchables에서 어근이 되는 것은 touch뿐이고 un-, -able, -s 등 나머지 다른 형태소들은 모두 접사들이다. 접사는 붙는 위치에 따라 접두사(prefix)와 접미사(suffix)로 나뉘는데, 앞의 예에서 un-은 접두사이고 -able과 -s는 접미사라고 한다. 영어에서 분명하게 접요사(infix)라고 지칭할 만한 예는 없는 것 같다.

┌─ ■ 물음 7 ■ ─────────────────────────────────┐
│   │
│ Identify the roots in these words.   │
│   │
│   1. asexual   5. Christendom   9. prewar   │
│   2. infamous   6. unleaded   10. holiness   │
│   3. implacable   7. unmistaken   11. infantile   │
│   4. meaningless   8. decentralize   12. reheating   │
│   │
└──┘

영어에서 접두사는 뜻을 바꾸기는 하지만 품사를 바꾸지는 않는 것이 보통이다. 그러나 다음에서 보듯이 예외도 없지 않다.

a-	:	akin, anew, asleep, afloat
en-	:	endear, ennoble, enable, enslave, enthrone
		embitter, empower, embody
in-	:	inflame, imprison
be-	:	becalm, belittle, becloud, befriend, bewitch
de-	:	debug, defog, defrost, debark, decode, deforest
un-	:	unman, defog, unbishop, unearth, unpack, uncork

이 밖에도 어기(base)와 어간(stem)의 구별은 요긴하다. 어기는 접사 첨가시 바탕이 되는 형태를 가리키는 것으로서, 가령 위의 예 untouchables에서 -able이 붙을 때의 형태 touch는 어근이면서 어기가 되고, un-과 -s 첨가시에는 touchable과 untouchable이 각각 어기가 된다. 한편 어간은 굴절 접사가 붙기 전의 형태를 특별히 가리킬 때 쓰이는 술어이다. 여기서도 어근과 어간은 이따금 서로 엇바뀌어 쓰일 수 있다. 예컨대, guitars, behaved는 각각 'guitar + 복수 -s,' 'behave + 과거 -ed'의 모양으로 이 때 guitar, behave는 어근이면서 어간이 되는 것이다. 이제 아래 문장에서 이텔릭체로 된 예를 주목해 보자.

The *singers* came on to the stage.
The *diehards* are here again.

(Elson/Pickett 1983: 134)

-s 접미사를 지우고 나면 singer는 동사 어근과 접미사 -er로 되어 있지만, diehard는 동사 어근 die 뒤에 hard가 따라나온 모습이다. 이 두 예들이 보이는 공통의 특징은 단어의 중핵부가 단일 형태소가 아니라는 점이다. 어근 + 접사 혹은 두 어근의 결합이 단어에서 굴절 접미사가 첨가될 수 있는

어간을 이루고 있는 것이다. 이와 같이 둘 이상의 형태소로 된 어간은 두 가지가 있는 셈인데, 그 가운데 전자의 경우를 파생 어간(derived stem)이라 하고 후자의 경우는 합성 어간(compound stem)이라고 한다.

■ 물음 8 ■

Write the meaning of these bound bases italicized in the words below. And add another English word that contains the same base.

1. re*cur*
2. *car*nal
3. big*amy*
4. *bio*logy
5. in*spect*
6. *por*table
7. *rod*ent
8. biblio*phile*
9. in*spire*
10. *geo*graphy

(Stageberg 1981: 87)

3.3.4 기타 형태소

그 밖에도 우리가 아직 다루지 않은 형태소들이 몇 개 더 있다. 이 형태소들은 다소 특이한 면이 있는 것들인데, 영어에서 고려할 수 있는 것으로는 불연속 형태소와 혼성 형태소가 있다.

3.3.4.1 혼성 형태소

문법 형태소 가운데는 (복수 접미사 -s처럼) 오직 한 가지 형태 자질만을 갖는 것이 있고, 둘 또는 그 이상의 자질과 연관되는 것도 있다. 영어의 인칭 대명사 we는 '1인칭'(1st person)과 '복수'(plural)라는 두 개의 문법적 의미가 결합된 형태이지만, 이것을 각기 하나의 의미만을 갖는 별개의 형태소로 분석할 수 있는 길은 없다. 이처럼 둘 또는 그 이상의 의미를 겸하는 형태소는 혼성 형태소(portmanteau morphemes)라고 부른다.

3.3.4.2 불연속 형태소

만일 take/took, sing/sang 따위의 예를 다루면서 과거 시제를 수반할 때에 /t...k/, /s...ŋ/처럼 나타내고서 모음을 삽입하는 것으로 분석한다면, 영어에도 불연속 형태소(discontinuous morphemes)가 있다고 할 수 있을지 모른다 (cf. Hockett 1958: 271-272). 그러나 이 술어의 좋은 예시는 셈어(Semitic languages)와 같은 언어에서 찾을 수 있다. 따지고 보면, 프랑스어에서 부정을 표현하는 /ne...pas/도 한 예가 될 것이고, 접사의 경우로는 독일어의 과거분사형 /ge...t/가 있다. 독일어에서 규칙 동사의 과거분사형은 동사 어근에 접두사 ge-와 접미사 -t를 붙여 만든다(예: *geliebt* 'loved'). 이렇게 어근 또는 어간의 앞뒤로 붙는 형태소를 외접사(circumfix)란 이름으로 부르기도 한다.

3.4 이형태

단어를 형태소로 분석하는 일은 형태(morphs)의 분리로부터 시작한다. '형태'를 뜻하는 morph란 ('shape' 또는 'form'을 의미하는 Greek 단어에서 온 것으로) 한 언어에서 어떤 형태소(morpheme)를 나타내는 실제 모양이다. 형태와 형태소는 각각 음운론에서의 단음(phone)과 음소(phoneme)에 대비

되는 것이다. 관례에 따라 형태소는 중괄호 { }로 묶어 구별한다(예: {crow}). 실제로 한 형태소는 여러 다른 모양으로 실현될 수 있는데, 이것들을 그 형태소의 이형태(allomorphs) 또는 위치상의 변이형(positional variants)이라 칭한다. 이형태는 빗금(solidi, slashes) / / 안에 음소로 표기한다.

■ 물음 9 ■

Think about the following question, and give the crucial factor that matters here.

> Are the *-er* of *whiter* and the *-er* of *writer* morphs of the same morpheme {er}?

■ 물음 10 ■

Can the plural and possessive morphemes be grouped as one morpheme since they are phonetically identical?

(Crane et al. 1981: 101)

과거 어미 {-D, past}의 경우를 보자. 이 형태소는 선행하는 소리에 따라 세 가지의 음운형을 보인다.

{-D, past}
- /-ɪd/(또는 /-əd/) t, d 뒤에서 (parted, faded)
- /-t/ t가 아닌 무성음 뒤에서 (passed, laughed)
- /-d/ d가 아닌 유성음 뒤에서 (begged, seemed)

더욱이 이 세 음운형은 서로 엇바뀌어 나타나지 못한다. 이처럼 각 형태는 그것이 나타나는 자리가 따로 있어서 관련된 다른 형태가 차지하는 자리를 침범하지 않는 것을 일컬어 상보적 분포(complementary distribution)라 한다. 동일 환경에서 대립(contrast)을 보이는 일이 없다는 말이다. {-D, past}의 세 형태가 그러하듯이 한 형태소에 속하는 이형태는 물론 같은 의미를 가지고 상보적 분포를 이룬다.

■ 물음 11 ■

Explain why *a*/*an* are allomorphs of one morpheme.

| a bar | a nut | a gauge |
| an eel | an acre | an ostrich |

영어에는 오직 하나의 이형태만을 갖는 형태소들이 많다. 예를 들어, boyhood에서와 같이 형태소 {boy}와 {-hood}는 각기 /bɔy/와 /-hUd/라는 이

형태 하나씩만을 가진다. boy는 boys, boyish, boyfriend, boy scout 등 그것이 나타나는 다른 어디에서도 항상 /bɔy/로만 발음되며, 이 점에 있어서 접미사 -hood(*childhood, falsehood, priesthood* 등)도 마찬가지이다.

■ 물음 12 ■

How many morphemes are contained in the word *lawyer*? Discuss what you considered in deciding where to break the word.

(Crane et al. 1981: 101)

3.4.1 음운적 조건과 형태적 조건

과거시제 형태소 {-D, past}를 검토하면서 세 개의 이형태 /-t/, /-d/, 그리고 /-ɪd/(또는 /-əd/)는 상보적 분포를 이루며, 이 분포는 선행하는 소리에 의해 결정된다는 것을 알았다. 복수 형태소 {-Z, pl}의 경우도 마찬가지어서 /-s/, /-z/와 /-ɪz/(또는 /-əz/)는 접미사 바로 앞에 오는 소리가 무엇이냐에 의해 결정된다. 이처럼 음운적인 환경이 어느 이형태가 쓰일 것인지를 결정하는 경우에 그 선택은 음운적 조건(phonological conditioning)에 의한 것이라고 말한다.

그런데 복수 형태소에 위의 셋만 있는 것이 아니다. ox-oxen의 /-ən/과 sheep-sheep의 제로(zero) /Ø/ 접미사도 복수의 의미를 가지고 나머지 것들이 보이는 자리에 겹쳐지는 일이 없다. 그러나 그것들이 붙는 단어는 음운적 환경과는 관계가 없으며 ox의 복수형에 /-ən/을 쓰는 것은 오직 특정 형태소 ox에 의해 결정되는 것이다. 바꾸어 말해서, ox가 단순히 그 접미사를 택하는 것이고 그것으로 그만인 것이다(cf. *axes, boxes, foxes*). 마찬가지로 swine, deer, sheep, trout, pike, quail, grouse 기타 몇 단어에서 단수와 복수가 동형으로 나타나는 것도 이 특별한 형태소들이 (복수를 가리키는) 제로 이형태 /Ø/를 요구하기 때문이다. 이렇게 특정 형태소를 밝히고서야 어떤 이형태를 요구하는 환경을 기술할 수 있는 경우에 우리는 그 선택이 형태적 또는 어휘적 조건(morphological/ lexical conditioning)에 의한 것이라고 말한다.

요컨대 {-Z, pl}에는 적어도 다섯 개의 이형태를 인정할 수가 있다. 이것을 식으로 써보이면 다음과 같다.

$$\{ \text{-Z, pl} \} = /\text{-ɪz}/ \sim /\text{-s}/ \sim /\text{-z}/ \infty /\text{-ən}/ \infty /Ø/$$

중괄호(braces)는 형태소를, 빗금(solidi, slants)은 이형태를 나타내기 위해 쓰인 것이다. 관례에 따라 물결 표시(tilde)는 '...와 교체하여'(in alternation with)의 뜻으로 음운적으로 조건지어진 교체를, ∞는 형태적으로 조건지어진 교체를 가리킨다.

■ 물음 13 ■

In English the past tense morpheme is normally represented by *-ed* as in *sowed, hoped,* and *painted*. In the light of this fact, explain how the past tense is marked in the following:

Last Sunday I cut the grass.
He put those roses in the vase.
Yesterday they shut the factory down.
The mob hit him last week.

(based on Katamba 1993: 37)

■ 물음 14 ■

Write the base morpheme and its allomorphs of each group.

Example: long, length {long} = /lɔŋ/ ~ /lɛŋ-/

1. wide, width
2. louse, lousy
3. fame, famous, infamy, infamous
4. broad, breadth
5. vision, televise, revise
6. chaste, chasten, chastity
7. Bible, biblical
8. steal, stealth
9. profane, profanity
10. appear, apparent, appearance
11. compel, compulsory, compulsion
12. approve, approbation

■ 물음 15 ■

Some English nouns ending in /f/ or /θ/ voice those final sounds before the plural allomorph is added: wife /wayf/, thief /θif/, and bath /bæθ/, for example, become wives /wayvz/, thieves /θivz/, and baths /bæðz/, respectively. If a new word such as loof were to enter the language, is it more likely that its plural would be loofs /lufs/ or looves /luvz/? Why?

(Murry 1995: 158)

■ 물음 16 ■

Determine whether the selection of the appropriate plural allomorph in the following words is phonologically determined or morphologically determined.

1. criteria _____   6. larvae _____
2. stimuli _____   7. cola _____
3. loci _____   8. strata _____
4. vertebrae _____   9. schemata _____
5. alumni _____   10. phenomena _____

(Katamba 1994: 96-7)

3.4.2 대체 이형태

이제 조금 색다른 종류의 이형태를 보기로 하자. 앞에서 우리는 과거 시제 {-D, past}는 세 이형태를 가짐을 보았다. 그런데 만약 과거를 나타내는 것이 이것뿐이라면 sang과 같은 형을 어떻게 설명하겠는가? 아래 예를 비교해 보더라도 여기에는 분명히 {-D, past}의 이형태가 포함된 것으로 보인다.

    Yesterday we *parted* /partId/.
                     laughed /læft/.
                     played /pleyd/.
                     sang /sæŋ/.

다른 점이 있다면 접사의 첨가 대신에 여기에는 음운의 대체(replacement)가 있다는 것이다. 즉 sing의 /ɪ/가 /æ/로 대체되면서 과거 시제를 나타내고 있다. 이것은 다음과 같이 기호화할 수 있다(Nida 1949: 55; Hockett 1954).

    /sæŋ/ = /sɪŋ/ + /æ ← ɪ/

(화살표 ←는 '...을 대체하다'(replaces)의 뜻이다.) 여기에서 /æ ← ɪ/는 {-D, past}의 또 다른 이형태라고 할 수 있겠는데, 이와 같은 것을 특별히 대체 이형태(replacive allomorphs)라고 부른다.

■ 물음 17 ■

The notion of *replacive allomorph* is not in conformity with the general concept of the term *allomorph*. Do you see why?

■ 물음 18 ■

Write the allomorphic formula for each of the following past-tense forms.

Example: take, took /tUk/ = /teyk/ + /U ← ey/

1. see, saw _____
2. ride, rode _____
3. begin, began _____
4. grind, ground _____
5. bite, bit _____
6. spin, spun _____
7. give, gave _____
8. tear, tore _____
9. grow, grew _____
10. speak, spoke _____

(Stageberg 1981: 110)

3.5 형태소와 의미

지금까지 형태소의 정의는 의미에 의존한 것이었다. 그러나 때로는 형태소의 의미를 말하기가 불편할 적이 있다. 소위 크랜베리 형태와 라틴어계 어간들은 그 대표적인 경우이다.

3.5.1 크랜베리 형태

영어에는 오직 한 영어 단어에서만 나타나는 형태소들이 있다. 이와 같은 종류의 것들을 "크랜베리 형태"(cranberry morphs)라고 부른다(Aronoff 1976: 10). 다음 예를 보라.

  cranberry,   boysenberry,   bilberry,   huckleberry,   raspberry

이것들은 모두 딸기류이기 때문에 berry 부분은 문제될 것이 없다. 그러나 boysen-, bil-, huckle-은 berry하고만 함께 나오고 cran- 역시 적어도 최근에 cranapple juice(Fromkin/Rodman 1993: 45)가 시장에 나오기 전까지는 그러했었다. cran-류의 형태는 그 자체로 뚜렷한 의미가 없지만, -berry 환경에서 그 대신에 blue, black, straw와 같은 의심할 수 없는 형태소를 대치할 수 있으므로 우리는 그것들을 형태소라고 부를 수 있다.

Murry(1995: 143)는 cran-은 전에 'crane'으로 철자했던 것으로서 cranberry는 늪과 습지에서 자라서 그곳에서 사는 왜가리의 좋은 먹이가 되기 때문에 붙여진 이름 같다고 말한다. 역사의 흐름 속에 그 의미는 희미해지고 말았지만, 그것은 지금도 berry와의 결합 속에 크랜베리를 다른 딸기류와 구별짓는 만큼의 의미 요소로 존재하는 것이다. Aronoff도 말했듯이 blackberry의 빛깔이 항상 black인 것도 아니며, gooseberry의 goose /guz/는 우리가 알고 있는 goose와 무슨 관련이 있어 보이지 않는다. Bloomfield (1933: 208)에 의하면, 적어도 수세기 전에는 gooseberry가 *groseberry였다. 이것들도 형태소를 정의할 때 짚고 넘어 가야할 걸림돌인 것이다.

■ 물음 19 ■

Can you think of other examples of 'cranberry morphs'?

3.5.2 라틴어계 어간

형태소를 최소의 의미 단위로 정의할 때 문제가 되는 것은 라틴어계 어간(Latinate stems)도 마찬가지다.

먼저 permit, receive, concur, resist, induce 등을 구성하고 있는 부분들을 보면, 우리는 그 안에서 어떤 의미도 찾지 못한다. 이 시각에서라면 그러한 단어들은 나뉠 수 없는 단위이어야 하겠지만, 그 부분들이 admit, deceive, recur, consist, deduce와 같은 어떤 다른 환경에 나타나므로 어간 -mit, -ceive, -cur, -sist, -duce는 물론 어간을 빼고 남은 접두사도 형태소로 간주될 수 있다.

■ 물음 20 ■

Consider the verb *permit*, and verify how both parts of it recur in other contexts.

    a. X-*mit*: _____

    b. *per*-X: _____

┌─ ■ 물음 21 ■ ─────────────────────────────────┐
│   │
│ What other bound stems can you think of? List them along with │
│ appropriate examples.   │
└──┘

....

....

....

....

위에서 언급한 것처럼 라틴어계 어간들은 그 자체로 의미를 지니지는 못하지만, 모든 예에서 강세(stress)는 어간에 놓이는 특성을 보인다. 다음을 비교해 보라.

    동사   명사
 (a) permit$_V$ /pərmít/ permit$_N$ /pə́rmɪt/
 (b) vomit$_V$ /vɔ́mɪt/ hermit$_N$ /hə́rmɪt/

동사 vomit에서 -mit를 분리할 수 있는 증거는 어디에도 없다. 따라서 이 단어는 보통의 영어 강세 규칙에 의해 첫 음절에 강세가 주어진다. 이 점에서 동사 어간에 강세가 놓이는 permit와 구별된다. 한편 명사 permit도 (동사로부터 제로 파생된 것으로서) 일반 명사인 hermit와 강세형이 판이하게 다르다. -mit와 같은 라틴어계 어간들을 형태소로 보는 또 다른 이유를 여기에서 찾는다.

그리고 오직 형태소 -mit의 경우에만 -ion, -ive, -ory 등의 접미사 앞에서 t가 s로 바뀐다. 이같은 현상은 vomit나 다른 유사한 곳에서는 보이지 않는 것이다.

	동사	명사	형용사
(a)	permit	permission	permissive
	remit	remission	remissory
(b)	vomit		vomitory, *vomissory
	excrete	excretion	excretive, *excressive

Aronoff(1976)가 형태소 설정에 있어서 음운적 고려의 필요성을 강조한 것도 바로 이와 같은 특성들에 근거하고 있다.

■ 물음 22 ■

By considering the noun forms of the words below, provide reasons for regarding the stems -ceive, -pel, -fer, -sume, and -duce as morphemes.

receive	conceive		deceive
repel	compel	impel	
refer	confer	infer	defer
resume	consume		
reduce	conduce	induce	deduce

(based on Aronoff 1976)

■ 물음 23 ■

What is the meaning of *pec-* and *mut-* in the following? Should they be recognized as root morphemes in contemporary English? Justify your answer.

(a) pecunious   impecunious   pecuniary
     peculate   peculiar

(b) commute   immutable   permutation
     mutant   mutate

(Katamba 1994: 118)

3.5.3 유어 공통음

다소 생경한 느낌을 주는 이름이면서도 그냥 지나치기 어려운 언어 현상이 있다. 유어 공통음(phonaesthemes)이 바로 그것이다. 유어 공통음이란 술어는 Firth(1930: 6장)에 의해 처음 채용된 것으로서 그 자체로 어떤 의미를 드러내거나 암시하는 말소리를 이른다. 영어에서 전설 고모음 /i/와 /I/는 '작은 것'(예: *wee, jiffy*)을 나타낸다든가, 어말의 무성 마찰음보다는 무성 파열음 /p, t, k/가 동작의 '갑작스런 중지' (예: *clap—clash; bat—bash; crack—crash*)를 표현한다는 식의 음성 상징(sound symbolism)도 한 예로 간주될 수 있다(Stageberg 1981: 111-112). 먼저 어두 자음군에 주목하기로 하자.

     squirl   (N) '멋진 장식 글씨' (=a flourish or twirl in handwriting)
     flimmer (V) '불길이 깜빡이다' (=to burn unsteadily)

(Adams 1973: 139)

이 예들은 비슷한 다른 단어를 생각나게 하는 요소를 담고 있어서, squirl의 squ- 부분은 squiggle과 squirm을 연상케하고 -irl 부분도 swirl, twirl, whirl에서 발견된다. 또한 flimmer의 fl-은 flare, flame, flicker에서와 흡사해 보이고, -immer는 glimmer와 shimmer에 보인다. squirl이나 flimmer같은 종류의 것들은 많은 수가 어떤 소리나 움직임과 관계가 있다. squ-는 어쩌면 '비틀린'(twisting) 정도의 뜻일 듯하고, fl-에는 대략 '움직이는 빛'(moving light)의 의미를 부여할 수 있을 것도 같다.

비록 이 단어들을 성분으로 분석하기는 쉽지 않아도, 그것들은 대체로 (*squ-irl, fl-immer*처럼) 어두 자음(군)과 끝부분으로 구성된 듯이 보인다. 때로는 이 가운데 단지 한 부분만 다른 유사어에서 인정되어서, 예컨대 crash, crack, crunch에서 cr-은 '부딪치는 소음'(noisy impact)의 뜻이 되는 것 같고, stump, thump, clump는 다같이 끝부분 -ump에 '둔탁한 충격'(dull impact)의 의미가 담긴 것으로 보인다.

유어 공통음을 형태소로 보아야 할 것인가에 대해서는 학자마다 의견이 다르다. 그 속에 어떤 의미가 있다는 것은 대체로 인정하는 듯하면서도, 형태소의 정의에 비추어 볼 때 단어의 어느 한쪽 부분만 떼어서 형태소라고 말하기는 다소 "거북한"(awkward) 노릇이 아니냐는 것이 Nida(1949: 61)나 Adams(1973: 141)의 입장이다. 그럼에도 불구하고 Bloomfield(1933: 245), Marchand(1969: 403)을 비롯한 여러 학자들이 여전히 그것의 형태소 자격을 인정하고 있는 것이 사실이다. 문제는 이와 같은 자료를 다룰 수 있는 분석 도구가 아직은 마땅치 않다는 데 있다.

■ 물음 24 ■

Look at the following words, and guess at the meaning of each phonaestheme.

    1. /gl-/   glow, glare, glint, gleam, glisten

2.	/sp-/	spire, spark, spot, spout, spade
3.	/sl-/	slime, slush, slop, slip, slobber, slide
4.	/sn-/	sniff (snuff), snore, snot, snort
5.	/-əl/	juggle, prattle, waggle, freckle, chuckle
6.	/-ɛr/	blare, flare, glare, stare

(based on Stageberg 1981 & Bloomfield 1933)

■ 물음 25 ■

Read the following short passage cited in Stageberg 1981(113) and explain why the posted words were immediately understood.

> The eminent grammarian Otto Jespersen recounts this incident: "One summer, when there was a great drought in Fredriksstad (Norway), the following words were posted in a W. C. [=toilet]: 'Don't pull the string for bimmelin, only for bummelum.' This was immediately understood."

3.5.4 동음이어

다른 언어에서와 다를 바 없이, 영어에는 소리는 같으나 뜻이 다른 단어들이 많다.

> meet/meat/mete   cite/site/sight
> heir/air   so/sew/sow
> way/weigh   might/mite

철자까지 같으면서 판이하게 다른 뜻을 갖는 것들도 있다(예: *bat* 박쥐/야구 방망이; *club* 클럽/곤봉; *trunk* 나무 줄기/트렁크/코끼리 코). 그러한 단어들을 동음이어(homophones)라 부르고 (*bright, key, leech* 등에서 보듯이) 한 단어에 둘 또는 그 이상의 관련된 의미가 있는 다의어(polysemous words)와 구별한다.

(a) Did you like the *meet*? /mit/ (운동회)
    Did you like the *meat*? /mit/ (고기)
(b) John purchased a *pen*. /pɛn/ (펜; 우리)

형태론에서 이같은 동음이어들은 마땅히 다른 형태소로 분류되어야 한다. 순희네 Walli와 생김이 같으면 아무 개나 Walli이겠는가? 형태소 분류에서 모양 자체는 크게 문제되지 않는다(cf. 복수의 -s와 -en). 그러나 의미의 차이가 보이는 것은 아무리 같은 모양이라도 한 형태소로 묶일 수 없는 것이다. 이것은 의존형에 있어서도 다를 바 없다. 다음을 비교해 보라.

It feel*s* /-z/ good (동사 굴절 접미사)
Those frog*s* /-z/ (복수 접미사)
John'*s* /-z/ book (소유격 접미사)

소리가 같은 이 /-z/ 셋은 물론 세 개의 다른 형태소이다. 비교급의 -er(*bigger, tougher*) 역시 적어도 (행위자를 나타내는) 파생 접미사 -er(*fisher, hunter*)에 동음형이 보인다. 이제 접미사의 동음형으로 비교적 중요하게 생각되는 -ly와 분사형을 차례로 살펴보기로 하자.

■ 물음 26 ■

Think about the homophones, i.e., forms which sound alike but differ in meaning or grammatical function, that can be represented by each of these phonological forms.

1. /pɛr/ _____   4. /dow/ _____
   _____   _____
                          5. /reyn/ _____
2. /baw/ _____   _____
   _____
3. /rayt/ _____   6. /yu/ _____
   _____   _____
   _____   _____
                          (Stageberg 1981: 111)

3.5.4.1 접미사 -ly

부사형 접미사 -ly는 대부분의 형용사에 첨가되어 양태(manner)를 나타내는 부사를 만든다.

  rich/richly happy/happily
  kind/kindly formal/formally

소수의 형용사들은 이 -ly를 취하지 않는데, big, small, little, fast, tall, long 따위가 이에 속한다.

이 접미사의 동음형으로는 명사 파생 접미사 -ly가 있다. 이 형용사화 형태소의 분포는 아래와 같다.

  (a) 보통 단음절 명사에 붙여 형용사를 만든다.
    예: cost−costly, beast−beastly, friend−friendly, king−kingly,
      leisure−leisurely, love−lovely, man−manly, scholar−scholarly
  (b) 일부 형용사에 붙여 또 다른 형용사형을 만든다.
    예: dead−deadly, live−lively, kind−kindly, sick−sickly

여기에서 형용사 kindly와 lively는 -ly로 끝나는 부사와 동음이어가 된다 (cf. She spoke *kindly* to the children; She was the *kindliest* woman in the village).

  (c) 시간(time) 명사에 붙여 형용사를 만든다.
    예: day−daily, hour−hourly, night−nightly, month−monthly

이 가운데 일부는 명사로 전환되어 He subscribes to two *dailies* and three *quarterlies*와 같은 예가 새롭지만은 않다.

■ 물음 27 ■

Identify the italicized *-ly* as either (a) {-ly, adv} adverbal derivational suffix or (b) {-ly, adj} adjectival derivational suffix.

1. The air was *deadly* cold.
2. I hate to be a *cowardly* soldier.
3. Jane always behaved with a *maidenly* demeanor.
4. He tiptoes *softly* into the room.
5. The debate should be *lively*.
6. The witness testified *falsely* in court.

(Stageberg 1981: 100)

3.5.4.2 분사형 -en/-ing

일반 동사의 과거분사를 나타내는 굴절 어미는 과거형과 같은 -ed이다. 비록 taken, eaten, fallen, known, written, broken, stolen, given, 기타 -en을 동반하는 것들이 영어에서 사용 빈도가 높은 동사라 할지라도 대부분의 영어 동사가 과거분사형에 -ed를 취한다는 것은 틀림없는 사실이다. 그렇지만 우리는 과거분사를 가리키기 위해서 특별히 -en을 사용하기로 한다. 그것을 영어의 과거형 -ed와 구별하자는 의도에서이다(Chomsky 1957 참조). 동사의 과거분사형 -en은 다음에서 보듯이 형용사형에서 그 동음형을 찾을 수 있다.

Helen was *excited* about her new job.
She was a *devoted* mother.

같은 어형이면서도 기능이 다른 까닭에 두 개의 -en은 어렵지 않게 구별하는 방법이 있다. 그것은 뚜렷이 한 품사 범주에 드는 예들은 나타날 수 있지만, 다른 종류의 것은 나타나지 못하는 일련의 구조를 찾는 것이다. 그리고 나서 어느 범주인지 모를 단어를 보게 되면 그것이 어떤 자연스런 의미 해석과 함께 그 구조 속에 나타날 수 있는지 따져볼 수 있다(Stageberg 1981: 98-99; Pinker 1994: 395 참조).

우선 형용사형 -en은 '정도'(degree)를 나타내는 말, 즉 very, rather, quite, how와 같은 수식어 또는 비교급과 최상급을 나타내는 more와 most가 앞에 올 수 있다. 반면에 동사형 -en은 그 같은 수식을 받지 않는다. (별표 *는 비문법적임을 나타낸다.)

He was a very *dedicated/*departed* surgeon.
A rather *faded/*stolen* tapestry hung over the fireplace.
How *evolved/*kissed* is he?
She is more *reserved/*hurt* than her husband.

형용사형 -en은 seem(s) 뒤에 올 수 있으나 동사형은 안 된다. 예를 들어, that *faded* tapestry와 that *stolen* tapestry는 둘 다 가능하지만, seem(s) 뒤에 올 수 있는 것은 faded 뿐이다.

That tapestry seems *faded*.
*That tapestry seems *stolen*.

부정 접두사 un-을 붙일 수 있는 것은 오직 형용사형일 때이다(예: *unfaded, undeserved, unevolved*). 이것은 un-의 어기는 형용사이어야 한다는 일반적 제약을 반영하는 것이다. 그 밖에 형용사만 나오는 자리로 다른 형용사와 형용사 사이도 생각할 수 있겠는데, 동사형이 이 자리에 오지 못할 것이라는 것은 쉽게 짐작이 가고도 남는다.

a thoughtful, *evolved*, sweet friend
*a tall, *kissed*, thoughtful man

■ 물음 28 ■

Identify the suffixes of the italicized words with these symbols: V = {-D, pp}; A = {-D, adj}.

1. Craig was a *neglected* child.
2. This is a *complicated* question.
3. The *invited* guests all came.
4. We have a *reserved* seat.
5. The surgeon is a *reserved* man.
6. A *celebrated* painter visited the campus.
7. His *chosen* bride had lived in Rhode Island.
8. A *worried* look crossed his face.
9. Mary has a *wounded* ego.

(Stageberg 1981: 99)

한편 동사형 -ing는 두 개의 동음형을 가진다. 하나는 meetings, weddings, readings 등의 예에서 보이는 명사형 파생 접미사이다. 그러한 단어들이 -s 와 같은 굴절 접미사 없이 홀로 나타날 때에는 -ing의 뜻이 모호해 질 수 있다. 왜냐 하면 그것은 He was *meeting* the train에서와 같이 동사형일 수도 있고, He attended the *meeting*에서처럼 명사형일 수도 있기 때문이다. 동사형 -ing의 두 번째 동음형은 형용사형 형태소이다. 이 두 가지 -ing형을 구별하는 방법은 아래 표에서 보듯이 앞에서 소개한 -en의 경우와 다르지 않다.

	실제 형용사	-ing형
(1) *very* X :	very impressive	very charming/*crawling
(2) *seem* X :	That snake seems impressive.	That snake seems charming/*crawling.
(3) *How* X :	How impressive is he?	How charming/*crawling is he?

(4) *more X* : more impressive   He's more charming/*crawling
                                                         now than he was last year
(5) *un-X* : unimpressive   uncharming/*uncrawling

■ 물음 29 ■

Identify the *-ing*'s of the italicized words by these symbols:

         V = verbal {-ing, verb}
         N = nominal {-ing, nom}
         A = adjectival {-ing, adj}

1. I saw a *burning* house.
2. Jim lost both *fillings* from his tooth.
3. That was a *touching* scene.
4. That *barking* dog keeps everyone awake.
5. Her argument was quite *convincing*.
6. A *refreshing* shower poured down.
7. The attorney made a *moving* appeal.
8. A *moving* elephant is a picture of grace.
9. What an *obliging* fellow he is!
10. From the bridge we watched the *running* water.

                              (Stageberg 1981: 98)

4장 파생과 굴절

4.1 서언

모든 어형성은 결국 새로운 어휘 항목이거나 문법어 중 어느 하나를 만드는 것으로 요약된다. (합성의 경우를 제외한다면) 두 가지 모두 접사 첨가(affixation)에 의한 것으로 전자의 과정은 파생(derivation)이라 부르고, 후자의 과정을 굴절(inflection)이라고 한다.

영어의 굴절 접사는 모두 7-8개에 불과하다. 이에 대해 파생 접사는 그 수가 상당하여서 Marchand(1969)은 접두사 65개와 접미사 80여 개를 싣고 있다. 그러나 여기에서 우리는 굴절 접사와의 맞비교를 위해서 명사화 접미사(일부)의 경우만 간단히 살펴보기로 한다.

4.2 영어의 파생 접미사

파생(derivation)은 새로운 단어(=어휘소)의 형성을 가져오는 형태과정이다 (Lyons 1977: 522). 우선 아래 예시한 명사화 접미사들은 그것들이 가져올 품사 변화를 고려하여 나누어 본 것이다. 이 예들에서 확인할 수 있듯이, 파생과정에서 입력형과 출력형은 주로 어휘 범주(명사, 동사, 형용사)에 속하는 것들이다.

(a) N → N: -ship   friendship, dictatorship, membership, kinship
            -hood   neighborhood, childhood, manhood, knighthood
            -ster   gangster, songster, prankster, trickster
(b) A → N: -ness   sadness, meanness, usefulness, bitterness

		-ity	stupidity, banality, elasticity, agility, chastity
(c)	V → N:	-al	refusal, dismissal, upheaval, denial, survival
		-er	worker, writer, employer, preacher, traveler
		-ment	settlement, judgment, treatment, development

■ 물음 1 ■

Here are some productive deadjectival, denominal, and deverbal suffixes: *-en, -ify; -ful, -ish, -able,* and *-(at)ion*. Give at least five examples for each of these suffixes.

위의 각 예를 통해 우리는 대부분의 접두사 첨가가 그렇듯이 접미사 첨가에서도 품사를 바꾸지 않는 N→N형과 같은 것들이 있을 수 있음을 알 수 있다. 그리고 접미사 가운데에는 어기의 자모와 강세에 영향을 미치는 것과 그렇지 않은 것이 있다. 이 점에 대하여는 8장에서 두 부류의 접사를 다룰 때 다시 논의하기로 한다.

4.3 영어의 굴절 접미사

파생이 기존의 형태소와 단어들을 이용하여 새로운 어휘 항목을 만들고자 하는 것이라면, 굴절(inflection)은 어떤 특정한 통사적 환경에서 적절한 어형을 갖추려는 필요에 따른 것이다. 다시 말해서 굴절 형태소는 단어에 어휘적 의미를 더하지는 않고 다만 시제(tense), 상(aspect), 수(number), 성(gender), 격(case) 등 문법적인 의미만을 표시할 따름이다. 영어도 상당히 발달된 굴절 체계를 가졌던 때가 있었지만, 지금 인정할 수 있는 굴절 접미사는 고작 7-8개에 지나지 않는다.

	영어의 굴절접미사		예
(1)	-s	복수	She sat with her *legs* crossed.
(2)	-'s	소유격	Who can break the *witch's* spell?
(3)	-s	3·단·현	He *runs* a barbershop.
(4)	-ing	현재분사	The tail is *wagging* the dog.
(5)	-ed	과거	I *stayed* out all night.
(6)	-en	과거분사	Jill has *eaten* the doughnuts.
(7)	-er	비교급	Lisa has *shorter* hair than you.
(8)	-est	최상급	It was the *happiest* day of my life.

■ 물음 2 ■

The creative powers of English inflectional morphology are pathetic compared to what we find in other languages. The English noun comes in exactly two forms, the adjective in three, and the verb in four. Illustrate the points, using *duck, loud, quack*.

(based on Pinker 1994: 127)

굴절 접미사에 대해서는 새삼 설명할 필요를 느끼지 않는다. 다만 과거 분사를 -en으로 표기한 까닭은 앞에서 언급한 바 있고, 소유격(possessive) -'s에 대하여는 전혀 다른 시각도 있다. -'s가 명사구의 일부인 단어를 지시할 때에 그것은 그 단어가 아니라 그 어군의 마지막 단어에 붙는 것이 보통이다.

   John*'s* hat
   the Mayor of Boston*'s* hat
   the man in the brown coat*'s* hat

이와 같은 예를 보면 문제가 어디에 있는지 짐작할 것이다. Adams (1973: 13)도 지적했듯이, 복수 -s나 기타 접사가 이렇게 쓰이는 때에는 어군이 예컨대, jack-in-the-box*es*, a devil-may-care-*ish* attitude, do-nothing*ism*, he extract-of-beef*ed* his bread에서처럼 단일 어휘 항목으로 통합된 모습을 보이는데, 소유격의 경우는 그렇지가 않다. 위의 마지막 두 예에서 구절인 the Mayor of Boston이나 the man in the brown coat는 이 문맥에서만 단어처럼 역할을 한다(cf. *men*-of-war; *sisters*-in-law). 여기에서 -'s의 기능은 그것이 붙은 단어와는 관련이 없이 다음에 오는 hat와 그것을 수식하는 선행 명사구를 연결해 준다. 이 관점에서 보면, 영어의 -'s는 (소유격) 표지(marker)와 굴절 어미의 경계선에서 그래도 전자에 가깝게 보이는 것 같다(Hockett 1958: 209). 그리고 또 어떻게 보면 전치사처럼 생각되기도 하는데, 사실 Jespersen(1918: 144-145)은 그것을 가리켜 '간치사'(interposition)라 부르고, 글로 쓸 때에도 (the man in the brown coat *s* hat처럼) 아예 소유격 부호 '(apostrophe)를 쓰지 말자고 제안한 적이 있다. 요컨대 영어의 소유격 -'s는 일반 굴절 접사와 다르다는 얘기다. 이 점에 대해서는 14장에서 다시 자세한 논의가 따를 것이다.

4.4 굴절과 파생의 구별

영어에서는 위에서 열거한 굴절 접사들을 제외한 나머지 접사들은 모두 파생 접사들이다. 따라서 두 종류의 접사를 분간하는 일은 적어도 영어에서는 사소하게 여겨지기도 하지만, 그래도 굴절과 파생의 일반적인 차이점은 알아 둘 필요가 있다.

굴절 접미사는 다음과 같은 면에서 파생 접미사와 구별된다(Adams 1973: 11-13; Stageberg 1981: 92-95; Bauer 1983: 22-29 등 참조).

무엇보다도 굴절접사는 품사(word class, category)를 바꾸는 일이 없다.

    예: lamp (N) → lamp*s* (N)
          sigh (V) → sigh*ed* (V)
          fast (A) → fast*er* (A)

명사 lamp에 복수 -s를 붙인 lamp*s*도 여전히 명사가 되고, 같은 이치로 sigh와 그 과거형 sigh*ed*는 둘 다 동사이며 fast에 비교급의 -er을 첨가해도 형용사(또는 부사)임에는 변함이 없다. 반면에 파생 접미사는 많은 경우에 그것이 첨가되는 단어의 품사를 바꿀 수 있다.

    예: form(N) → form*al*(A) → formal*ize*(V) → formaliz*ation*(N)

명사 form은 -al의 첨가로 형용사가 되고, 형용사 form*al*에 -ize를 붙여 동사 formal*ize*로 만들고 여기에 -ation을 붙이면 다시 명사 formaliz*ation*이 된다. 형용사 clean이 동사 clean이 되는 것도 (제로) 파생이지만, 같은 품사이면서도 어휘 부류(lexical class)가 달라진 것(예: *king→kingdom, lion→lioness*)도 파생으로 보아야 한다(Bauer 1983: 31-32). 같은 견지에서 '추상' 명사가 '보통' 명사로 되는 것(예: a *beauty*/*failure*), '인칭'(personal)이 '비인칭'(impersonal)으로 되는 것도 문법적 부류(grammatical class)의 변화로 생

각해야 한다(Marchand 1969: 13). white가 whit*ish*로 되는 것은 같은 품사인 형용사에 머물지만, 색채어 white는 의미상 핵심이 되는 '약간 …을 띤'(=approximating)의 의미를 갖는 접미사 -ish 아래 놀리게 된다.

굴절 접사의 또 다른 특성은 단어의 끝에 온다는 것이다. 파생 접사는 굴절 접사에 비해 어근 가까이에 놓인다.

예: flake*s*, ox*en*, neat*est*, beat*en*, enslave*s*, naturaliz*ed*, materializ*ing*

그리고 굴절 접사는 겹쳐 나오지 않고, 위의 예에서 보듯이 오직 하나만으로 그 단어를 마감한다. 여기서 Stageberg(1981: 92)는 "the students' worries"에서의 복수 소유격은 예외라고 말한다. 그러나 이것은 소유격을 순수한 굴절 접미사로 보았을 때의 문제일 뿐이다. 굴절 접사의 경우와는 다르게 파생 접사는 한 단어에 여러 개가 붙기도 한다. 예를 들어, 파생 접미사로 끝난 fertil*ize*에 또 다른 파생 접미사 -er을 더할 수 있고, 그 다음 fertil*izer*에 굴절 접사 -s를 붙이게 되면 더 이상 접사의 첨가는 있을 수 없다.

■ 물음 3 ■

Add a derivational suffix to each of these words which already end in a derivational suffix.

1. falsify   _____
2. reasonable _____
3. industrial _____
4. purist   _____
5. active   _____

(based on Stageberg 1981: 95)

끝으로 굴절 접사는 매우 생산적이어서 (일부 예외를 빼고는) 주어진 품사의 모든 어간과 결합한다. 예를 들어, (3인칭 단수 현재) 접미사 -s는 be 동사와 조동사 따위를 제외한 동사 어간에 자유롭게 붙을 수 있다.

예: cheat*s*, book*s*, twist*s*, sneeze*s*, wag*s*, gulp*s*, galvanize*s*, brainwash*es*, proofread*s*, browbeat*s*

파생 접미사의 경우에는 어기와의 결합이 임의적이다. 동사 shrink로부터 명사를 만들기 위해서는 -age를 붙여야 하는 데 반하여 fail은 오직 -ure와 결합하여 명사 failure를 만든다.

■ 물음 4 ■

By combining the suffixes in the right column with the words listed, make as many nouns as you can.

1. renew	a. -acy	i. -ment
2. kin	b. -age	j. -ness
3. complain	c. -al	k. -ship
4. pagan	d. -ance	l. -t
5. adorn	e. -ation	m. -th
6. true	f. -hood	n. -ty
7. recover	g. -ism	o. -ure
8. supreme	h. -ity	p. -y

이와 관련해서 언급해 두고 싶은 기준 두 가지가 더 있다. 그 중 하나는 어형변화 계열(paradigm)에 관계된 것으로 파생에서는 체계에 상당수의 예측할 수 없는 공백이 있기 쉽지만, 굴절은 그러한 공백이 훨씬 덜하다. 예를 들어, regress, confess, 그리고 caress가 있어도 명사로는 단지 regression과 confession만 발견될 뿐이고 *caression은 보이지 않는다(Bauer 1983: 28). may, can 등 영어의 법조동사(modals)에 부정사형과 과거분사가 없는 등 굴절 어형변화에서도 공백이 없는 것은 아니지만 그래도 그 수는 극히 드물다.

다른 한 기준은 굴절과 파생은 의미적 규칙성(semantic regularity) 또는 의미적 일관성(semantic coherence)에 있어서 차이를 보인다는 것이다 (Adams 1973: 11; Aronoff 1976; Bauer 1983: 28 참조). 굴절 접사들은 기능과 의미에 있어서 매우 안정적이다. 복수 -s와 과거 시제 -ed 또는 그 변형들은 그 문맥이 어떻든 같은 의미를 가진다. 파생 접사들은 그렇지 못할 때가 더 많다. 명사화 접미사 -ness(*sullenness, neatness*)나 행위자 명사를 형성하는 -er과 같은 접사들은 매우 생산적인 만큼 의미에 있어도 현저하게 안정적이지만, 많은 파생 접사들의 경우에 어기와 파생형 사이의 관계는 의미적으로 일관되지 않다. 이것은 depress/depression, impress/impression, profess/profession, suppress/suppression 등의 예에서도 확인할 수 있다.

■ 물음 5 ■

State the difference in meaning between *-able* added to a verbal base as in *allowable, enviable,* and to a nominal one as in *fashionable, knowledgeable.*

지금까지 논의한 주요 내용을 간추리면 아래와 같다.

파생 접사 (Derivational affixes)	굴절 접사 (Inflectional affixes)
(1) 단어의 품사를 바꿀 수 있다.	결코 품사를 바꾸는 일이 없다.
(2) 굴절 접사에 비해 어근 가까이에 놓인다.	단어의 끝에 온다.
(3) 한 단어에 여럿이 붙기도 한다.	오직 하나만으로 그 단어를 마감한다.
(4) 어기와의 결합이 임의적이다.	매우 생산적이어서 (일부 예외를 빼고는) 주어진 품사의 모든 어간과 결합한다.
(5) 체계에 예측할 수 없는 공백이 있기 쉽다.	어형변화 계열에 공백이 드물다.
(6) 어기와 파생형 사이의 의미 계는 예측하기 어렵다.	어간과 굴절형 사이에 의미적 일관성이 있다.

■ 물음 6 ■

In each of the following sentences, underline all the affixes that are derivational morphemes, and circle all the affixes that are inflectional morphemes.

1. I'm desperately trying to figure out why *kamikaze* pilots wore helmets.
2. America is one of the finest countries anyone ever stole.
3. Salt had totally corroded the car's front fenders.
4. A young child of immigrant parents may learn a second language in the streets, from other children, with amazing rapidity.
5. The cottage was very comfortable and extremely untidy.

이 절을 끝내기에 앞서 파생임을 판단하는 아주 간단한 요령 하나를 소개하기로 한다. 그것은 Matthews(1991: 49-50)의 제안을 따른 것으로서 만약 접사를 포함하는 형태가 문장 속에서 어떤 단순 어근 형태로 대치될 수 있으면 그 형태는 굴절보다는 파생으로 보인다는 것이다. 예를 들어, 아래 두 문장에서 automation과 writer는 각각 war와 boy로 대치될 수 있고 따라서 파생의 예들로 말할 수 있다.

Automation is a good thing.
The *writer* received a well-earned prize.

이에 반하여, 다음에 보이는 kisses, hotter 따위는 어근 형태로 대체될 수 없으므로 굴절의 예로 보아야 한다.

He always *kisses/*kiss* his mother goodnight.
It's the *hotter/*hot* of the lot.

그러나 불행히도 이 기준은 굴절이 의무적인 언어에서는 들어맞지 않고, 영어에서조차도 만족스럽지 않다. 일례로 주어가 3인칭 단수가 아닌 동사의 과거형은 그 어근 형태로 대치될 수 있지만, 그렇다고 가령 kissed를 파생어라고 말하고 싶지는 않은 것이다.

■ 물음 7 ■

Study the following data and answer the questions below:

I *ducked*　　　　　He was *sheepish*
two *ducks*　　　　three *ducklings*
He's *humorless*　　You're *ducking* the issue
He *ducks*

1. Identify the suffixes in the italicized words. To what word-class do the words to which the suffixes are added belong, and what word-class results?
2. For each suffix determine whether it is inflectional or derivational. Justify the decision briefly.

(Katamba 1993: 48)

■ 물음 8 ■

Printed below is a passage from Steven Pinker's *The language Instinct* (1994: 83) with ten words underlined. Each underlined word ends in an inflectional suffix. Write the morpheme label for the inflectional suffix it contains.

> Journalists say that when a dog <u>bites</u> a man that is not news, but when a man bites a dog that is news. This is the essence of the language instinct: language <u>conveys</u> news. The <u>streams</u> of words <u>called</u> "sentences" are not just memory <u>prods</u>, <u>reminding</u> you of man and man's best friend and letting you fill in the rest; they tell you who in fact did what to <u>whom</u>. Thus we get <u>more</u> from most stretches of language than Woody Allen got from *War and Peace*, which he <u>read</u> in two hours after taking speed-reading lessons: "It was about some <u>Russians</u>."

4.5 굴절 어형변화 계열

어형변화 계열(paradigm)이란 어간은 같지만 접사가 다른 일단의 관련된 단어들을 가리키는 말이다. 어형변화가 있다는 것을 굴절이 갖는 특징의 하나로 생각하는 이도 적지 않은 듯하지만, 파생어에도 어형변화가 있기는 하다. 예를 들어, head를 어기로 한 파생 어형변화표를 만들어 보이면 다음과 같다.

ahead, behead, subhead, header, heading, headless,
headlong, headship, heady, headily, headiness

그래도 어형변화는 굴절의 경우에 보다 자주 쓰이는 개념이다. 영어의 굴절 어형변화로는 명사, 대명사, 동사, 그리고 비교의 네 가지가 있을 뿐이다. 어형변화에서 어간의 의미는 일정하게 남아 있고 접미사가 바뀌면서 어형들 사이의 의미 차이가 생기게 된다.

굴절 어형변화에 대해서 너무 상세하게 다루는 것은 이 책의 성격상 어울리지 않는 것 같다. 따라서 간략하게 필요한 몇 가지만 언급하고서 연습문제를 통해 부족한 부분을 채우기로 한다.

4.5.1 명사 어형변화

명사에 첨가되는 굴절접사는 -s(복수) 뿐이다. 전통적인 시각에서 (소유격) -'s을 넣는다고 하면 명사의 어형변화표(noun paradigm)는 다음과 같다.

	어간 (stem)	복수 (plural) {-Z, pl}	소유격 (possessive) {-Z, poss}	복수 소유격 (plural possessive) {-Z, pl poss}
예:	man	men	man's	men's
	doctor	doctors	doctor's	doctors'

모든 명사가 이렇게 네 가지 형을 갖는 것은 아니다. 많은 명사는 소유형을 나타낼 때 of 구조를 대신 쓰기 때문이다. 예를 들어, '방 천정'을 말할 때 the room's ceiling보다는 the ceiling of the room이 낫다. 구어(spoken language)에서는 우리가 듣는 {-Z} 형태가 어느 형태소인지 알기 어려울 때가 있다. 왜냐하면 소유격과 복수는 불규칙 복수형의 경우를 제외하면 다 같이 /-s/, /-z/와 /-ɪz/(또는 /əz/)라고 하는 동일한 형태를 가지기 때문이다. 만일 [ðə kawbɔyz wɔk]를 듣게 되면 그 의미는 "the cowboy's walk," "the cowboys' walk," 또는 "the cowboys walk" 중 어느 하나일 것이다. 소유격 -'s와 of 구조 중 어느 것을 택할 것인지에 대하여는 철칙이 될 만한 지침은 없지만, 생물에는 소유격을 쓰고 무생물 명사에는 of를 쓰는 경향이 짙다. 그래서 '개 다리'는 the dog's legs이지만 '테이블 다리'는 the legs of the table이 보통인 것이다.

■ 물음 9 ■

State the bases upon which Richard Lederer could write like this:

> In *Crazy English* Richard Lederer wrote an essay called "Foxen in the Henhice," featuring irregular plurals gone mad: booth — beeth, harmonica — harmonicae, mother — methren, drum — dra, Kleenex — Kleenices, and bathtub — bathtubim.
>
> (Pinker 1994: 139)

■ 물음 10 ■

The term 'possessive' is not a satisfactory label for this morpheme because a variety of different semantic relationships can exist between the possessive noun and the one that follows. Important cases are: (1) Possession or belongingness (e.g., *John's hat*); (2) Characterization or description (e. g., *a cowboy's walk*); (3) Origin (e. g., *Raphael's paintings*); (4) Measure (e. g., *an hour's wait*); (5) Subject of act (e. g., *the judge's decision*); (6) Object of act (e. g., *Eliot's critics*). Using these numbers, indicate the relation shown between the italicized possessive and its following noun. Some examples can express more than one relationship at the same time.

1. They were playing *children's games*.
2. He was carrying a *woman's coat* on his arm.
3. A *wren's song* floated through the window.
4. *Ben's arrival* was a surprise.
5. We missed the other car by a *hair's breadth*.
6. That is my *grandmother's photograph*.

(based on Stageberg 1981: 137-138)

영어의 불규칙 복수형 중에 어간 모음 전환이 보이는 다음의 예들은 특별히 주목할 만하다.

	단수	복수
(a)	foot /fUt/	feet /fit/
	goose /gus/	geese /gis/
(b)	louse /laws/	lice /lays/
	mouse /maws/	mice /mays/

이것은 소위 움라우트(umlaut)라고 불리는 현상으로 영어에서도 본래는 음운적 조건에 의한 것이었다. 고대 영어 이전에 gōs 'goose'와 mūs 'mouse'의 복수형은 접미사 -i를 붙여서 만들었고, 그 때 이미 전설 고모음 i 앞에서 u, o가 각각 ü, ö로 바뀌는 움라우트 현상이 있었다. 그 결과로 복수 어간이 gös와 müs가 되었던 것인데, 고대영어 초기에 이르러 접미사 -i의 소실과 더불어 움라우트는 음운적 동기를 상실하고서 순전히 형태적인 복수 표시 수단이 되어 버렸다. foot의 과거 feet는 이렇게 해서 나온 것이다.

■ 물음 11 ■

Complete the following table showing umlaut in English.

Pre-OE	Early OE	Subsequent changes	Gloss
gōs			'goose'
gōsi > gösi	_____	_____	'geese'
mūs			'mouse'
mūsi > müsi	_____	_____	'mice'

Note: Subsequent changes here include the derounding of the umlauted vowels [ü] and [ö] by Middle English, and the changes brought about by the Great Vowel Shift.

(based on O'Grady & Dobrovolsky 1992: 276)

> ■ 물음 12 ■
>
> When {plural} is added to most nouns, the result is definite and predictable; however, {plural} added to a few words produces two plural forms instead of one. Look at the following examples and explain why such dual plural forms exist.
>
> | | |
> |---|---|
> | matrix | matrixes/matrices |
> | cherub | cherubs/cherubim |
> | stratum | stratums/strata |
> | mora | moras/morae |
>
> (Murry 1995: 185)

4.5.2 대명사 어형변화

우선 인칭대명사(personal pronouns)의 경우는 다음과 같은 어형변화를 보인다.

단수(Singular)

	주격	소유격	목적격	소유대명사
1인칭	I	my	me	mine
2인칭	you	your	you	yours
3인칭	he	his	him	his
	she	her	her	hers
	it	its	it	

복수(Plural)

	주격	소유격	목적격	소유대명사
1인칭	we	our	us	ours
2인칭	you	your	you	yours
3인칭	they	their	them	theirs

이 밖에도 의문대명사(interrogative pronouns)나 관계대명사(relative pronouns)로 쓰이는 who는 who, whose, whom, whose의 어형변화를 보인다. 대명사 어형변화는 기본적으로 어간에 접사를 붙인 모양이 아니고 고정된 소수의 단어들이라는 점에서 나머지 셋과 다르다.

4.5.3 동사 어형변화

영어의 동사 변화는 적어도 세 형태를 갖는다. 아래 lean과 같이 -ed로써 과거와 과거 분사를 다 나타내는 것이 가장 많다. 동사 어형변화표(verb paradigm)는 아래와 같다.

어간	3·단·현 {-Z, 3rd}	현재분사 {-ing, verb}	과거 {-D, past}	과거분사 {-D, pp}
lean	leans	leaning	leaned	leaned
set	sets	setting	set	set
swell	swells	swelling	swelled	swollen
ride	rides	riding	rode	ridden
teach	teaches	teaching	taught	taught

흔히 불규칙 동사라 불리는 강변화 동사(strong verbs)는 (*awake, forget, beseech, repay, mistake, undo* 등) 접두사(또는 유사 접두사)가 붙은 일부 경우를 제외하면 모두 단음절 동사임이 특기할 만하다. 사전 뒤에 있는 불규칙 동사표를 다시 보라.

위의 예에서 ride /rayd/(현재)와 rode /rowd/(과거)의 차이는 모음의 변화에 있다. 다음에 적어 놓은 예들도 이것과 비슷하게 /ay/~/ow/의 교체를 보인다.

현재	과거
write /rayt/	wrote /rowt/
rise /rayz/	rose /rowz/
drive /drayv/	drove /drowv/
strive /strayv/	strove /strowv/
shine /sayn/	shone /sown/

이처럼 단어의 어근 모음이 달라지면서 문법적 기능(grammatical function)에서의 변화를 표시하는 경우를 특별히 모음 전환(ablaut)이라고 부른다. 모음 전환의 예는 sing-sang-sung, sink-sank-sunk에서도 보이고, 명사의 복수형에서 언급한 foot-feet, mouse-mice처럼 음운적 동기가 결여된 움라우트의 경우도 따지고 보면 모음 전환의 또 다른 예에 지나지 않는다.

■ 물음 13 ■

Find some other examples where ablaut is used to form the past tense, with other changes of vowel.

■ 물음 14 ■

The dividing line between weak and strong verbs is not really as clear-cut. In fact, some verbs are both strong and weak — that is, they have two acceptable past participles. List some of these verbs, and provide past-participle forms.

(Murry 1995: 162)

4.5.4 비교 어형변화

형용사/부사의 비교급(comparative, cp)과 최상급(superlative, sp)의 변화표는 다음과 같다.

	어간	비교급 {-er, cp}	최상급 {-est, sp}
예:	sweet	sweeter	sweetest
	pure	purer	purest
	big	bigger	biggest
	deadly	deadlier	deadliest
	soon	sooner	soonest

일반적으로 이 어형변화표를 따라 -er, -est를 붙여 각각 비교급과 최상급을 만드는 형용사와 부사는 최대로 두 음절 이하의 것이어야 한다는 조건을 만족시켜야 한다. 다시 말하면, 거의 모든 단음절 형용사와 부사(예: *hot, small, proud, sad, fast*) 및 일부 2음절, 특히 -ly, -y, -er 등 약음절로 끝나는 형용사와 부사(예: *lovely, funny, noble, clever, early*)는 -er/-est를 취한다.

기타 형용사나 부사들은 굴절 접미사 -er, -est를 쓰는 대신에 그 앞에 more, most를 취한다 (이것을 가끔 우언법(periphrasis)이라고 부르기도 한다). 2음절 형용사 가운데 more, most를 쓸 수 있는데도 불구하고 -er, -est를 취하는 것도 있고(예: *politer/politest; more polite/most polite*), unhappy처럼 접두사 un-으로 시작하는 형용사는 3음절인데도 위의 일반 경향에 따르지 않는다. 그리고 소수이긴 하지만 불규칙 변화를 보이는 것들도 있다(예: *good/well−better−best; bad(ly)/ill−worse−worst; little−less−least*).

■ 물음 15 ■

Here is a list of two-syllable adjectives. Write the comparative and superlative forms, *-er* and *-est*, of those that you would inflect in this way.

1. dirty _____ _____
2. bitter _____ _____
3. common _____ _____
4. honest _____ _____
5. badly _____ _____
6. stupid _____ _____
7. remote _____ _____
8. severe _____ _____
9. solid _____ _____
10. noble _____ _____
11. lively _____ _____
12. pleasant _____ _____

(Stageberg 1981: 148)

> **■ 물음 16 ■**
>
> Notwithstanding the restriction of *-er* essentially to monosyllabic bases and a few disyllabic ones, *-er* is suffixed readily to certain trisyllabic adjective bases with the prefix *un-*: *untidier, unhappier, unluckier*, and *unfriendlier*. In order to save the phonological generalization, one might argue that, first *-er* is suffixed to an adjective base, say *tidy*, while it is still disyllabic and then, afterwards, *un-* is prefixed. But this solution cannot be correct in view of the semantic analysis of the word. Do you see why?
>
> (Katamba 1993: 146-147)

4.6 기타 술어

굴절 어형변화와 관련하여 종종 사용되는 술어에 보충법(suppletion)과 결여 어형변화 계열(defective paradigm)이라고 불리는 것이 있다. 그 내용을 잠깐 들여다 보자.

4.6.1 보충법

자연 언어에서 완전히 다른 교체형을 보이는 불규칙 어간들도 아주 드물지만은 않다. 잘 알려진 영어의 예는 어간 go가 과거 시제에서 went로 바뀌는 것이다.

go   goes   going   went   gone

이 어형변화표에서 한 형태는 다소 느닷없는 모양이어서 다른 것들과 어울리지 않는 듯이 보인다. 그것은 'goed'이거나 적어도 g로 시작하는 단어이어야 마땅하다. 그런데 전체 어간 go가 완전히 다른 어간 /wɛn-/으로 대체되었다 (went는 go와는 전혀 다른 동사인 OE wendan의 과거형이었다). 이처럼 전혀 다른 어간형의 출현을 보충법(suppletion)이라 불러왔다. Schane(1973: 82)은 이것을 "어느 규칙으로도 설명되지 않는 교체"로 정의한다. 그리고 보충법에 의한 새로운 형은 보충형(suppletive forms)이라 한다. 영어 동사 be에 속하는 am, is, are, was, were도 어찌할 수 없는 보충형들이다.

그리고 명사의 복수형에서 dice(<die), pence(<penny)는 보충법에 의한 것으로 보아야 하고, 형용사의 비교 변화에서 예외로 취급되는 것들도 역시 마찬가지다.

4.6.2 결여 어형변화 계열

어형 변화표가 완전하지 않을 때가 있다. 결여 어형변화 계열(defective paradigm)은 굴절형 중 일부가 결여된 것을 가리키는 것인데, 법조동사(modals)인 can, may, shall, will, must는 부정사형과 과거분사형이 없고, must는 과거형마저 없다. 다음은 단수형이 없는 명사의 예들이다.

단수	복수
*trouser	trousers
*scissor	scissors
*pant	pants
*pincer	pincers

이같은 단수형이 이따금 trouser-leg, scissor-handle, pantskirt 등의 합성 명사 속에서 발견되는 것은 매우 흥미로운 일이다(cf. Allen 1978: 112).

■ 물음 17 ■

Think about some fresh examples of suppletive forms and/or defective nouns.

4.6.3 융화

융화(syncretism)란 한 어휘소에 속하는 동일 어형이 둘 이상의 문법적 의미로 쓰이는 경우를 일컬을 때 사용하는 술어이다. 본래 융화는 역사언어학에서 굴절 어미의 소실에 따른 형태의 합병(merging)을 가리킨다. 스페인어의 HABLAR 'speak'의 미완료 직설법 단수 1인칭과 3인칭은 hablamba인데 이것은 어미 -ābam (1sg)과 -ābat (3sg)의 마지막 자음이 규칙적인 음운 변화에 의해 떨어진 결과이다. 고대영어 역시 다음 stān 'stone'의 변화형에서 볼 수 있듯이 풍부한 격어미(case endings)를 갖고 있었다.

	단수 (Singular)	복수 (Plural)
주격(nominative)	stān	stānas
소유격(genitive)	stānes	stāna
여격(dative)	stāne	stānum
대격(accusative)	stān	stānas

그 후 어말 모음의 탈락으로 단수 여격 stāne가 주격/대격 stān과 같아지게 되었는데 이것도 합병의 좋은 예이다. 융화는 이와 같이 굴절 어미의 소실에 따른 어형의 합병을 가리키던 것이었지만, 보다 일반적으로는 아래 예에서 과거와 과거분사로 쓰인 played처럼 단지 같은 어휘 항목의 두 형태가 동일함을 말한다.

(a) He *played* a dirty trick on us.
(b) He has *played* a dirty trick on us.

■ 물음 18 ■

Using at least two fresh examples, show how syncretism can be used to support the distinction between word-forms and grammatical words.

(Katamba 1994: 28-29)

5장 형태소 분석

5.1 서언

언어학 분야가 대개 그렇듯이 형태론에 대해 익히는 가장 좋은 방법은 형태론을 하는 것이다. 각 장마다 중요 개념을 익히는 것도 필요하지만, 문제 풀이를 통해 중요 논점을 이해하는 일이 그래서 강조되는 것이다.

기존의 단어를 형태소로 나누는 작업은 결코 쉽지 않다. 이 최소의 의미 단위를 찾는데 있어 혼란을 최소화하기 위해서는 어떤 분석 원칙이 필요할 것 같다.

5.2 형태소의 식별 원칙

이 절에서는 Eugene Nida(1949: 2장)가 제시한 여섯 원칙을 중심으로 형태소의 식별 요령을 익히기로 한다.

> 원칙 1
> 나타나는 모든 경우에 공통의 의미 특성과 동일한 음소형을 갖는 형태들은 단일 형태소를 이룬다.

이 원칙은 worker, writer, dancer, walker, flier, singer와 같은 단어에서 행위자 형태소 -er을 분리할 수 있게 한다. 이 형태는 단일한 음성형을 가지고, 그것이 나오는 어디에서나 본질적으로 같은 의미를 갖는다. 사실 위의 정의에서 Nida는 "의미적 변별성"(semantic distinctiveness)이라는 어려운 표현을 쓰고 있는데, 이것은 나타나는 모든 자리에서 의미가 반드시 같지는 않더라도 다른 유사 형태와는 뚜렷이 구별되는 의미 특성을 지녀야 함을 강조한 것이다. 행위자 -er과 비교급 -er 사이의 의미 차이는 그 한 예이다. 이 두 형태들은 음성적으로는 동일하지만 의미적 유사성이 없는 까닭에 Nida의 원칙 1에 의해 별개의 형태소로 간주해야 하는 것이다 (앞으로 나올 Nida의 다른 원칙에서도 '의미 특성'은 결국 '의미적 변별성'을 쉽게 풀어 쓴 것에 지나지 않는다).

■ 물음 1 ■

Determine whether adjective-forming suffixes -*y* (*watery, milky, creamy*), -*ly* (*manly, friendly, cowardly*), and -*ish* (*boyish, spookish, childish*) must be recognized as three distinct morphemes.

(based on Hockett 1958: 133-134)

원칙 2
공통의 의미 특성을 지니지만 음소형(즉 음소 또는 음소의 순서)이 다른 형태들은 형태상 차이의 분포를 음운적으로 규정할 수 있는 것이면 한 형태소를 이룰 수 있다.

얼핏 보기에는 꽤 어렵게 쓰여진 듯하지만, 그 의미는 뜻밖에 간단하다. 어떤 공통된 의미를 가지면서 음소 또는 음소의 배열이 다른 형태들은 그것들을 지배하는 어떤 음운 조건이 발견되면 한 형태소로 묶을 수 있다는 말이다. 영어에서 부정 접두사 in-은 다음에 오는 소리에 따라 다섯 형태로 나타난다.

/ɪm-/   양순음(p, b, m) 앞에서 (*im*personal, *im*mature)
/ɪŋ-/   연구개음(k, g) 앞에서 (*in*compatible, *in*gratitude)
/ɪr-/   권설음(r) 앞에서 (*ir*regular, *ir*replaceable)
/ɪl-/   설측음(l) 앞에서 (*il*legal, *il*logical)
/ɪn-/   기타 자음이나 모음 앞에서 (*in*active, *in*tangible)

이것들은 모두 같은 의미를 가지고 그 형태상의 차이가 음운적으로 결정된 것이기 때문에 한 형태소로 지정할 수 있다. 비슷하게 comparable, context, congregate에서 보이는 접두사 /kam-/, /kan-/, 그리고 /kaŋ-/도 음운 조건에 따른 것이므로 한 형태소로 묶여야 한다.

위의 예들은 음운 조건 중 동화(assimilation)에 의한 것인데, 음운적으로 규정된 분포를 보이는 예 가운데는 동화 또는 기타 음운 과정으로 설명되지 않는 것들이 있다. 영어의 부정 관사에는 두 형태가 있어서 자음 앞에서는 a, 그리고 모음 앞에서는 an이 쓰인다. Jensen(1990: 25-26)이 말했듯이, 비록 모음 충돌(hiatus)을 피하는 것이 음성적으로 자연스럽다 하더라도(*a apple) 이 교체는 영어의 다른 형태소에서는 보이지 않는 것이다(cf. *the* /ði/ *apple*; *the* /ðə/ *pear*). 이 경우에도 두 이형태 /ə/, /ən/은 그 분포가 음운적으로 규정된 것이다.

■ 물음 2 ■

State what has happened to the stems in the free forms listed in the first column.

    1. hymn   1a. hymnal
    2. solemn   2a. solemnize
    3. condemn   3a. comdemnation
    4. damn   4a. damnation
    5. autumn   5a. autumnal

Note: Omit any change of vowels or stress.

(Nida 1949: 30)

■ 물음 3 ■

In the following set of data, discover three morphemes with three allomorphs each. What are the distributional similarities between the three sets of allomorphs?

    1. Fred goes to the playground every day.
    2. The ragged tramp walked under the bridge.
    3. Some students enjoy finding morphemes.

4. The reddish-haired flapper dashes down the highway in a speedster.
5. Fifteen boys jumps noisily into the newly finished swimming pool.
6. The wrinkled little old man wobbled uneasily along the slippery sidewalk.
7. The employer angrily dispatched a message to the workman's home.
8. The hungry creature creeps steadily through the dark.
9. The faithful dog showed the greatest of love to his unkind master.
10. The fool crowded ten persons into the car.

(Nida 1949: 17-18)

Nida의 원칙 3은 분포가 음운적으로 결정되지 않을 때에도 공통의 의미를 갖는 일부 형태들을 단일 형태소로 인정할 수 있는 길을 열어 놓는다. 여기에는 네 가지 제한 조건이 더 붙지만 불필요하게 복잡해지는 것을 피하기 위해 무시하기로 한다.

원칙 3

공통의 의미 특성은 지니지만 음소형이 상이하여 그 분포를 음운적으로 규정할 수 없는 형태라 할지라도 그 형태들이 상보적 분포를 이루면 단일 형태소를 이룬다.

영어의 복수 이형태 /-s ~ -z ~ -ɪz/는 음운적 조건(원칙 2)에 의해 결정된 것이지만, -en의 경우는 다르다. 이 접미사를 취하는 명사는 ox 뿐이고 그 단어의 음운 형태 어디에도 규칙적 -es를 취하면 안 된다고 지시하는 것은 없다(cf. *boxes*). 단지 형태적 조건에 의한 것일 따름이다. /-ən/ 형태는 ox에만 나타나므로 /-s/, /-z/, /-ɪz/와 분포가 상보적이고 또한 다같이 복수의 의미를 나타내기 때문에 모두 같은 형태소로 간주한다. 단수 명사와 뚜렷한 차이가 보이지 않는 복수 명사(예: *sheep, trout, elk, salmon, grouse*) 역시 기술의 편의상 제로 접미사 Ø를 설정하고 보면 동일한 분석이 가능해진다.

원칙 4

구조적으로 연결된 것들 속에서 겉에 드러난 형태상의 차이는 그 중 어느 하나에서 겉에 드러난 형태상의 차이와 제로 구조상의 차이가 음성-의미적 특성의 최소 단위를 식별하는 유일의 의미있는 특징이라면 형태소를 이룬다.

여기서 "겉에 드러난"(overt) 형태상의 차이란 음소와 음소의 배열 순서의 차이에 따른 대립을 의미한다. foot /fUt/와 feet /fit/의 대립은 음소의 차이에 따른 것이므로 겉에 드러난 것이다. 반면에 단수 sheep /šip/과 복수 sheep /šip/의 대립은 구조상 제로이니 속에 가려진 것이다.

사실상 이 원칙은 형태소가 아닌 과정(processes)을 분리하는 것이다(예: feet = (1) 어간 foot, (2) /U/를 /i/로 대체, 그리고 (3) 제로 접미사). 대체 이형태(replacive allomorph)에 대해서는 이미 소개한 바 있고, 기타 형태음소 과정은 13장에서 알아보기로 한다.

원칙 5에서는 동음이어(homophones)와 제로 파생(zero derivation)과 관계된 문제를 다루게 된다.

원칙 5

동음의 형태들은 다음 조건에 근거하여 같은 형태소 혹은 다른 형태소로 식별될 수 있다.
1. 동음의 형태들로서 뚜렷하게 그 의미가 다른 것들은 다른 형태소를 이룬다.
2. 동음의 형태들로서 의미상 관련이 있는 것은 만약 그 의미 부류가 분포상의 차이와 맞물린다면 단일 형태소를 이루지만, 만약 그 의미 부류가 분포상의 차이와 맞물리지 않으면 별개의 형태소를 이룬다.

위의 조건 1에 의해서 동음의 형태인 pair, pare와 pear는 별개의 형태소가 된다. 관련된 의미를 갖는 동음의 형태라면 (제로 파생에 의한) 파생어일 때가 많다 (예: fish$_N$ – fish$_V$, empty$_A$ – empty$_V$ 등).

의미 차이의 정도를 정의하기는 어려워서 형태들이 의미면에서 "뚜렷하게 다른"(distinctly different) 것인지 혹은 "관련된"(related) 것인지를 결정하는 간단한 수단은 없다. 그것은 정도의 문제이기 때문이다. 그렇지만 예를 들어, 'they run'과 'their run'에서의 단어 run처럼 명백하게 관련이 있어 보이는 형태들이 있다. 그리고 'the run in her stocking'에서마저 run 형태는 앞에 나온 동음의 형태와 의미면에서 관련이 있는 듯하다. 비슷하게 'the fish'와 'to fish'에는 의미적으로 유사한 항목 fish가 들어있는 것으로 보인다. 반면에 'to pare'와 'the pear'같은 구에서 pare와 pear 사이에는 어떤 의미 관계가 있어 보이지 않는다.

형태들 사이의 의미관계가 의심스러운 구석도 많이 있다. 가령 board가 쓰인 아래 예들을 보자.

board and room
to *board* a ship
I bought a pine *board*
the *board* of directors

과연 이 모든 board의 예들이 의미에 있어서 관련이 있다고 보아야 하겠는가? Nida(1949: 56-57)의 대답은 의외로 간단하다. 결정은 그 언어의 모국어 화자가 내릴 일이고, 그 만큼 언어의 기술은 주관적일 수 있다는 것이다. 그는 이어서 혹시 불확실하다면 그 형태들은 관련없는 것으로 간주하는 것이 낫다고 말한다.

분포상의 차이를 따지려면 한이 없겠지만, 가장 흔한 경우는 예컨대 '물고기'를 뜻하는 fish와 '낚시질하다'의 fish처럼 다른 품사로 나타나는 것이다. 그것들은 다른 문법 구조에서 다른 접미사와 더불어 쓰이는 까닭에 같은 형태소로 본다. 같은 근거에서 형용사 foul과 동사 foul도 한 형태소이다. 그러나 (가령 the animal's *horn*과 the car's *horn*에서처럼) 의미상 관련을 보이는 horn의 형태들을 분석할 때, 그것들의 분포가 상보적이 아님은 금새 분명해진다. horn이 동사로 쓰이기는 하지만, 적어도 문장 I bought a *horn*에서 명사 horn이 어느 의미인지는 알 길이 없다.

■ 물음 4 ■

Determine whether or not the following sets of underlined forms are related in meaning. If the forms are related in meaning, describe the relationship.

1. He is <u>faint</u>.   They <u>faint</u> frequently.
2. He shot a <u>crow</u>.   Some always <u>crow</u> about it.
3. He bought a <u>board</u>.   <u>Board</u> and room is expensive.
4. He went <u>aboard</u>.   He wants a <u>board</u>.
5. We <u>run</u> the place.   They had a <u>run</u> on the market.
6. I hate cray<u>fish</u>.   I love to <u>fish</u>.

(Nida 1949: 57-58)

다음에 보이는 것은 Nida가 제시한 마지막 원칙이다.

원칙 6
형태소는 만약 그것이 다음의 조건 아래 나온다면 따로 분리할 수 있다.
1. 단독으로
2. 복수의 결합으로 나타나는 경우에 적어도 그 중 하나에서는 그것과 결합하는 단위가 단독으로 혹은 다른 것과 결합하여
3. 단일 결합으로 나타나는 경우에 그것과 결합하는 요소가 단독으로 혹은 유일하지 않은 성분과 결합하여

조건 1에 의해서 boy, cat, play, chip, out, hey, ouch처럼 혼자 쓰일 수 있으면서 더 이상 작은 의미 단위로 분석할 수 없는 형태들을 형태소로 분리하게 한다. 조건 2는 행위자를 나타내는 -er을 형태소로 분리하게 한다. 그것이 혼자 나오는 일은 없지만, worker, writer, dancer, singer에서 work, write, dance, sing처럼 혼자 나오는 형태와 함께 나오기 때문이다. 물론 -er은 원칙 1에 의해서도 형태소로 분리된다. 한편 접두사 con-을 형태소로 볼 수 있는 것은 그것이 conceive, consume, contain, condense에 나오기 때문이다. 이 가운데 dense는 혼자 떼어서 나오고 나머지 어간들은 perceive, resume, detain 같이 다른 결합 속에 나온다.

■ 물음 5 ■

Determine the conditions of isolatability of the prefixal and suffixal morphemes.

1. inky	milky	cheeky	sticky
2. friendly	manly	cowardly	womanly
3. president	student	regent	correspondent
4. detachment	merriment	torment	shipment
5. archaism	methodism	theism	fetishism
6. denude	deodorize	delouse	debunk
7. beguile	behold	belabor	belittle
8. impart	intend	import	infect
9. evolve	evoke	evade	erode
10. retain	revolve	resist	retail

(Nida 1949: 59-60)

조건 3은 bilberry의 bil-을 형태소로 분리하게 한다. bil-이 나오는 것은 단지 이 단일 결합에서 뿐이지만, 그것이 결합하는 요소인 berry는 혼자서 또는 strawberry, blueberry, raspberry 등 다른 결합으로 나오기 때문이다. 크랜베리 형태인 bil-에 어떤 의미를 부여하기는 어렵지만, 그것이 "다른 이름의 딸기들과는 다른 어떤 종류의 딸기" (Jensen 1990: 33)의 의미를 가진다고 할 수는 있을 것 같다. 원칙 6은 특히 hammer, ladder, badger, otter, under, linger와 bitter에서 -er의 형태소 자격을 부정한다. 이들 예에서 hamm-, ladd-, badge- 등은 -er이 아닌 다른 성분과 결합하는 예가 없다. 그것들은 우연히 행위자를 나타내는 -er과 모양이 같을 따름이다.

■ 물음 6 ■

Principle 6 excludes phonetic symbolism from morphemic status (cf. Bloomfield 1933: 245; Marchand 1969: 403). Nida(1949: 61) states like this:

> In the English series *slide, slush, slurp, slip, slop, slobber*, and *slick* we can recognize a common phonemic element *sl-* with a common meaningful relationship which may be defined as 'smoothly wet.' A series such as *flash, flare, flame, flicker, flimmer* have an analogous relationship involving the meaning 'moving light.' Despite these partial phonetic-semantic resemblances, however, we do not isolate either *sl-* or *fl-* as morphemes, since they do not occur with free forms or with forms which occur in other combinations.

Now, go over Nida's other principles and find one which is in conflict with Principle 6 in this regard. And then explain how the two principles differ in the treatment of *sl-* or *fl-*.

5.3 직접성분 분석

앞 절에서 우리는 형태소를 식별하는 요령을 터득하였다. 이제 이 형태소들이 모여 단어 안에서 어떤 성분구조를 갖게 되는지 따져보기로 하자.

5.3.1 직접 성분

다음 예에서도 보는 것처럼 단어는 하나 또는 그 이상의 형태소로 이루어질 수 있다(Fromkin/Rodman 1993: 41-2 참조).

1개	형태소	man
		establish
2개	형태소	gentle + man
		dis + establish
3개	형태소	gentle + man + ly
		dis + establish + ment
4개	형태소	un + gentle + man + ly
		dis + establish + ment + arian
5개 이상		un + gentle + man + li + ness
형태소		anti + dis + establish + ment + arian + ism

위의 자료로부터 단어란 형태소의 단순한 연쇄라고 하는 잘못된 느낌을 받아서는 안 된다. 한 형태소로 된 단어 dry, salt 따위는 물론 어떻게 더 이상 의미를 지니는 작은 단위로 분할할 수가 없다. 그리고 복합어라 할지라도 playhouse, playful처럼 두 개 형태소로 된 단어는 분명히 play + house, play + ful의 두 부분으로 구성되어 있고 그 사이에서 자를 수 있다. 그러나 셋 이상의 형태소로 된 단어는 개별적인 부분의 연속으로 된 것이 아니라 여러 형태 작용이 어떤 순서로 여기에 가해진 것처럼 계층 구조가 있다. 이것을 역으로 분석한다고 하면, 영어 단어 ungentlemanly는 일차로 un-과 gentlemanly로 구성된 것이고, 그 다음에 gentlemanly는 gentleman과 -ly로, 끝으로 gentleman은 gentle과 man으로 구성된 것이 된다.

▪ 물음 7 ▪

While discussing morphological structure, Bloomfield (1933: 222) states like this:

> Thus, in English, the word *actresses* consists, in the first place, of *actress* and [-ɪz], just as *lasses* consists of *lass* and [-ɪz]; *actress* in turn consists of *actor* and *-ess*, just as *countess* consists of *count* and *-ess*; *actor*, finally, consists of *act* and [-ə]. There could be no parallel for a division of *actresses*, say into *actor* and *-esses*.

This idea is reflected in one of Nida's six principles. Which one?

이렇게 단어 분석의 각 단계마다 두 부분으로 나누어 갈 때 각 부분을 직접성분(immediate constituent, IC)이라고 부른다. 모든 부분을 계속 둘로 잘라 나가면 단어를 그 구성 단위인 형태소 곧 궁극적 성분(ultimate constituents)으로 분해할 수 있게 된다.

5.3.2 IC 분석

예를 들어, actresses를 분석할 경우에 직접성분은 actress와 -es가 될 것이고, actress는 직접성분 actor와 -ess, 그리고 actor는 다시 직접성분 act와 -or로 분석될 수 있다. 이렇게 해서 얻은 act, -or, -ess, -es가 궁극적 성분이 된다. 같은 요령으로 reactivate도 직접성분 분석을 통하여 궁극적 성분 re-, act, -ive, -ate에 다달을 수 있다.

단계별 분석 결과는 아래와 같은 도식(diagram)의 형식을 빌려 나타낼 수 있다.

직접성분은 두 갈래일 때가 보통이지만, 아무 증거가 없을 경우에도 두 개 직접성분을 고집해야 하는 어떤 범어적 제약 같은 것은 없다. 영어에도 England uses the *foot-pound-second* system에 보이는 foot-pound-second (또는 centimeter-gram-second)처럼 세 개 직접성분을 갖는 소수의 예가 있다 (Hockett 1958: 154). 아마도 enlighten, embolden나 empoverish와 같은 것들은 또 다른 예가 될 것이다.

이와 같은 분석 방식을 직접성분 분석(IC analysis)이라고 하며, 이것으로 각 단어의 계층 구조와 함께 그 궁극적 성분들까지 보일 수 있게 된다. (구조언어학의 주요 분석 도구이기도 한) 이 IC분석은 단어의 형성 과정을 뒤집은 것이니 만큼 단어의 내부 구조를 분석하는 논리적 방법이 된다. 참고로 Stageberg(1981: 105)는 실제로 직접성분 분석시에 다음의 세 단계를 기억하라고 권하고 있다.

(1) 만약 단어가 굴절접미사로 끝나면 일차로 자를 곳은 이 굴절 접미사와 나머지 단어 사이이다. 따라서 과거 -ed와 복수 -s로 끝난 단어인 preconceived, malformations는 먼저 preconceiv | ed, malformation | s로 자르는 것이 옳다.
(2) 직접성분의 하나는 가능하면 자립형이어야 한다. 예컨대 enlargement, insupportable를 en | largement, insupport | able로 자르는 식이어서는 안 되고, 두 부분이 다 자립형이라고 해서 old-maidish나 ungentlemanly를 old | maidish나 ungentle | manly로 분석하는 것도 우습다.
(3) 직접성분의 의미는 단어의 전체 의미와 연관이 있어야 한다. 가령 restrain을 rest | rain으로 자르는 것은 잘못이다(cf. rest | room). rest와 rain 어느 것도 restrain과는 의미상 연관이 없기 때문이다.

■ 물음 8 ■

Determine sets of immediate constituents. And then list the semantic and structural criteria employed.

　　　1. manliness

　　　2. untruly

　　　3. distasteful

　　　4. resourceful

　　　5. engaging

(Nida 1949: 90)

■ 물음 9 ■

Diagram these words to show the layers of structure.

1. tapering
2. undesirable
3. glueyness
4. color-blindness
5. disenthrone
6. favoritism
7. untouchables
8. irreverent
9. embodiment
10. rescuers
11. contradictorily
12. misjudgment
13. denationalization
14. unadventurousness

5.4 형태소 분석의 난점들

형태소임을 밝히는 일이 겉으로 보기만큼 간명하지는 않아서 형태소 분석에는 심각한, 어쩌면 풀리지 않는 어려움들이 있다. 이 난점들을 Stageberg(1981: 87-9)의 논의를 따라 되짚어 보기로 한다.

첫 번째 어려움은 사람마다 자기만의 어휘를 가지고 있는 까닭에 개인별로 기억하고 있을 형태소가 같을 수 없다는 데 있다. 일례로 Tom은 automobile을 '차'(=car)를 뜻하는 한 형태소로 생각하는 데 반하여, Dick은 형태소 auto- '자신의'(=self)와 mobile '움직이는'(=moving)을 알고서 autograph나 mobilize와 같은 다른 단어에서 그것들을 인지할지 모른다. 한편 Dick은 chronometer를 단일 형태소로서 '시계'(=watch)를 멋지게 나타내는 말쯤으로 생각할지 모르나, Harry는 이 단어 속에서 두 형태소 chrono- '때'(=time)와 meter '계량기'(=measure)를 보고 또 z이것들이 chronology와 photometer에도 나오는 것을 알고 있을 것이다. Chuck는 또 그 안에서 세 번째 형태소 -er을 발견하고서 heater에서와 같이 meter도 mete '측정하다'(= measure) + -er로까지 분석하려 들지도 모를 일이다. 형태소 분석에서 흔히 부딪치는 문제는 바로 Chuck처럼 단어를 과다 분석하려는 경향이다.

둘째는 사람들이 어떤 형태소를 알기는 하는데 다양한 단어 속에서 그 존재를 인식하는 정도에서 차이가 있다는 것이다. 예를 들어, 대부분의 영어 화자들은 (-er, -or, -ar로 쓰는) 행위자 접미사 /-ər/을 알고 있고, 또 singer, actor, beggar같은 무수히 많은 단어에서 그것을 인식한다. 그렇지만 많은 이들은 professor에서는 이 형태소를 어렴풋이 감지할 뿐이고 voucher, cracker, tumbler, sweater 따위의 예에서는 그것의 존재를 보지 못하고 지나친다. 이것들을 두 개 형태소로 된 단어로 보아야 하는가는 간단한 문제가 아닌 것 같다. 더욱 쉽지 않은 경우는 아래와 같은 단어들이다.

nose   nasal
noser   nuzzle
noseful nostril
nosey   nasturtium

언어학적 지식이 있는 이는 이 안에서 형태소 {nose}를 볼 터이지만, 다른 이들은 인지면에서 상당한 차이를 보일 것이다.

그러므로 우리는 한 개인이 갖고 있는 형태소들이 다른 사람의 것과 같지 않다고 결론짓게 된다. 그러나 어떻게 보면 이 점은 크게 우려할 것이 못되는지 모른다. 왜냐하면 우리가 다루고 있는 것은 단순한 개인의 형태소 목록이 아니고 영어의 형태소이기 때문이다.

▪ 물음 10 ▪

The elusive nature of meanings will always cause difficulty, especially when doubtful relations of meaning are accompanied by formal irregularities. Consider, for example, the series *goose, gosling, gooseberry, gander*. Which of these forms are morphologically related? What about others?

(based on Bloomfield 1933: 208)

그러나 언어는 항상 변하고 있기 때문에 언어 자체 내에서도 형태소 분석의 문제가 있다. Stageberg는 그 가운데 두 가지를 특히 강조한다. 하나는 폐용(obsolescence)의 문제이다. 수십 년, 수세기가 지나면서 형태소들은 차츰 사라져 쓰이지 않게 되어 그것들의 형태소 자격에 대한 우리의 견해가 달라지게 될지도 모른다. 예를 들어, troublesome, burdensome, lonesome, 그리고 cuddlesome이 어기와 접미사 -some으로 구성된 것임을 자신할 수 있다. 그러나 winsome은 안 쓰이는 어기 win(<OE *wynn* 'pleasure, joy')을 갖고 있어서 지금은 단일 형태소인 것으로 본다. 이 양 극단 사이에 ungainly같은 단어가 있다. 이것은 물론 '볼품없는'(=not gainly)의 의미이긴 한데 gainly는 과연 무슨 의미인가? 분명 그것은 일반적으로 쓰이지 않는 것이다. 그러면 ungainly는 한 형태소로 된 단어로 보아야 하는가? 아니면 둘 또는 심지어 세 개까지도 형태소 분리가 가능한가?

또 다른 문제는 언어가 변함에 따라 은유(metaphor)가 그 본래의 힘을 잃는다는 사실에 기인한다. 형태소 -prehend '잡다'(=seize)를 예로 들어 생각해 보자. 분명히 apprehend와 prehensile에는 그 의미가 남아있다. 그러나 comprehend에서 '심적으로 붙잡다'(=seize mentally)라는 은유적 의미는 죽은 듯하며, 오늘날 그 의미는 단순히 '이해하다'(=understand)일 뿐이다. 그렇다면 그것이 여전히 형태소 -prehend를 포함하고 있는 것인가? 다른 경우는 bankrupt '부서진 긴의자'(=bench broken)이다. '긴의자'의 뜻으로서 형태소 bank는 없어진 듯하지만, -rupt는 오늘날 rupture와 interrupt 안에 살아있다. 그렇지만 본래의 은유는 죽었고, 이 두 형태소의 의미가 합쳐서 bankrupt의 요즈음 의미가 되지는 않는다. 이 단어는 단일 형태소인가?

사실상 의미란 알기 어려운 것이고, 한 단어 안에서 형태소가 결합할 때 그 의미는 불안정하고 순간 사라져 가는 경향이 있다. 예를 들어, 형태소 pose를 생각해 보라. pose a question에서 그것이 갖는 '두다, 내놓다'(=place)의 의미는 뚜렷하고, 어쩌면 그 의미는 interpose에서도 그대로 남아있는 것 같다. 그러나 suppose와 repose에 이르러서는 그 의미가 아주 증발해버린 듯이 보인다. 이 양 극단의 예들 사이에 compose, depose, impose, propose, transpose와 같은 단어들이 있는데, 여기에서 pose의 뜻은 접두사와 결합하여 특별한 뉘앙스를 가지는 듯하다. 그러면 이 모든 단어들 중 어느 것에 형태소 pose가 들어있다고 할 것인가? 이런 것들이 형태소 분석에서 언어학자를 괴롭혀 왔던 문제라 하겠다.

■ 물음 11 ■

Look up the words *perihelion* and *aphelion* in your desk dictionary, noting their pronunciations as well as their meanings. What problems arise in determining the words' morphological structures?

(Murry 1995: 195)

■ 물음 12 ■

Look up the etymology of the following words in your desk dictionary and note the original meaning that underlies the words.

1. daisy _____
2. muscle _____
3. spurn _____
4. window _____
5. easel _____
6. hazard _____
7. calculate _____
8. supercilious _____
9. stimulate _____
10. stagnate _____

(Stageberg 981: 89)

6장 단어의 구조

6.1 단어의 계층구조

단어는 형태소의 단순한 연쇄가 아니다. 셋 또는 그 이상의 형태소로 구성된 단어에서는 그 중 어떤 형태소의 쌍이 다른 것보다 더 긴밀하게 관계되어 있다. 이 관계를 나타내는 수단으로 앞에서 소개한 것이 IC 분석(IC analysis)이었다. 예를 바꾸어, formalize와 unfriendly를 보자.

이와 같이 단어를 직접 성분으로 계속 분석하게 되면, 그 단어를 구성하는 형태소의 결합 관계에 따라서 자연히 계층 구조가 드러나게 된다는 뜻이다. 그러나 구조 언어학에서 널리 사용되었던 위의 도식 방법은 한 단어에 들어 있는 형태소가 다섯만 넘어도 다소 복잡하다는 느낌을 준다. 이 단점을 해소한 것이 Nida가 선보인 아래와 같은 그림일 것 같다.

그러나 단어를 분석할 때 성분 구조(constituent structure)를 도식화하는 방법으로 자주 쓰이는 것은 역시 (통사론에서 눈에 익은) 수형도(tree diagram)와 괄호 묶기(bracketing)이다.

이미 짐작했겠지만, 직접성분의 개념은 곧 이분지(binary branching) 수형 구조를 낳게 되었다. IC분석은 일반적으로 한 단계마다 두 개의 직접성분으로 나누어 가는 것이기 때문이다. 이론적 배경은 판이하게 달라도 70년대 중반에 Aronoff가 내걸었던 "1접사 1규칙 가설"(one affix, one rule hypothesis)도 기본 정신은 비슷하다. 이 가설에 의하면, 어형성 규칙은 한 번에 단 하나의 접사만을 첨가하여야 한다. 이것은 아무리 복잡한 것이라도 파생어의 내부 구조는 항상 이분지라는 말과 같다. Aronoff(1976)의 생각은 그 후 이분지 가설(binary branching hypothesis)로 발전하게 된다.

위의 그림에서 발견되는 또 다른 불만은 단어를 분할하기만 했지 어형성 과정이 거의 드러나 보이지 않는다는 점이다. 이분지 수형 구조에서 각 마디(node) 마다 범주를 알려주는 표찰(label)은 그래서 필요한 것이다.

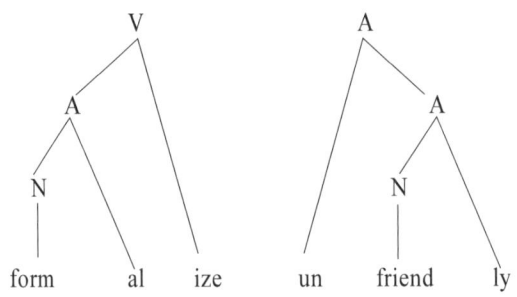

관례에 따라 아래와 같이 괄호 매김(bracketing)에 의한 표시도 동등한 것으로 간주한다.

[[[form]_N al]_A ize]_V   [un [[friend]_N ly]_A]_A

Aronoff(1976)가 채용한 이 방식은 뚜렷하게 나아진 모습임에도 불구하고 그의 표시 방법에 역시 의문이 없지 않다. 접사에는 아무 표찰도 없는 것인가? 그리고 파생과정에서 범주 표찰이 달라질 수 있는데, 문제는 그 범주를 결정하는 것은 무엇인가? 이 질문에 답하기 전에 접사의 성격을 다시 규정할 필요가 있을 것 같다.

결론부터 미리 말하면, 접사들은 어휘 항목이고 따라서 어근/어간과 함께 어휘부에 등재되어야 하는 것이다. 복합어는 어근과 접사로 구성된다. 어근 형태소는 단어가 갖는 주요 의미를 담고 물론 어휘 범주에 속한다. 문제는 접사를 어떻게 보느냐에 있다. 만약 접사들을 어근과 달리 어느 어휘 범주에도 속하지 않고 항상 어근/어간과 결합하여 나오는 구속 형태소라고 생각한다면, 접사(affix)를 나타내는 부호 'Af'를 수형도에 넣는다고 해도 달라지는 것은 아무 것도 없다.

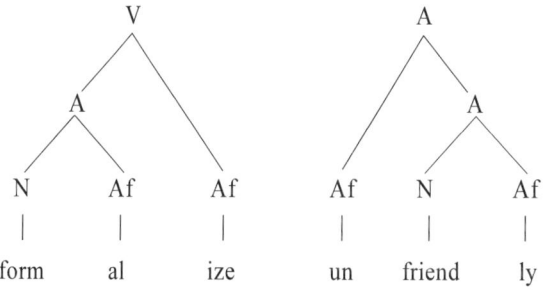

사고의 전환이 요구되는 장면이다. 부호 'Af'는 범주의 유형을 위해 Selkirk(1982)에 의해 처음 도입된 것이지만, 여기서 중요한 것은 이 부호와 함께 통사 범주를 알게 하는 정보가 그 속에 담겨야 하는 것이다(cf. Williams 1981a).

6장 단어의 구조 143

■ 물음 1 ■

Draw labelled trees to show the structure of the following words:

1. livelihood
2. re-examining
3. unnaturalness
4. shoplifted
5. derivational
6. shoemakers
7. dislocation
8. unclassifiable
9. vicariously
10. untruthfulness
11. coniferous
12. preemptive

우리가 원하는 그림은 아직 완성되지 못했다. 'Af'를 도입한 이론적 근거와 함께 접사가 가지는 어휘기재 항목이나 수형도에 표찰을 다는 규약을 먼저 알아야 하기 때문이다.

6.2 하위범주화

어휘부는 단순히 각 단어의 통사 범주 이상의 통사 정보를 담는다. 만일 그렇지 않다고 하면, 영어의 화자들이 아래 문장의 문법성(grammaticality)을 판단할 수 없을 것이다.

(a)   Mary dined.
        *Mary dined the sandwich.
(b)   *Mary devoured.
        Mary devoured the sandwich.
(c)   Mary ate.
        Mary ate the sandwich.

동사 devour는 타동사(transitive verb)이다. 타동사 뒤에는 직접 목적어로 명사구가 따라 와야 한다. 그러나 dine은 자동사(intransitive verb)인 까닭에 문장 속에 직접 목적어 없이 나온다. 이 추가적인 명세를 하위범주화(sub-categorization)라고 부른다. 통사 구조에서 함께 나올 수 있는 요소는 (학교 문법에서와 조금 다르게) 그것이 목적어이든, 부사구이든 구별하지 않고 보어 또는 보충어(complement)라고 부르는데, 하위범주화란 단어를 그 보어 선택에 따라 하위분류 한다 하여 붙여진 이름이다. 그리고 이것을 어떤 틀의 모양으로 나타낸 것은 하위범주화틀(subcategorization frame)이라고 한다. 다시 위의 예로 돌아가서, dine과 devour가 둘 다 먹는 것과 관계되어 의미상 매우 가까운데도 불구하고 문법성에서 차이가 있는 것은 바로 하위범주화가 다름을 말해주는 것이다. 편의상 보어 선택이 없음을 Ø(null)로 표시한다고 하면, 두 동사의 하위범주화틀은 다음과 같이 된다.

(a) dine / _____ Ø
(b) devour / _____ NP

단어는 둘 이상의 하위범주에 속할 수도 있다. 예를 들면, 동사 eat는 NP 보어와 함께 또는 NP 보어 없이 나올 수 있으므로 선택할 수 있는 보어는 Ø과 NP가 된다. 이 점에서 eat는 그 다음에 반드시 보어 NP를 동반하는 devour와 다르다. 그러므로 devour와 eat의 하위범주화틀은 다음과 같이 (수의적임을 뜻하는) 소괄호의 차이로 나타난다고 할 수 있다.

(c) eat / ___ (NP)

만약 우리가 Williams(1981a)를 좇아 접사도 다른 형태소에서와 같이 통사 범주를 인정한다면, 구속형에 대해서도 비슷한 얘기를 할 수 있을 것 같다.

■ 물음 2 ■

Look at the following and write the subcategorization frame of the verb *put*:

    Sophie put the car in the garage.
    Where did Sophie put the car?
    What did Sophie put in the garage?

    *Sophie put.
    *Sophie put the car.
    *Sophie put in the garage.
    *Did Sophie put?
    *What did Sophie put?
    *Did Sophie put in the garage?
    *Where did Sophie put?

앞의 예시에서도 보았듯이, 어간 형태소는 devour처럼 하위범주화를 요구하는 것도 있지만 dine처럼 그렇지 않은 것도 많다. 이와 다르게 접사는 반드시 하위범주화틀을 가져야 한다. 예를 들어, (일반 형용사인 *able*이 아닌) 접미사 -able(*eatable, drivable*)을 보더라도 그것은 의존형인 까닭에 결코 단독으로 쓰이지 못한다. -able의 범주는 형용사이고 그 하위범주화틀은 다음과 같다.

      -able / [V ___]

여기서 하위범주화는 -able의 경우에 "동사 어기/어간에 붙이라"는 지시와 같고, 이미 어간인 devour의 경우에 그것은 "명사구(NP) 앞에 넣어 달라"는 어휘 삽입(lexical insertion)의 조건이 되는 것이다.

■ 물음 3 ■

What are the subcategorization requirements of each of the following morphemes?

    1. -er   (singer, hunter)   _____
    2. -ness (badness, silliness)   _____
    3. -ity (lucidity, clarity)   _____
    4. -en (darken, soften)   _____
    5. -less (endless, treeless)   _____
    6. -ly   (lovely, manly)   _____

6.3 어휘부

모든 언어의 문법에는 어휘부(lexicon)라고 부르는 부문이 들어 있다. 어휘부는 모든 화자가 내재화하여 머릿속에 저장해 놓은 단어와 형태소의 목록을 말하며, 그런 의미에서 우리의 '심적 사전'(mental dictionary)으로 생각할 수 있다. 일반 사전에는 단어를 알파벳 순서로 늘어놓지만, 언어학에서의 어휘부에 들어 있는 어휘 항목들은 원칙적으로 순서가 없다(Chomsky 1965: 84).

각 단어에 대하여 어휘부에 수록되는 정보는 그 단어 특유의 것이 많다. 그 중 가장 특이한 것은 아마도 소수의 의성어를 제외하고 소리(=발음)와 의미 사이의 자의적인 관계이다. 영어에서 '집'을 maison (French)이나, dom (Russian), talo (Finnish), casa (Spanish), ie 또는 uchi (Japanese), teach (Irish)가 아니고 하필 house라고 불러야 할 이유가 달리 있을 수 없다. god을 뒤집는다고 dog가 되는 것도 이상하고, 또 mad dog을 거꾸로 하면 goddam(n)이 소리나는 것에 어떤 논리적 근거를 부여할 수는 없는 노릇이다. 소리와 의미 외에 어휘부에 등재되는 단어의 형태·통사적 특성들도 일반 규칙으로 예측하기 어려울 수 있다. 이러한 여러 다른 정보도 빠짐없이 수록되어야 한다.

6.3.1 어휘부의 성격

한 언어의 모든 단어들이 어휘부에 들어 있다고 생각할 수는 없다. 지금 이 순간에도 어느 알지 못할 신어가 생겨날지 모르고, 특별히 어떤 자리에서 우연히 만들어진 임시어(nonce words)가 모두 어휘화(lexicalization) 과정을 밟는 것도 아니기 때문이다(15장 참조).

이 절에서는 어휘부의 성격과 기능이 무엇인지 그 단면을 잠시 살펴보기로 한다.

6.3.1.1 가능어

한 언어를 안다는 것은 그 중에서도 어형성 규칙을 알고 있다는 것을 의미한다. 모국어 화자라면 단어에 담겨있는 의미 단위를 식별하는 것 뿐 아니라 새로운 단어를 만들 수도 있어야 한다. 그리고 *bnickel, *pwanki는 영어에서 '불가능한' 단어들(impossible words)이고, 비록 전에 본 적이 없더라도 가령 thripson, blickerize는 '가능한'(possible, potent) 영어 단어로 알아볼 것이다. 이럴 때 우리는 언어 직관(linguistic intuition)이란 말을 자주 쓰는데, 언어 직관이 곧 화자의 언어 능력(linguistic competence)의 반영이라고 하면, 이 말은 곧 언어 지식 가운데는 일련의 음소배열 제약(phonotactic constraints)도 포함됨을 증거하는 것이다.

어휘부에서 음소배열 제약은 일종의 여과 장치(filter)의 역할을 한다(cf. Halle 1973). 어떤 단어가 어휘부에 등재되려면 먼저 그 언어에서 허용하는 소리의 결합을 갖추어야 한다. 다만 고유어가 아닌 외래어의 경우에는 특별히 음소배열 필터를 통과하도록 허락한다. 그 경우에 외국 발음을 그대로 유지하기도 하지만, 북미 인디언말인 Tlingit가 영어에서 음운적으로 적형인 /təlíŋgɪt/로 바뀌어 쓰이기도 하는 것처럼 일반적 음성 체계에 맞게끔 조정되기 일쑤다.

6.3.1.2 어휘부의 역할

전통적으로 어휘부는 규칙성이 포착될 수 있는 곳으로 생각되지 않았다. Bloomfield(1933: 274)마저도 그것을 "문법의 한 부록"(an appendix to the grammar) 쯤으로 치부해 버렸다. 최근에 Di Sciullo/Williams(1987: 3)는 어휘부를 "범법자들만 들어있는 감옥"(a prison which contains only the lawless)으로 풍자한 바 있다.

그렇지만 오늘날 대부분의 생성문법가들은 어휘부가 단순히 불규칙성의 목록에 지나지 않는다는 견해를 배격한다. 적어도 기본 형태소들은 분명

어휘부 목록에 올릴 수밖에 없다. 이처럼 문법에서 목록으로 처리할 필요가 있다면 그것을 넣을 곳은 어휘부밖에 없다. 그렇다고 해서 어휘부가 단지 목록으로만 구성된 것이라는 의미는 아닌 것이다(cf. Jackendoff 1975). 단어의 예측 못할 측면을 부정하지는 않지만, 많은 다른 특성은 꼭 그렇지가 않다. 단어들의 음운적-통사적 행동에는 수없이 많은 규칙성이 발견되는 것이다. 그리고 이것은 어휘부를 어떻게 바라보느냐에 따라 설명 방식이 크게 달라진다.

6.3.2 어휘 기재 항목

생성문법에서 어휘부는 단어에 대한 여러 종류의 정보를 실어야 하는 것으로 본다. 이 정보를 어휘 기재 항목(lexical entries)이라고 하고, 어떤 단어를 안다는 것은 곧 그 단어의 어휘 기재 항목들을 안다는 것을 의미한다. 그리고 여기서 우리는 파생 접사도 어휘 형태소로 취급하여 (명사, 동사 등) 다른 어간 형태소와 같이 어휘부에 등재되는 것으로 가정한다.

형태소의 어휘 기재 항목은 적어도 세 개 부분으로 이루어진다(Lyons 1977; Lieber 1980; Selkirk 1982; Bauer 1983; Jensen 1990 등 참조). 첫째는 그 형태소의 음운표시(phonological representation)로서 어간이나 접사 자체의 발음에 관한 정보이고, 이것은 변별자질 모형으로 주어지는 것으로 가정한다. (아래 예시에서는 번거로움을 피한다는 뜻에서 변별자질을 쓰지 않았다.) 둘째는 어휘 항목의 범주(category) 및 그것이 나타나는 통사 환경을 말해주는 하위범주화틀(subcategorization frame)이다. 접사의 경우에 범주 표시는 보통의 어간/단어들과의 구별을 위해 'af'를 위첨자로 더 써주기로 한다(cf. Selkirk 1982). 셋째는 형태소의 의미 특성(semantic properties)을 표시해야 한다. 파생 형태론에서 접사의 의미를 적시하기가 항상 쉽지 않을지 모르나, 적어도 (causative, diminutive 등) 의미 자질로 표현하는 방법이 있을 것 같다. 끝으로 구별 자질들(diacritic features)이 있어서 [±Latinate]와 같은 형태 부류(9장 참조), 혹은 어떤 음운 규칙의 예외 등에 대해 말해

준다.
다음은 -able과 devour의 어휘 기재 항목을 보인 것이다.

(a) 접미사: -able 　음운표시　　 : /-əbl/
　　　　　　　　　의미표시　　 : capable of being Xen
　　　　　　　　　범주/하위범주화 : A^{af} / [V___]
　　　　　　　　　구별부호　　 : 2차 접사
(b) 어 간 : devour 　음운표시　　 : /dIvawr/
　　　　　　　　　의미표시　　 : eat something ravenously
　　　　　　　　　범주/하위범주화 : V / ___ NP
　　　　　　　　　구별부호　　 : [+Latinate]

다시 요약하면, 접사는 자립 형태소와 같이 갖가지 음운적, 통사적, 의미적 특성을 보이고, 이것은 접사의 어휘 기재 항목으로 표시되어야 한다. 위의 예시에서도 보듯이, 접사를 접사가 아닌 형태소와 구별짓는 특성은 그것들은 반드시 하위범주화틀을 가져야 한다는 것뿐이다.

■ 물음 4 ■

Give the lexical entries for the prefix *un-*, as in *un-kind, un-just, un-fair*, and the verb *slam*, as in the sentence *John slammed the door*.

> ■ 물음 5 ■
>
> How might one use the lexicon to show the relatedness of the words *prove* and *proof*?
>
> (Crane, et al. 1981: 101)

6.4 핵의 개념

단어의 중심 부분은 어근 또는 어간이라고 말했다. 그리고 이렇게 생각하는 것이 일반적 견해인 것 같다. 그러나 단어의 구조를 들여다 볼 때, 많은 경우에 범주를 결정짓는 것은 오히려 접사, 그 중에서도 접미사이다. 여기에서 긴 설명은 하지 않겠지만, 문법기술에서 전체 구와 분포상 동등한 중심적 요소를 일컬어 핵 또는 머리(head)라고 하고, 모든 통사구는 어떤 것이든 명시어(specifier), 구의 핵(head), 그리고 보어(complement)의 세 부분으로 구성되어 있다고 가정하고 있다. 가령 X를 N(명사), V(동사), A(형용사), P(전치사)를 나타내는 변항(variable)이라고 생각했을 때, 아래 통사 구조에서 어휘 범주인 X가 핵이 된다.

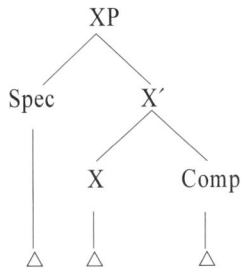

형태론에서 head의 개념은 이미 Bloomfield의 *Language*(1933)에서 보이고, Nida(1942)도 '핵성분'(nuclear constituent)이란 표현을 쓴 바 있지만, 형태적 설명을 위하여 이 개념을 맨 먼저 구체화시킨 이는 Williams (1981a)이었다. 그는 (접두사가 붙은 단어) re-write, (접미사가 붙은 단어) loneli-ness, (합성어) high-school 등의 영어 자료에 의거하여, 복합어의 핵은 "그 단어의 오른편 구성원"이라고 단정짓는다(Williams 1981a: 248). 이것은 영어의 경우에 다음과 같은 일반화가 가능하다는 말이다.

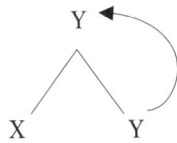

이 그림은 다음의 세 가지 경우를 포함하는 것이다.

(a) 접두사 첨가 [[pfx + [ ]$_Y$]$_Y$ (*rewrite*)
(b) 접미사 첨가 [[ ]$_X$ + sfx]$_Y$]$_Y$ (*loneliness*)
(c) 합성어 형성 [[ ]$_X$ [ ]$_Y$]$_Y$ (*high school*)

Williams는 이것을 우측머리 규칙(right-hand head rule)이라 불렀다 (이 후 head의 번역어는 글의 흐름에 따라 '핵'과 '머리'를 섞어 쓰기로 한다). 그러나 Williams 자신도 모르지는 않았지만, 영어에는 범주를 바꾸는 접두사가 없지 않다(예: [a-[sleep]$_V$]$_A$, [a-[kin]$_N$]$_A$, [en-[slave]$_N$]$_V$, [en-[noble]$_A$]$_V$ 등). 그리고 굴절 접미사에 대해서는 Williams(1981a), Lieber(1980) 등 적지 않은 연구자들이 견해를 달리하고 있기는 하지만, 어구조에서 굴절접사는 핵이 되지 못한다고 가정하자. 이 가정은 굴절접사는 결코 범주를 바꾸는 일이 없다는 사실과도 모순되지 않는다. 이에 따라 Selkirk(1982: 20)는 가장 오른쪽 요소가 머리가 되는 일반적인 경우뿐 아니라 왼쪽이 머리가 되는 것까지 고려하는 우측머리 규칙(수정안)을 제시한 바 있다.

6.5 자질 삼투

일반적으로 (통사 범주를 비롯한) 복합어의 자질들은 그 단어를 구성하는 형태소가 갖고 있는 자질들에 의해 결정된다. 이 생각을 구체화시킨 장치가 바로 삼투(percolation)이다. 자질들은 전체 단어를 지배하는 마디로 삼투하되 핵 성분이 되는 접사, 또는 (합성어의 경우에) 단어가 다른 어간 형태소에 우선한다는 내용이다 (여기서 '삼투한다'는 것은 '그 일부가 된다'는 뜻으로 이해하면 된다). 최근 들어 Lieber(1980, 1983), Selkirk(1982) 등이 복합어의 자질 부여를 지배하는 자질삼투 규약(feature percolation conventions)을 제안한 바 있는데, 다음은 삼투에 대한 Selkirk(1982: 21)의 정의이다.

> 삼투 규약
> 만약 성분 α가 성분 β의 핵이면, α와 β는 동일한 묶음의 (통사 및 구별) 자질로 연결된다.

위의 규약이 주어질 때, 단어의 범주 표찰은 다음에서 보듯이 핵성분에 의해 결정된다.

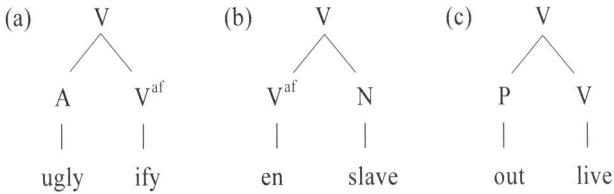

6.6 어형성 규칙

어형성 규칙의 개념은 Chomsky 1970에서 제안된 어휘론 가설(lexicalist hypothesis) 속에 암시되어 있었다. Chomsky가 destruction, criticism, refusal 등 파생 명사들은 어휘 부문에서 운용되는 형태 규칙에 의해 이른바 "어휘적"(lexical) 처리를 하자고 제안했던 것은 두말할 것도 없이 지나치게 과도한 변형(transformations)의 힘을 제한하자는 것이었다. 그러나 1장에서도 언급했듯이, 어휘론적 입장에서 형태론 연구의 기틀을 잡은 이는 Morris Halle(1973)였다. 어형성 규칙(word-formation rules, WFR's)의 도입 또한 그의 공적이다. 그러나 Halle의 모델에서 어형성 규칙은 아직 단단히 조여지지 못했다(Scalise 1984: 33-34 참조). 생성형태론은 그 후 Siegel(1974)을 지나 Aronoff(1976)에 이르러 이론의 체계가 더욱 다져지게 된다. 특히 Aronoff는 어형성 규칙을 가다듬는 방안을 제시하고, 그 힘을 제한하는 여러 제약들을 내놓았다. 이들 제약의 일부는 11장에서 생산성(productivity)을 다루면서 언급하게 될 것이다.

Aronoff 이후 단어의 구조에 대한 연구는 Selkirk(1982), Lieber(1980, 1983)으로 이어지며 발전하였다. Lieber의 것은 뒤에 다시 다루기로 하고, 먼저 Aronoff류의 어형성 규칙부터 살펴보자. Aronoff의 이론에서 어형성 규칙은 한 번에 단 하나의 접사만을 첨가할 수 있다고 했다. 따라서 어형성 규칙은 다음과 같은 모양이 된다(cf. Aronoff 1976: 63).

A	→	N al	(*formal*)
A	→	N ly	(*friendly*)
A	→	N ed	(*talented*)
A	→	N y	(*grimy*)
A	→	N less	(*homeless*)
A	→	N ish	(*loutish*)
A	→	N ful	(*willful*)
A	→	N able	(*fashionable*)
A	→	N ous	(*monstrous*)
A	→	N ic	(*cyclic*)

이것은 Selkirk(1982: 68)의 주장대로 범주를 바꾸는 접사가 접미사라고 하는 영어의 어구조에 관한 일반성의 포착에 실패한 것이다. Af(접사)라는 범주 유형을 썼을 때, 무수한 어형성 규칙을 하나로 줄여 쓸 수 있을 것이다. 다음은 그 한 예이다.

$$A \rightarrow N\ A^{af}$$

■ 물음 6 ■

There are a fair number of deadjectival nominals in English, e.g., *sadness, stupidity, truth, decency, novelty*. How can you formulate the WFR's that form these nominals? Write relevant rules both in the framework of Aronoff 1976 and in that of Selkirk 1982.

이미 알고 있는 것처럼, Selkirk의 체계에서 특기할만한 것은 접사를 범주 표찰과 하위범주화틀을 지닌 어휘 항목(lexical item)으로 본다는 점이다. 다음 homeless의 분석 결과를 비교해 보라.

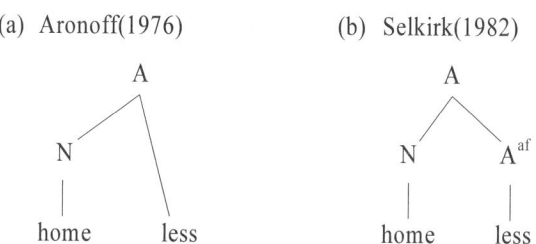

Aronoff의 이론에서 구속형인 접미사 -less는 사전에 기록되지 못하고 오직 어형성 규칙 $[X]_N \rightarrow [[X]_N \text{-less}]_A$에 의해서만 도입된다. 접사에 범주 표찰 따위는 물론 있을 수 없다. 반면에 Selkirk의 경우를 보면, -less는 범주 표찰 A^{af}와 하위범주화틀 [N___]을 갖는 어휘항목이다. 위의 구조에서 가장 두드러진 차이는 A^{af} 마디 같은 것이 (a)에는 없는 것이다. 그래서 (b)에서와는 달리 (a)에서는 어째서 단어의 범주가 바뀌어 형용사 A가 되었는지 쉽게 설명하지 못한다.

끝으로 Selkirk 1982에서 제안하는 어구조 규칙(word structure rules)을 조금 더 보기로 하자. 그 규칙들은 *Aspects*(Chomsky 1965) 모델의 구구조 규칙(phrase structure rules)과 비슷한 일련의 다시 쓰기 규칙(rewrite rules)으로서 대략 아래와 같은 모양을 갖는다(Selkirk 1982: 4).

(a) P → Q Af   (접미사 첨가)
(b) P → Af Q   (접두사 첨가)
(c) P → Q R   (합성어 형성)

어구조규칙들은 단어에는 내부구조가 있다는 모국어 사용자의 직관을 나타내고, 또한 (통사론에서와 같이) 형태구조의 반복성(recursion, recursiveness)

6장 단어의 구조   157

및 자기 내포(self-embedding)를 고려함으로써 단어의 길이에 원칙적인 상한이 없다는 주장을 담고 있다(Selkirk 1982: 3). 합성어 bathroom towel rack designer training은 이 주장을 뒷받침하는 한 예이다(Selkirk 1982: 15).

[[bath]$_N$ [room]$_N$]$_N$
[[[bath]$_N$ [room]$_N$]$_N$ [[towel]$_N$ [rack]$_N$]$_N$]$_N$
[[[[bath]$_N$ [room]$_N$]$_N$ [[towel]$_N$ [rack]$_N$]$_N$ [designer]$_N$]$_N$
[[[[[bath]$_N$ [room]$_N$]$_N$ [[towel]$_N$ [rack]$_N$]$_N$ [designer]$_N$]$_N$ [training]$_N$]$_N$

이 합성어를 형성하는 데 쓰인 규칙은 N → N N 하나뿐임을 확인하기 바란다.

■ 물음 7 ■

Write word-structure rules generating, say, *painfulness*.

6.7 형태적 유형론

유형론(typology)이란 언어들이 어떻게 서로 다르고 어떻게 서로 비슷한지를 연구하는 분야이다.

일반적으로 형태 구조는 통사 구조보다 더 복잡하다. 구성 성분의 순서는 거의 항상 엄격히 고정되어 있어서 아래 두 문장에서와 같은 의미의 미묘한 차이를 허용치 않는다(Bloomfield 1933: 207).

John ran away : Away ran John

선택 자질은 종종 변덕스럽게 느껴질 만큼 결합할 성분들을 제한하기도 한다. 따라서 언어는 통사론에서보다 형태론에서 더 차이가 난다고 한 Bloomfield의 말에 선뜻 수긍이 간다. 사실 그 차이가 너무 커서 형태 구조에 관해 언어를 분류할 방안은 쉽지 않을 것 같다. 그 한 방안이 전형적인 어형성 패턴에 근거하여 언어를 고립어(isolating), 교착어(agglutinating), 굴절어(inflecting), 그리고 포합어(incorporating)의 네 유형으로 나누는 것이다.

6.7.1 네 가지 형태적 유형

이제 전통적으로 인정되고 있는 네 가지 형태적 유형들(morphological types)을 차례로 알아보기로 하자(Katamba 1993: 56-60 참조).
첫째는 고립어(isolating languages)이다. 분석어(analytic languages)라고도 부르는 이 유형에서는 각 단어가 단음절 형태소이거나 합성어이다. 고립어는 Chinese나 Vietnamese에서 그 대표적 예를 찾는다.

Chinese:
Tă   bă   shū   măI   le
he   OM   book   buy   Asp.

각 형태소는 따로 떨어져 단어로 나타나는 경향이 있다. 위의 예를 보더라도 고립어란 이름에 어울리게 단어들은 구속형을 쓰지 않고, 굴절 형태소를 갖는 일도 없다.
둘째는 교착어(agglutinating/agglutinative languages)이다. 한 단어에 접사인 구속형이 차례로 뒤를 이어 나오는 언어이다. Turkish, Korean, Finnish 등의 언어가 여기에 속한다.

Turkish:
el-ler-im-de 'in my hands'
(*el* 'hand,' *-ler* 'plural,' *-im* 'my,' *-de* 'in')

이 유형에서 형태소와 형태들은 대체로 1대 1로 대응하는 경향이 있다. 이것은 IA 문법 모델로 훌륭히 다루어질 수 있음은 1.4절에서 언급한 적이 있다.

셋째, 굴절어(inflecting/inflective languages)이다. 종합어(synthetic languages) 또는 융합어(fusional languages)라고도 부른다. 의미상 뚜렷한 차이가 있는 자질들이 하나의 구속형이나 긴밀하게 결합된 구속형들 속에 합병되는 모습을 보인다. Latin, Greek는 굴절어의 좋은 예이다.

Latin:
re:k-si-s-ti 'you(sg.) have ruled'

여기에서 형태소들인 2인칭 단수 및 완료상(perfective)은 -ti에 의해 실현되고, 한편 완료상은 혼성 형태 -ti 말고도 접미사 -s, -si, 그리고 (부분적으로) 어간 선정 과정에서 겹쳐서 표시된다. 이렇게 단어는 여러 개의 형태소로 구성되는 것이 보통이지만, 형태소와 형태들이 1대 1로 대응하는 일은 거의 없이 단일 형태가 동시에 여러 형태소를 나타낸다.

■ 물음 8 ■

Analyze the Latin word *re:ksisti* within the word-and-paradigm (WP) model.

(based on Katamba 1993: 61)

넷째, 포함어(incorporating languages)이다. 다종합어(polysynthetic languages)라고도 불리며, Sapir(1921) 등 북미 인디언학자들의 노력에 의해 첨가된 유형이다. 지금까지 우리가 알고 있던 언어들과는 사뭇 다르게 구속형들이 길게 연결되어 영어나 기타 언어에서라면 한 문장을 써서 말할 내용을 한 단어에 담는 언어들이다. 종합어보다도 '많은'(=poly-)의 뜻이 더 들어간 언어인 만큼 단어들은 광범한 교착성과 굴절을 갖는 경향이 있다. 많은 북미 인디언 언어와 오스트레일리아 토착어들은 이 유형의 좋은 본보기이다. 다음의 예는 Greenland Eskimo어에서 가져 온 것이다.

    Greenlandic Eskimo:
    illu-   mi-   niip-   puq
    house   his   be-in   3sg-indicative
    'he is in his own house'

이와 같은 예를 문장이라고 보지 않는 것은 단어를 구성하고 있는 요소들이 단독으로 쓰일 수 없는 의존형들이기 때문이다.

6.7.2 Greenberg의 분류

어떤 언어가 어느 유형에 속하는지는 그 구분은 다분히 상대적이라 할 수 있다. 이와 관련해서 Greenberg(1954)의 흥미있는 제안을 들어보자. 그는 한 단어에 들어 있는 형태소의 평균 개수에 근거한 다음의 분류를 내놓았다.

    형태소 갯수   언어 유형
    1.00~1.99   고립어/분석어 (예: Chinese)
    2.00~2.99   (a) 다른 형태소의 실현이 동시적인 경향을 보이면
                      굴절어/종합어 (예: Latin, Greek)
                  (b) 각 형태소가 별개의 형태로 실현되는 경향을
                      보이면 교착어 (예: Turkish)
    3.00 이상   포함어/다종합어 (예: Eskimo)

지금까지 살펴본 모든 분류는 어떤 특정 언어에서 발견되는 지배적 경향을 반영한 것뿐이다. 어쩌면 순수하게 어느 한 유형의 형태 체계를 가진 언어는 이 지구상에 존재하지 않는지 모른다.

■ 물음 9 ■

Use the opening sentence of *Moby Dick* (by Herman Melville) to formulate a tentative hypothesis about English. Is it an isolating, inflecting, agglutinating or incorporating language?

> Call me Ishmael. Some years ago — never mind how long precisely — having little or no money in my purse, and nothing in particular to interest me on shore, I thought I would sail about a little and see the watery part of the world.
>
> (Katamba 1993: 59)

7장 어형성 과정

7.1 신어의 두 근원

　새로운 단어가 영어에 들어올 수 있는 길은 두 가지 뿐이다. 필요한 단어를 다른 언어에서 빌려오던가, 아니면 이미 영어에 있는 요소로부터 새 단어를 만드는 것이다. 다른 언어로부터 빌려오는 것을 차용(borrowing)이라고 하는데, 이것은 침략, 이민, 탐험, 무역, 기타 언어 사이의 접촉 경로 등을 통해 일어난다. Potter(1975: 69)에 의하면, apartheid는 남아프리카의 공용어인 Afrikaans(또는 Cape Dutch)로 '떨어져 있음' (=apart-hood)의 뜻을 가졌던 것인데, South Africa에서 (흑인에 대한) 인종 차별에 처음 쓰이고 나서 후에 Cyprus에서의 그리스인들과 터키인들의 분리를 가리키기도 했다. 그리고 노르웨이말인 ombudsman은 1966년 스칸디나비아 국가들과 뉴질랜드에서 '민원조사관'을 임명하면서 들어오게 되었으며, 여자들의 bikini 수영복은 1946년 원자폭탄 실험이 있었던 마샬군도의 환상 산호섬의 이름에서 따온 것이다.

　많은 경우에 어떤 단어가 차용에 의해 영어에 들어오기까지 하나 혹은 몇 개 언어를 거칠 수가 있다. 그 한 경우가 '대마잎으로 만든 환각제 복용자'(=hashishi eaters)의 뜻이던 Arabic의 복수 명사 hashshashin으로(Stageberg 1981: 120), 이것은 assassin의 형태로 프랑스어에 들어갔고, 그 뒤에 프랑스어로부터 영어로 차용되었다.

　아래 표는 지극히 단편적인 예시에 지나지 않지만, 아무튼 이것만으로도 여러 다른 언어로부터의 차용이 영어의 어휘를 얼마나 풍부하게 했는지 알 것도 같다.

영어 단어	원어	본래의 뜻
campus	Latin	field, plain
chauffeur	French	stroker of train engine, driver
sheikh	Arabic	old man, chief
window	Old Norse	wind eye
alligator	Spanish	the lizard
bazaar	Persian	market
guru	Hindi	spiritual leader
chow mein	Chinese	fried noodles

(Stageberg 1981: 120-121)

차용어(borrowed words 또는 loanwords)와 더불어 기억해 둘 만한 술어에 번역 차용(loan-translation 또는 calque)이 있는데, 독일어의 Übermensch에서 옮겨 온 superman은 그 좋은 예이고, (Potter가 알려주듯이) 'loanword'란 말 자체가 역시 독일어 das Lehnwort로부터의 번역 차용에 의해 들어온 경우이다.

■ 물음 1 ■

State in plain English what each of the following words, phrases and abbreviations from Latin means.

1. ad hoc　　　＿＿＿＿　　7. prima facie　　＿＿＿＿
2. honorarium　＿＿＿＿　　8. alma mater　　＿＿＿＿
3. de facto　　＿＿＿＿　　9. sic　　　　　＿＿＿＿
4. et al.　　　＿＿＿＿　　10. caveat　　　　＿＿＿＿
5. referendum　＿＿＿＿　　11. non sequitur　＿＿＿＿
6. subpoena　　＿＿＿＿　　12. status quo　　＿＿＿＿

> ■ 물음 2 ■
>
> Look up in your desk dictionary the following loanwords and write the source language and the original meaning of each word.
>
> 1. sputnik _____   11. hoodlum _____
> 2. blouse _____   12. check _____
> 3. aquatic _____   13. astronaut _____
> 4. skunk _____   14. emerald _____
> 5. filibuster _____ 15. sugar _____
> 6. banana _____   16. pagoda _____
> 7. potato _____   17. khaki _____
> 8. muskrat _____   18. shampoo _____
> 9. keel _____   19. kangaroo _____
> 10. catfish _____   20. bulldoze _____
>
> (Fromkin & Rodman 1993: 360)

어쨌든 차용어는 언어의 발달과 역사에 중점을 두는 과목에서 다루어질 지언정 대개는 형태론의 주제가 되지 못한다. 단어의 형성은 파생, 합성, 기타 과정 중 어느 하나로 설명된다.

7.2 파생

파생(derivation)은 파생 접사 또는 의존형 어기를 기존의 단어와 결합하여 새로운 단어를 형성하는 것이다. 여기에는 제로 파생(또는 전환)도 포함되지만, 역시 보다 중요한 것은 접사 첨가(affixation)에 의한 파생이다. 영어의 "굴절" 형태론은 우리가 다른 언어들에서 보는 것에 견주어 보잘 것 없다. 그렇지만 기존의 단어로부터 새로운 단어를 만드는 "파생" 형태론에 서는 영어 또한 어느 언어 못지 않다. 다음은 영어에서 비교적 자주 보이는 파생접미사를 보인 것이다.

-able	-ate	-ify	-ize
-ed	-ion	-ly	-al
-ish	-ment	-an	-er
-ness	-ant	-ful	-ist
-ance	-hood	-ity	-ous
-ic	-ive	-y	-ary
-ory	-ism	-en	-age

(Pinker 1995: 128-129)

■ 물음 3 ■

Give at least two examples for each of the above derivational suffixes.

한편 Potter(1975: 70-72)가 자주 쓰이는 접두사로 지목한 것은 inter-, mini-, para-, anti-, hyper-, hypo-, neo-, ex-, sub-, super-, supra-, ultra-, near-, off-, self- 등이다. 앞에서도 여러 번 지적했지만, 한 단어에 붙는 파생 접사는 반드시 하나가 아니다. 그리고 subway, unpalatable, internationalism에서

보는 것처럼 첨가되는 접사의 수가 늘어나면서 단어의 길이도 자연히 길어질 수 있다. 영어에서 지금까지 가장 긴 단어로 알려진 것은 *Oxford English Dictionary*(*OED*)에 'the categorizing of something as worthless or trivial'으로 정의된 floccinaucinihilipilification이다. 그러나 Pinker(1995: 129)도 말했듯이, 이 기록은 금새 깨질 수가 있어서 -al, -ize, -ation 등을 차례로 붙여 보다 긴 새로운 단어를 더 만들 수가 있을 것이다.

7.3 합성

둘 또는 그 이상의 단어를 합쳐 하나의 새로운 단어를 만드는 것을 합성(compounding 또는 composition)이라고 한다. 10장에서 다시 다루겠지만, 영어는 합성에서 거의 거침이 없다. 다음 예시에서 보는 것과 같이 합성어는 한 단어로 쓰기도 하지만, 완전한 단어로 인식되기까지는 하이픈을 써서 연결하거나 아예 두 단어로 쓰기도 한다.

steamboat	snow-white	crab apple
lowbrow	Polish-German	devil dog
whetstone	truck-driver	whiz kid
scarecrow	long-haired	soap opera
beekeeper	know-how	cigarette butt
bigwig	black-out	killer shark
storewide	hard-working	house arrest

*Collins Cobuild Dictionary*에 따르면 '꽃밭'은 flowerbed, flower-bed, flower bed의 3가지가 모두 가능하다. 그리고 공공 장소에서의 '화장실'을 가리킬 때 사전에는 rest room은 떼어서 쓰고 washroom은 붙이라고 되어 있지만, 현재 미국영어에서는 앞의 것도 restroom처럼 붙여 쓰는 경향이 있다.

셋 이상의 단어로 된 합성어는 대개 합성어에 어떤 단어를 붙이던가, 아니면 합성어에 또 다른 합성어를 붙여서 만든다. 앞에서 Selkirk의 예를 보았지만, 합성어의 경우에도 그 길이에 원칙적인 상한 같은 것은 없다. Potter(1975: 113)가 신경을 써서 만든 railway station waiting room murder inquiry 같은 예도 조금은 그렇지만, Pinker(1995: 130)의 말대로 great-grandmother, great-great-grandmother, great-great-great-grandmother, ... 등등 이런 식으로 이브(Eve) 할머니까지 거슬러 올라가기로 하려면 끝이 없을 것이다.

7.4 기타 어형성 유형

어형성에서 가장 비중이 큰 것은 파생과 합성이다. 그러나 새로운 단어들이 영어에 들어오는 길은 그 밖에도 신조어의 사용, 두자어 형성, 역형성, 혼성 등 여럿이 있다. 이 절에서는 각 유형과 관련한 주요 내용들을 살펴보고자 한다.

7.4.1 신조어의 사용

단어는 아무 것도 없는 곳에서 새로 만들어지기도 한다. 말 그대로 '창조'(invention)이고 '단어 제조'(word manufacture)이다. 신조어(neologism, coinage)는 그 언어의 음소 배열 제약에 어긋나지 않으면 어떤 단어라도 만들어질 수 있다. 이 현상은 기업에서 어느 제품에 대해 새롭고 멋진 이름이 요구되는 경우에 특히 흔하다. Kodak, Kleenex, dacron, nylon, Orlon, Deflon 등은 이렇게 해서 나온 제품들의 예이다. 그 밖에 dingbat '거시기', floosy '탕녀', goof '숙맥' 등의 신조어가 생겨났는데, 이 중에서 일반적으로 통용되는 것은 그 수가 얼마 되지 않는다.

그러면 신어들은 모두 어디에서 오는 것인가? 그것들은 누가 만들고 또 어떻게 만드는가? 이 질문들에 대답하기는 쉽지 않다. 그러나 간혹 우리는 누가 어떤 단어를 만들었고 언제, 어디서, 왜 그것을 만들었는지 알고 있다 (Matthews 1921: 103-4; Potter 1975: 61-2 참조). 예를 들어, agnostic '불가지론자'는 Thomas Huxley가 positivist '실증주의자'보다 모태 신앙에 대한 자신의 태도를 나타내는 보다 정확한 이름으로 삼고자 Greek 어근으로부터 지어낸 말이었다. 그것은 적절하게 그리고 옳게 만들어졌고 또 필요한 것이어서 그의 동료와 적으로부터 즉각 받아들여졌다. 1889년에 영국의 코미디언 Arthur Roberts가 뒤에 '속임수'를 가리키는 일반적인 말이 되어버린 카드놀이를 고안해 내고서 그 이름을 spoof라고 불렀다. 1907년에 미국 저널리스트 Gelett Burgess는 (책 커버에 인쇄하는) 발행자의 '자기 선전 광고'를 의미하던 puff를 blurb라 고쳐 불렀다. penicillin을 1928년 봄에 Alexander Fleming이 발견했음은 널리 알려진 얘기이다. 그리고 hormone은 1905년 Ernest Starling이 Greek의 (동사 *hormáein* 'to set in motion, excite, stimulate'의 과거분사) hormôn에 e를 붙여 만든 신조어이며, vitamin은 같은 해에 Casimir Funk가 이 식품 성분들을 발견하고서 vitamines(<Latin *vita* 'life' + *amine* 'ammonia component')라 명명했다가 후에 이 성분이 사실은 아민 (amine)이 아님을 알고 실수를 인정한다는 표시로 끝 모음 e를 뺐던 것이라고 한다. 근래에 cyber-가 붙은 말이 많이 생겨나고 있는 듯 한데, 신조어 cybernetics '인공두뇌학'은 컴퓨터, 자동 온도 조절 장치, 광전 분류기를 포함하여 동물이나 기계에서의 자동 제어와 통신을 두루 가리키도록 수학자 Norbert Wiener가 Greek의 kubernêtēs '키잡이'(=steersman)로부터 지어낸 말이다.

이렇게 기록이 남아 있는 신조어들이 있기는 하지만, 그 근원을 캘 수 없는 것들이 훨씬 더 많다. 예를 들어, jazz는 어디에서 왔으며, 이 파격의 음악에 걸맞은 이름을 붙인 이는 누구였는가? 그리고 우리가 알 수 없는 어떤 사람(들)이 절분음 박자를 rag-time이라고 기술하려는 안성맞춤의 생각을 했던 것은 언제였던가? pep '원기'가 pepper의 단축형임은 짐작이 가지만, 과일 또는 과즙을 얹은 아이스크림은 왜 하필이면 sundae라 하는지?

이 이름을 보다 간단하게 sunday나 sundee, 아니면 sundy라고 쓰지 않은 까닭은 전혀 알 길이 없다.

■ 물음 4 ■

No one can say precisely how many words and phrases have been formed through invention, simply because most pass into disuse before they can be recorded. (This is especially true of slang creations.) On the other hand, some new coinages are written down immediately, since they are created as parts of literary works. Of the words in the latter group, a few become so familiar and so often used outside the literature in which they originated that their literary roots are eventually forgotten. Determine the literary origin of each of the following (For some, you may need to consult a historical dictionary such as the *Oxford English Dictionary*).

    1. blatant   _____
    2. malapropism _____
    3. sensuous   _____
    4. yahoo   _____
    5. serendipity _____

(Murry 1995: 185)

7.4.2 두자어 형성

두자어 형성(acronymy)은 연속하는 단어의 첫 글자들로 단어가 형성되는 과정을 말한다. 20세기이래 두자어(acronyms)의 이용이 부쩍 늘어나서 그것들을 모두 다 기억하기는 쉽지 않다. 두자어는 길고 거추장스러운 이름을 간명하게 표현하는 길을 터주는 면 때문에 가령 군대나 정부 기관, 대기업과 같은 조직 안에서 많이 쓰이는 추세이다.

어떤 경우에 두자어는 첫 글자들을 그대로 발음하기도 하지만, 첫 글자 또는 첫머리 분절음들을 마치 한 단어이거나 한 것처럼 발음하기도 한다. 다음 예들을 읽어보라.

(a) RP   Received Pronunciation
    BBC   British Broadcasting Corporation
    SPE   Society for Pure English; *The Sound Pattern of English* (Chomsky/Halle 1968)
    ATM   automated-teller machine
    C. O. D.   chemical oxygen demand; cash on delivery; *Concise Oxford Dictionary*

(b) NATO /neyto/   North Atlantic Treaty Organization
    radar /reydar/   radio detecting and ranging
    BASIC /beysIk/   Beginner's All-Purpose Symbolic Instruction Code
    PIN /pIn/   personal identification number
    MASH /mæs/   mobile army surgical hospital
    CUNY /kyunI/   City University of New York

Adams(1973)를 비롯하여 Stageberg(1981) 등 여러 학자들은 위의 두 가지 (a, b)를 함께 다루고 있는 데 반하여, Potter(1975), Bauer(1983) 등은 한 단어로 발음되는 것만 두자어로 구별해 부르고 있다. 가령 VAT (=value added tax)를 /vi ey ti/로 말하면 약어(abbreviation)이지만 만약 그것을 /væt/라고 한다면 두자어가 된다(Bauer 1983: 273). (머리글자를 순서대로 발음하는 경우를 가리켜 Potter(1975: 79)는 이니셜리즘(initialism)이라 불렀고, Quirk

외(1973: 부록 1)는 그것을 acronym의 하위 분류로 알파베티즘(alphabetism)이라 했다.)

아무튼 두자어의 쓰임은 대체로 어떤 체계에 의해서라기보다는 관습에 따라 결정된다. 예를 들어, 누구도 ESP(=extrasensory perception)을 /ɛsp/라 하지 않는다(cf. *esprit*). 모두 그것을 단순한 약어로 취급하여 /i ɛs pi/라고 발음한다. NOW(=National Organization for Women)은 /naw/라 하면서 POW(=prisoner of war)는 어찌된 셈인지 한 단어처럼 발음하지 않는다.

미국영어에서는 disc jockey를 줄인 DJ를 때로는 deejay처럼 쓰기도 한다. 이와 같은 것을 가리켜 "발음 철자"(pronunciation-spelling)라고 하는데 (Adams 1973: 136), 다른 예로는 emcee(=MC, master of ceremonies), jayvee(=JV, junior varsity), veep(=V. P., vice president), okay(=O.K., Old Kinderhook) 등을 생각할 수 있겠다.

■ 물음 5 ■

Pronounce the acronyms and give their originals:

1. RAM _____
2. SALT _____
3. scuba _____
4. laser _____
5. OPEC _____
6. WASP _____
7. TEFL _____
8. AIDS _____
9. PEN _____
10. NIMBY _____

7.4.3 절단

절단(clipping)은 단어에서 하나 또는 그 이상의 음절을 잘라내고 남은 일부로서 전체 의미를 나타내게 하는 것을 이른다. 이 과정을 겪는 것은 대체로 명사들이다. 이것이 언어의 경제 탓인지는 알 수 없으되 telephone과 periwig는 머리를 떼고 photograph와 cabriolet는 꼬리를 떼고 말한다. 이렇게 해서 만들어진 phone, wig와 photo, cab같은 형태를 절단어(clipped words) 또는 단축어(curtailed words)라고 한다. 절단어의 예는 ad, gym, lab, dorm, prof, exam, prom, math, psych 등 우리 주위에도 무수히 많은 듯하다. 이 예들만 보더라도 단어의 끝 부분을 절단하는 것이 가장 흔하다.

후절단어만큼 흔하지는 않아도 bus, plane, phone, copter처럼 앞부분을 잃는 것들도 있다. 그리고 전후 절단에 의해 만들어진 것은 그 수효가 그렇게 많지 않아서 flu(<influenza), still(<distiller), fridge(<refrigerator)는 그 중 널리 쓰이는 예이다.

다음은 Adams(1973: 135)가 절단된 형용사-명사로 된 구의 예로 보인 것이다.

       perm   (<permanent wave)
       pub   (<public house)
       op   (<op(tical) art)
       pop   (<popular music)
       zoo   (<zoological garden)

그 밖에 절단이 가장 흔하게 목격되는 것에 Liz, Ron, Sue 등 사람 이름을 빼놓을 수 없다. 그리고 specs(<spectacles)는 마지막 s를 그대로 지닌다는 점에서, turps(<turpentine)는 본디 없었던 s를 얻었다는 점에서 특이하다. 기타 '불규칙' 절단의 예로는 bike(<bicycle), fax(<facsimile), mike(<microphone), 그리고 pram(<perambulator)이 있다.

■ 물음 6 ■

Give the original words from which these clipped words are derived.

1. disco　_____　　7. mum　_____
2. deli　_____　　8. cello　_____
3. porno　_____　　9. pike (road)　_____
4. hype　_____　　10. typo　_____
5. memo　_____　　11. vamp　_____
6. cuke　_____　　12. curio　_____

7.4.4 혼성

혼성(blending)은 두 단어를 융합하여 하나로 만드는 것으로서, 그 결과로 생기는 혼성어(blends 또는 portmanteau words)는 두 단어에 있던 본래의 의미를 싣는다. 혼성은 brunch(=breakfast + lunch)에서처럼 한 단어의 첫 부분과 다른 단어의 마지막 부분을 살리는 것이 보통이다. 동물의 세계에서 숫호랑이와 암사자의 새끼를 tigon(=tiger + lion)이라 부르고, 반대로 숫사자와 암호랑이의 새끼를 liger(=lion + tiger)라 한다(Potter 1975: 82). smog(=smoke + fog), transistor(=transfer + resistor)나 escalator (=escalade + elevator)는 이미 우리에게 친숙해진지 오래이고, SPAM(=spiced ham)이란 제품 이름도 그 다음에 ham을 다시 붙여 부를 만큼 혼성의 느낌이 덜해진 모양이다. 그렇지만 많은 혼성어들은 오늘 생겨났다가 내일 사라지는 임시어(nonce words)이어서 표준 어휘가 되는 것들은 상대적으로 얼마 되지 않는다.

혼성어와 절단어의 구분은 명확하지 않을 때가 있다. 예를 들어, sitcom(=situation comedy)처럼 연속하는 두 단어가 절단되어 새 단어가 되었을 때가 바로 이런 경우일 것 같다. Adams(1973: 12장)는 squirl, flimmer 등 유어공통음의 예로 보이는 것을 제외한 나머지 혼성어는 합성어의 줄임형이라 하여 '합성 혼성어'(compound-blends)라고 불렀다.

   (a) 명사 혼성어:
      Amerind (=American Indian)
      aerobatics (=aero- + acrobatics)
      hifi (=high fidelity)
      cattalo (=cattle + buffalo)
      psywar (=psychological warfare)
      squarson (=squire + parson)
      medicare (=medical care)
      ballute (=balloon + parachute)
   (b) 형용사 혼성어:
      clantastical (=clandestine-fantastical)
      fantabulous (=fantastic-fabulous)
   (c) 동사 혼성어:
      baffound (=baffle-confound)
      meld (=melt-weld)
      smothercate (=smother-suffocate)

                            (Adams 1973: 146, 153-157)

■ 물음 7 ■

Do blends combine the meanings as well as the sounds of the words they join? Defend your answer.

                                    (Murry 1995: 179)

■ 물음 8 ■

Lewis Carroll's "Jabberwocky" [*Through the Looking Glass* (Penguin 1971)] is probably the most famous poem in which most of the content words have no meaning. Still, all the sentences "sound" as if they should be or could be English sentences:

> 'Twas brillig, and the slithy toves Did gyre and gimble in the wabe: All mimsy were the borogroves, And the mome raths outgrabe.

In the dialogue between Alice and Humpty and Dumpty which follows this verse, the words *slithy* and *mimsy* are explained as made up of *lithe* and *slimy*, and *flimsy* and *miserable* respectively. "You see [says Humpty Dumpty] it's like a portmanteau—there are two meanings packed up into one word."

Now, give the portmanteau words, such as *slithy*, that result from fusing these words.

1. flinch + funk   _____
2. stagnation + inflation   _____
3. dance + handle   _____
4. blare + spurt   _____
5. dumb + confound   _____
6. squall + squeak   _____
7. splash + spatter   _____
8. communication + satellite _____
9. paraplegic + Olympics   _____
10. automobile + omnibus   _____

(based on Stageberg 1981 & Adams 1973)

7.4.5 역형성

새 단어는 기존의 단어에 본래부터 있던 어떤 요소를 접사로 잘못 보고 그것을 떼어내서 만들어지기도 한다. 즉 무지가 때로는 약이 되어 신어를 낳을 수 있는 것이다. 수세기 전에 peddler, beggar, swindler, editor같은 명사가 영어에 도입되자 사람들은 reap－reaper, write－writer, sing－singer, act－actor와 같은 단어에서 유추하여 peddle, beg, swindle, edit를 새로 만들었다. 그 과정은 가령 speak와 같은 동사에 행위자(agent)를 만드는 형태소 {-er}을 더하여 speaker란 단어를 형성하는 통상의 어형성 방법과 정반대인 것이다. 그 과정을 역형성 또는 역성(backformation)이라 하며, 파생어인 것으로 보이는 단어로부터 새 단어를 만드는 것으로 정의할 수 있다.

다음은 Potter(1969: 83-84)가 예시한 역성어(back-formed words) 가운데서 일부를 옮긴 것이다.

동사	근원	초출 연도
beg	Beghard	1225
suckle	suckling	1408
cobble	cobbler	1496
partake	part taker	1562
grovel	grovelling	1593
locate	location	1652
resurrect	resurrection	1772
edit	editor	1791
donate	donation	1795
loaf	loafer	1838
diagnose	diagnosis	1862
burgle	burglar	1870
commute	commuter	1890
automate	automation	1950

그릇된 가정에 근거한 것이므로 비록 논리적으로는 맞지 않을지라도 심리적으로 불합리한 것은 아니다. "Do you kiple?"은 Edward 7세 시절에 "Are you an admiring reader of Rudyard Kipling?"이라는 뜻을 담은 농담이었다고 한다(Potter 1969: 63). darkling, grovelling에 보이는 -ling는 (지금은 생명이 다한) 부사형 접미사인데, 이것이 동사 어미로 재해석되어 동사 darkle, grovel이 나온 것이다(Adams 1973: 111).

역성어 가운데서도 self-destruct(<self-destruction), cohese(<cohesion)는 (destruction과 cohesion이 각각 destroy와 cohere에서 파생된 것임을 생각할 때) 역형성이 보통 파생과정의 단순한 역은 아님을 보여주는 예들이다(cf. Aronoff 1976: 27). 다소 특이한 예이긴 하지만, pea는 (단수 불가산명사인) pease /piz/의 끝자음 /z/가 복수 어미라고 잘못 생각한 경우이다. 비슷한 예에 cherry가 있는데, 이것은 French의 cherise로부터의 역성어이다(Bauer 1983: 231).

역성어는 명사 enthusiasm, liaison, reminiscence로부터 나온 동사 enthuse, liaise, reminisce처럼 간혹 대화 속에서 경박하게 들릴 수도 있다. 그러나 일부 역성어들은 명사 greed(<greedy), 형용사 difficult(<difficulty), 동사 donate(<donation)처럼 전혀 그러한 느낌을 주지 않는다. 역형성은 오늘날 새로운 단어가 만들어지는 활기있는 원천이다.

■ 물음 9 ■

These verbs are back-formations. Write the words from which they are back-formed.

1. typewrite _____   6. sidle _____
2. televise _____   7. escalate _____
3. babysit _____   8. housekeep _____
4. resurrect _____   9. preempt _____
5. commute _____   10. sedate _____

■ 물음 10 ■

Specify what morphological process each of the following lists of word pairs exemplifies.

1. house/houses; stalk/stalking; red/redder
2. do/undo; whole/wholly; work/workable
3. vibrations/vibes; Joseph/Joe; umbrella/brolly
4. juggler/juggle; lazy/laze; hang glider/hang glide

(based on Murry 1995: 184)

■ 물음 11 ■

As Marchand (1969: 392) stresses, back-formation (or back-derivation) is of diachronic relevance only. The verb *peddle* is a case in point. It is historically an extraction from *peddler*. Synchronically, however, the derivational relationship can be expressed as follows:

peddle : peddler = write : writer

Now, how should this equation be interpreted from the synchronic point of view? Do you see what is meant by the phrase "diachronic relevance only"?

7.4.6 민간 어원

테니스 용어인 let ball(네트에 스쳐 들어간 서브공)이 좋은 예이다. 이 경우에 let는 Shakespeare 시절에는 흔했지만 지금은 상실된 '방해받은' (=prevented)의 의미를 그대로 지니고 있다. let ball은 네트 위에 스쳐 제대로 들어가지 못한 공을 말하는 것이니 여기서 let는 '허용하다'(=allow)를 뜻하는 let와는 판이하게 다른 단어이다. 그렇지만 초심자는 정구장에서 그 단어를 들을 때 그것을 net로 이해할 수 있다. /l/ 과 /n/이 음성적으로 멀리 떨어져 있지 않은 점도 있지만, 적어도 그에게는 let보다는 net가 더 이치에 닿는 것 같기 때문이다. 그래서 그는 누가 고쳐주기까지 net ball이란 용어를 사용하는 것이다. 이처럼 그릇된 역사적 분석을 근거로 단어의 일부 또는 전체를 바꾸어 그것이 보다 친숙한 단어처럼 이해되도록 만드는 과정이 바로 민간 어원(folk etymology)이다. 중세영어 berfrey는 '종탑'(bell tower)의 뜻이긴 했어도 bell과는 관계없던 것이다. 이것이 뒤에 belfry로 재분석된 것이나, 역시 중세영어 bridegome(<OE *brīd* 'bride' + *guma* 'man')에서 'man'을 의미하던 gome이 안 쓰이게 되자 남자를 나타내는 말로 groom과 관계가 있겠거니 생각하여 bridegroom이 나오게 된 것도 비슷한 경우라 할 수 있다.

민간 어원의 예로 빼놓을 수 없는 것에 hamburger(<Hamburg, Germany)가 있다. hamburger는 본래 '함부르크식의 (스테이크)'의 뜻이고, 그 속에 햄이 들어 있던 것도 아니다. 그런데 그것이 두 형태소 ham과 -burger로

분석되면서 cheeseburger, fishburger 등의 새 이름이 계속 생겨나고 지금은 (*burger*를 아예 *hamburger* 대신에 써서) Burger King까지 등장한지 오래이다.

■ 물음 12 ■

Look up in your desk dictionary the following examples of folk etymology and write the source of each in the blanks.

1. cockroach　_____

2. carryall　_____

3. female　_____

4. hangnail　_____

5. muskrat　_____

6. Welsh rarebit　_____

7. coleslaw　_____

8. whiz　_____

9. helpmate　_____

10. woodchuck　_____

■ 물음 13 ■

Folk etymology is especially common among people just learning English regardless of whether they are children learning their primary language or adults learning a second language. Read the following report from Fromkin & Rodman (1993: 52):

> Amsel Greene collected errors made by her students in vocabulary-building classes and published them in a book called *Pullet Surprises* (Scott, Foresman & Co., 1969). The title is taken from a sentence written by one of her high-students: "In 1957 Eugene O'Neil won a Pullet Surprise."
>
> What is most interesting about these errors is how much they reveal about the students' knowledge of English morphology.

Word	Student's definition
finesse	"a female fish"
polyglot	"more than one glot"
stalemate	"husband and wife no longer interested"
meteorology	"the study of meteors"
adamant	"pertaining to original sin"
fortuitous	"well protected"
ingenious	"not very smart"
gullible	"to do with sea gulls"
tenet	"a group of ten singers"

For each of these incorrect definitions, give some possible reasons why the students made the guesses they did. Where you can exemplify by reference to other words or morphemes, giving their meanings, do so.

7.4.7 환칭

환칭(antonomasia)은 사람 또는 장소를 가리키던 이름으로부터 보통 명사, 동사, 혹은 형용사를 만드는 것을 뜻한다. 예를 들어, sandwich는 유난히 놀음을 즐기던 18세기 영국의 백작 이름(4th Earl of Sandwich) 때문에 생겨난 음식 이름이고, frisbee란 단어는 미국 Connecticut주 Frisbie Bakery에서 파이를 담던 그릇이 처음 던지기 놀이에 쓰였다 하여 붙여진 이름이다. 그 밖에 역사와 문학에서 가져온 이름들로부터 많은 보통명사가 생겨났다. 연인(lover)은 *romeo, don juan, casanova*, 혹은 방탕한 *lothario*라 지칭할 수 있다.

Fromkin/Rodman(1993: 58)이 전하는 바에 의하면, William R. Espy라고 하는 이가 1,500개나 되는 환칭의 예를 모아서 한 권의 책으로 묶었다고 하는데, 그마저도 합성어 'brown betty'(푸딩), 'charlotte russe'(러시아식 샐럿)이나 'chuck wagon'(취사 마차)이 유래된 Betty나 Charlotte나 Chuck가 누구였는지, 또 'lazy susan'이란 합성어가 생겼을 정도로 주인 속을 터지게 했던 하녀 Susan이 누구였는지는 모른다고 했다고 한다.

■ 물음 14 ■

Study the etymology of the italicized words in the following sentence quoted from Stageberg 1981(127).

If he is too *quixotic*, he may meet his *waterloo* at the hands of some *sheba* or *jezebel*.

■ 물음 15 ■

Look up in your desk dictionary the following examples of antonomasia and write the original of each in the blanks.

    1. jumbo   6. denim
    2. leotard   7. cashmere
    3. frankfurter   8. jeans
    4. guy   9. baloney, bologna
    5. robot   10. gargantuan

7.4.8 의성

의성(echoism, onomatopoeia)이라 함은 아래 예들처럼 그 소리로써 그 의미를 암시하는 단어의 형성을 가리킨다.

hiss	뱀, 증기 등
quack	오리
chirp	새, 곤충
meow	고양이
bow-wow	개
croak	개구리, 까마귀

그 의미는 대개 어떤 소리가 되는데, 폭포수의 roar 같이 자연적인 것일 수도 있고, 종소리의 clang같이 인위적인 것일 수도 있다. 그러나 그 의미는 bobwhite, cuckoo처럼 그 소리를 내는 생물체일 수 있다. 흔히 쓰이는 의성어의 예로는 moan, click, murmur, thunder, boom, whisper, buzz, thump, lisp, sizzle, chickadee 등이 있다.

■ **물음 16** ■

Indicate by the first letter the process of word-formation represented by each of the words below.

    Compounding   Invention
    Derivation   Echoism

    1. homely _____   5. roughneck _____
    2. clink _____   6. tag sale _____
    3. doodad _____   7. wheeze _____
    4. dacron _____   8. weirdness _____
                              (based on Stageberg 1981: 122)

7.4.9 중첩

중첩(reduplication)은 어근 또는 어간의 일부 또는 전체를 중복시켜 새로운 단어를 형성하는 과정으로 자연 언어에서 널리 퍼져있는 자연스러운 현상이다(Sapir 1921: 76; Nida 1949: 69). (완전) 중첩은 pooh-pooh, tip-top, hanky-panky에서 보듯이 하나의 합성 과정이며, 따라서 이것에 의해 만들어진 단어를 중첩 합성어(reduplicative compounds)라 부르고(Jespersen 1942: 10장; Marchand 1969: 83 등), 이것을 줄여서 첩어(reduplicatives 또는 reduplicated words)라고도 한다. 영어에서도 뜻밖에 많은 첩어의 예가 있어서 Thun (1963)은 5,000개가 넘는 예를 수집해 놓고 있다.

    영어에서 첩어가 가장 흔하게 사용되는 경우는 대략 다음과 같은 목적을 위해서이다(Quirk 외 1973: 부록 1 참조).

(a) 소리를 흉내내기 위해 (예: *tick-tock*)
(b) 엇갈리는 움직임을 암시하기 위해 (예: *see-saw*)
(c) 불안정, 넌센스, 불성실, 우유부단 등을 빗대어 말하기 위해
 (예: *higgledy-piggledy, wishy-washy*)
(d) 의미의 강도를 높이기 위해 (예: *tip-top*)

모음 또는 첫 자음을 바꾸는 예가 자주 보이는데, 기본이 되는 형태소는 dilly-dally같이 뒤의 것일 때가 가장 많고 tick-tock처럼 앞의 것일 때도 있다. 한편 singsong처럼 둘 다인 것도 있고, boogie-woogie처럼 양쪽 다 아닌 것도 있다.

■ 물음 17 ■

As noted by Quirk et al. (1973), the most common uses of reduplicatives are: (a) to imitate sounds; (b) to suggest alternating movements; (c) to disparage by suggesting instability, nonsense, insincerity, vacillation, etc.; and (d) to intensify.

Identify the class of reduplicated words by one of these numbers:

1. knick-knack
2. tootsie-wootsie
3. criss-cross
4. quack-quack
5. rowdy-dowdy
6. chug-chug
7. hotsy-totsy
8. hocus-pocus
9. flipflop
10. humdrum
11. nitty-gritty
12. zigzag

■ 물음 18 ■

Indicate the method of word-formation of each of the following words:

1. sawdust _____   7. deplane _____
2. floozy _____   8. ding-dong _____
3. growl _____   9. van _____
4. blurt _____   10. greed _____
5. carryall _____   11. frisbee _____
6. redo _____   12. airstrip _____

(Murry 1995: 180)

■ 물음 19 ■

Create new words for each of the following things by using the method of word-formation specified in parentheses.

1. able to be contacted (derivation)
2. a town on the border of Kansas and Colorado (blending)
3. cat lovers anonymous of Wyoming (acronym)
4. a lawnmower to be used only for trimming (compounding)
5. using bubblewrap to pad a package (conversion)
6. a new dance, invented by Gertrude (antonomasia)
7. a course in morphology (clipping)
8. do clipperization (back-formation)

(Murry 1995: 193-194)

7.5 무리 짓기

앞에서 유어 공통음(phonaesthemes)을 포함하여 형식과 의미에 있어서 연관이 있는 단어들의 무리를 보았다. 아래 예들은 Adams(1973: 13장)가 '무리 짓기'(group-forming)란 제목 아래 형식과 의미에서 연관이 있는 단어들의 무리가 생겨날 수 있는 또 다른 방법을 가리킨 것이다.

(a) folknik '민요팬, 민요 가수'
    straightnik '비인습적인 사람이 되려고 애쓰는 정상인'
(b) scribacious '글쓰기를 좋아하는'
    verbacious '수다스러운'

Russian의 접미사 -nik는 '특정한 일에 종사하거나 연관된 사람'(=a person engaged in or connected with something specified)을 의미하는데, 이 접미사가 영국인에게 알려진 것은 1957년 10월 러시아의 인공 위성 Sputnik의 발사 이후이다. 그리고 Sputnik와 비슷한 시기에 또 다른 단어 beatnik '비트족'이 나타나면서 -nik는 인습적인 가치 표준을 배격하는 의미로 때로는 '정치적 반항자'(=political rebel), '지성'(=intellectual), 그리고 '젊은이'(=youth)를 가리키게 되었다(Adams 1973: 178-179). 그 후 way-outnik, straightnik, peacenik, monknik, poetnik, folknik, popnik, boatnik와 같은 말이 쏟아졌음은 물론이다.

접미사 -acious의 경우도 비슷하다. 이 패턴의 가장 오래된 예는 linguacious 이고 그 바로 뒤에 loquacious, scribacious가 생겨났는데, 최근에는 verbacious(cf.

verbose)까지 등장했다.

 오랜 세월이 지나다 보면 접사도 변화를 겪게 될 것임은 짐작이 가고도 남지만, motorcade의 어미 -cade에서 새로운 형식 요소 c와 새로운 의미 요소는 둘 다 cavalcade에서 온 것으로 본래의 접미사 -ade(*masquerade, parade*)의 확장이었던 것이다. 이렇게 접미사가 달라진 것도 '무리 짓기'의 한 유형으로 이해할 수 있을 것이다(Adams 1973: 147). botanist, pianist와 같은 단어의 n이 급기야 tobacconist에 나타난 것도 그렇고, French에서 온 지소형 접미사 -ette가 그것이 첨가되었던 어간말 /l/에서 /l/을 얻어 -let이 된 것이나 게르만어계 요소인 -assus에서 유래한 -ness가 n을 취하게 된 것도 같은 경향을 반영하는 것이다. 이와 같은 종류의 발전은 주로 접미사에 나타나는 것으로 분비(secretion)란 이름으로 불리던 것이다.

■ 물음 20 ■

What are the characteristic formal features the stems of *-arian* words have?

(a) Trinitarian   egalitarian   pulpitarian
    humanitarian   vegetarian   establishmentarian
    packetarian   sectarian

(b) millenarian   doctrinarian   centenarian
    grammarian   agrarian   librarian

Note: In some cases, a pair of *-arian* words has been formed from what is etymologically the same. Examples are *sabbatarian* and *sabbatharian*; *necessarian* and *necessitarian*.

(based on Adams 1973)

7.6 어형성의 회피

이 주제를 의미있게 다룬 첫 번째 논의는 Bauer 1983(240-241)에서 보인다. Bauer에 의하면, 어형성 과정은 항상 피해갈 수 있다는 것이다. 이것을 Aronoff(1976: 35)의 말을 빌려 표현하면 "어형성 규칙은 항상 수의적이다"라는 뜻이다. 가령 '체포된 사람'이라면 arrestee라고 이름지어 말할 것을 'person who was arrested'처럼 서술적 묘사(description)를 쓸 수 있는 것이다.

명사구가 아무런 어형성 과정을 겪지 않고도 명사로 자리잡는 것을 자주 볼 수 있는데, 보통의 명사구와 같은 모양이면서 어휘소와 같은 식으로 사용되어, 그 요소들의 순서를 뒤바꾸거나 중간에 다른 것이 끼어들지 못한다. 이와 관련해서 women's liberation을 겉보기에 그것과 엇비슷하게 보이는 children's shoes와 여러 통사 문맥에서 비교해 보면 재미있다.

women's liberation	children's shoes
the liberation is women's	the shoes are children's
women's summer liberation	children's summer shoes
women's first liberation	children's first shoes
all women's liberation	all children's shoes

(Bauer 1983: 240)

비록 이러한 구들이 어쩌면 모두 수용가능하다 하더라도, women's liberation의 의미적 일관성이 기타 통사 환경에서는 느껴지지 않고, 반면에 구 children's shoes에는 이것과 맞먹는 의미적 일관성이 없다.

Bauer가 지적하듯이, 단어들은 통시적으로 어형성 과정을 겪지 않고도 나올 수 있다는 사실과 어형성은 항상 회피할 수 있다는 사실을 어형성 연구에서 잊어서는 안 될 것이다.

8장 접사 첨가

8.1 접사의 기원

이른바 고유 접두사와 접미사들은 독립어에서 나온 것일 때가 많다. 반면에 대다수의 외래 접사들은 차용어의 재해석에서 나온 것이다.

그 수효가 얼마 되지 않아도 고유 접두사인 a-(*akin*), be-(*befriend*), fore-(*forefinger*), mid-(*midday*), mis-(*misspell*) 등은 역사적으로 한 때는 독립어로 쓰이던 것들이다. 그러나 예컨대 Latin 또는 Greek로부터의 외래 접두사 ante-, extra-, meta-, para-, semi-, hyper, omni-, multi- 등은 같은 구조를 가진 많은 수의 외래어들이 차용될 때 함께 들어 온 것이다.

접두사는 절단(clipping) 과정으로 인한 것일 수도 있다. 최근에 목격된 예는 mini-이다. miniature의 줄임꼴로 30년대 miniature camera를 줄인 minicamera가 mini-가 접두사로 쓰인 첫 번째 예인 듯하다(Marchand 1969: 130). 그후 (미국에서는 아직도 *miniature golf*를 더 선호하고 있지만) minigolf가 등장했다. 50년대 후반에는 minicab과 minicar가 선보이고 miniskirt가 나오면서 mini-가 유행하기 시작했다. microscope를 줄인 접두사 micro-도 역시 절단에 의한 예이다.

접미사가 생겨나는 길을 Marchand(1969: 210)은 두 가지로 나누어 설명한다. 하나는 접미사가 독립어에서 유래한 경우이고, 다른 하나는 접미사가 (보통은 분비의 결과로) 그런 모양이 된 것이다. 후자의 예로는 지소형의 -ling을 생각할 수 있겠는데, 이 접미사는 단순히 어간이 l로 끝난 단어에서 접미사 -ing의 늘어난 형태이다. 그리고 지금은 접미사로만 쓰이는 -hood(*childhood*), -ly(*friendly*), -dom(*kingdom*), -ric(*bishopric*)은 전자를 대표하는 예로서, 이것들은 모두 고대영어에서 각각 '성질'(=quality), '모양'(=form), '관할'(=jurisdiction), '지배'(=domination)의 뜻으로 쓰이던 독립어가 분명했었다. 이 둘 중간에 지금은 독립적으로 쓰이지 못하는데도 여전히 단어처럼 느껴지는 -monger, -wright, 그리고 -wise 따위가 있다. Marchand(1969: 210)는 이 같은 요소들을 "반접미사"(semi-suffixes)라고 부른다.

영어가 여러 다른 외국어와 접촉하면서 무수한 외래어가 들어왔고 그 과정에서 접두사는 물론 많은 파생 접미사가 들어 왔다. 위에서 접두사의 기원을 다루면서도 언급했지만, -scape(*landscape, mindscape*)라던가 미국 영어에서 -ade(*lemonade, gingerade*), -teria(*cafeteria, fruiteria*), -rama(*panorama, autorama*)를 포함한 대다수의 외래 접미사들은 차용어의 재해석을 통해 나온 것이다.

아주 드물긴 하지만, 위에서와 정반대로 접사가 독립어가 되는 일도 없지 않다. 영어의 ism이나 arch, ex, counter, sub와 같은 예들이 이에 대한 증거이다.

8.2 접두사 첨가

접두사는 일반적으로 어기의 품사를 바꾸지 않는다. 어근에 접두사를 붙였을 때 전체 단어는 일반적으로 접사가 없는 어근과 같은 품사이다. 그리고 분절음과 강세의 변화도 적은 편이다. 규칙적으로 강세를 받지 않는 a-(*afíre, ablàze*), be-(*befóul, beclóud*), 그리고 en-, em-(*encàge, emplàne*)을 예외로 하고 모든 접두사에는 강세가 있다. 생산적인 접두사들은 첫 음절에 가벼운 강세를 주고, 주강세는 어기의 어느 음절에 주는 것이 보통이다(예: *prèmatúre*). 이 점에서 súpermàn, súpermàrket, míniskìrt, súbwày, prótotỳpe, sémicìrcle처럼 합성어의 강세형을 갖는 것들이나 poly-(*pólyglòt, pólygamy*), hyper-(*hypérbole, hyperáctive*)같은 접두사의 발음은 특별한 주의가 요구된다 (Broderick 1975: 31).

접두사는 그 의미를 바탕으로 부정(negative), 결성(privative), 정도/크기(degree 또는 size), 태도(attitude), 처소(place, locative), 시간(time), 경멸(pejorative), 수효(number) 등 여러 갈래로 나누어 생각해 볼 수 있다(Quirk 외 1973: 부록 1; Broderick 1975: 30-31 참조). 이제 그 내용을 차례로 살펴보기로 하자.

8.2.1 부정 접두사

대체로 '...않다'(=not) 또는 '...의 반대'(=the opposite of)의 의미를 갖는다. in-과 un-에 대해서는 뒤에 다시 언급하기로 하겠지만, non-은 이원적 대조를 표현한다는 점에서 un-과 종종 대조된다. 다시 말해서, non- 은 very, rather, more 등 정도(degree)를 나타내는 수식어와 함께 나오지 못한다(cf. Allen 1977).

That is a very *unscientific/*non-scientific* method.
It's a rather *un-American/*non-American* gesture.

'...이 결여된'(=lacking in)의 의미를 갖는 부정 접두사 a-의 발음은 /ey-/ (또는 /æ-/)이다(cf. *aglow, aflutter*). 각 접두사의 어기가 되는 범주는 예를 통해 짐작할 수 있을 것이나, in-과 un-의 경우에는 일단 형용사 어기에만 붙는 것으로 기억해 두자.

un-	'...않은/ ...의 반대'	unfair, unwise, unforgettable unassuming, unexpected
non-	'...않은'	nonconformist, nonviolence, nondrip, nonsmoking, nonstandard
in-	(un-과 같음)	insane, inconclusive, inexpensive, inofficious, intolerant
dis-	(un-과 같음)	disloyal, dishonest, dislike, disfavor
a-	'...이 결여된'	amoral, achromatic, asymmestry

8.2.2 결성 접두사

동사에 붙여서 '반대의 동작'(=to reverse action)을 나타내기도 하고, 명사에 붙여서 그 성질·상태의 '제거'(=to deprive…of)를 뜻하는 동사, 또는 명사를 만든다. 여기서 un-과 dis-는 부정 접두사와 의미상 구별됨에 주의한다.

un-	'반대의 동작'	untie, undo, uncover
	'제거'	unleash, unpack, unhorse
de-	'반대의 동작'	defrost, debug, deforestation
dis-	(un-과 같음)	disconnect, disinfect, disarm, discolored, disheartened, discontent, displeasure

---

■ 물음 1 ■

A word is not necessarily a simple concatenation of morphemes. In words of three or more morphemes, some pairs of morphemes are found more closely related than others. But we are also aware of structurally ambiguous words. The word *unlockable* is a case in point. It seems that the word has two different meanings depending on how the prefix *un-* is interpreted.

Give two distinct constituent structures according to the two possible interpretations of *unlockable*. What are the meanings of two *un-*'s?

8.2.3 정도(또는 크기) 접두사

arch-는 '으뜸의'(=highest, worst)의 뜻이고, ultra-와 hyper-도 비슷하게 쓰여서 각각 '초..., 극도로'(=extremely)와 '극도로, 과...'(=extremely, beyond)의 의미이다. super-와 sub-는 정도가 '넘은, 초월한'(=above, more than)과 '그렇지 못한'(=lower/less than)을 가리킨다. over-, under-, out- 등은 Adams (1973)를 좇아 불변화사가 들어 있는 합성어로 취급한다.

arch-	'최상의/최악의'	archduke, archbishop, archangel arch-enemy
super-	'초.../넘은'	superman, supermarket, superhuman, supernatural
sub-	'버금'	subarid, substandard
hyper-	'극도로'	hypercritical, hyperacid, hyperactive, hyperbole, hypercorrection
ultra-	'극도로'	ultraviolet, ultramodern, ultraliberal

8.2.4 태도 접두사

co-는 '공동, 상호'(=with, joint)의 의미이다. pro-는 '찬성, 옹호'(=on the side of)의 뜻으로 '반대, 적대'(=against, in opposition to)의 의미인 anti-나 counter-와 반대가 된다. 다만 anti-는 단순히 반대 태도를 암시하는 데 반하여 counter-는 어떤 구체적 행동을 암시한다. (여기서 anti-를 '...앞'(=before)의 뜻인 ante-와 혼동하지 않도록 주의한다). 한편 pro-와 anti-가 명사에 붙게 되면 그대로 한정 용법의 형용사로 쓰일 수 있다.

co-	'공동/상호'	co-pilot, coauthor, coworker, cooperate, cohabit
anti-	'반대/적대'	anti-missile, anti-social, anti-clockwise

pro-	'찬성/옹호'	pro-Common Market, proslavery, pro-communist
counter-	'적대/반...'	counteract, counter-revolution, counterintuitive

8.2.5 처소 접두사

(정도를 나타내는 것이 아니므로) super-는 위치가 '위'(=over), sub-는 그 반대로 '아래'(=beneath, lesser in rank)임을 가리킨다. inter-는 '...사이'(=between, among), trans-는 '가로질러서'(=across, from one place to another)의 뜻이다.

super-	'위, 상부'	superstructure, superscript
sub-	'아래, 하부'	subway, subsection, subgroup, subconscious, subliminal, sublet, subdivide
inter-	'...사이'	interplanetary, international, interact, intermarry, intertwine, interplay, interdependence
trans-	'가로질러서'	transatlantic, transcontinental, transplant, transact

8.2.6 시간과 순서 접두사

상대적으로 눈에 익은 것들이다. pre-는 '...이전의, ...앞쪽의'(=before)의 뜻으로 post-와는 반대이고, ex-는 '전...'(=former), re-는 '다시, 새로'(=again, back)의 뜻이 된다. ex-는 사람을 가리키는 명사를 어기로 하고, re-의 어기는 동사이다. 다소 예외적으로 pre-와 post-는 명사를 (한정 용법의) 형용사로 바꾸어주는 경우가 많다.

pre-	'...이전의/ ...앞쪽의'	prewar, preschool, preface, premarital, preglacial
post-	'뒤의/다음의'	postwar, postelection, postscript, postclassical, postvocalic

ex-	'전...'	exconvict, exmayor, exstudent
re-	'다시/새로'	rebuild, re-evaluate, rename, readjust

8.2.7 경멸 접두사

영어에서 '그릇되게'(=wrongly), '나쁜, 나쁘게'(=bad, badly), '거짓의, 가짜의'(=false, imitation) 따위의 의미를 갖는 접두사들이다. 경멸적인 어감은 앞에서 다룬 hyper-, arch- 등에서도 느껴진다.

mis-	'그릇되게/	misinform, mislead, misunderstand
	불...'	misconduct, misdemeanor
mal-	'나쁘게/악...'	maltreat, maladapt,
		malfunction, malnutrition, malodor, maladroit, malformed
pseudo-	'거짓의'	pseudo-classic, pseudo-intellectual

8.2.8 수효 접두사

우선 사용 빈도가 높은 것으로 하나에서 셋까지의 수를 나타내는 접두사와 막연히 '많은'(=many)의 뜻을 갖는 multi-/poly-가 있다. (어렵기 때문에 쓰이는 빈도도 떨어지지만) quadr(i)-, pent(a)-/quinqu(e)-, hex(a)-, hept(a)-, oct(a)-, non(a)-, dec(a)- 등의 접두사도 가끔 사용된다. bi-는 그 의미가 불분명할 때가 있다. 예를 들어 bimonthly는 '두 달에 한번'(=every two months)의 뜻도 되고 '한 달에 두 번'(=twice every month)의 뜻도 된다. biweekly 역시 같은 중의성을 갖는다. (biannual과 대조하여) biennial은 단지 '2년에 한 번'(=every two years)의 뜻인데도, 많은 화자들에게 그것이 bimonthly만큼이나 의미가 헷갈린다고 한다(Quirk 외 1973: 부록 1).

uni-, mono-	'하나'	unilateral, unicorn, unicellular monotheism, monotonous
bi-, di-	'둘'	biped, biceps, bilingual, dichotomy, diphthong
tri-	'셋'	tripartite, triangle, triarchy
multi-, poly-	'많은'	multiracial, multipurpose, polysyllabic, polygamy, polyglot

■ 물음 2 ■

Study the examples below and answer the questions that follow:

monoism	unique
monologue	unilateral
monolingual	unitary
monolith	unify
monogamy	unipolar
monogenesis	unidirectional
monorail	unicycle

(a) What is the meaning of the prefixes *mono-* and *uni-*?
(b) What bases can these prefixes be attached to normally?
   List as many relevant factors that play a role in the selection of these prefixes as you can think of.

(Katamba 1993: 84)

8.2.9 기타 접두사

이밖에 특별히 기억해 둘만한 접두사로는 '자신의'(=self)의 뜻인 auto-, '신..., 소생한'(=new, revived)의 뜻인 neo-, '범..., 전...'(=all, world-wide)의 뜻인 pan-, '최초의, 원시의'(=first, original)의 뜻인 proto-, '반...'(=half)의 뜻인 semi-, '부..., 대리...'(=deputy)의 뜻인 vice-, '등..., 동...'(=same)의 뜻인 iso- 등이 있다.

auto-	'자신의'	autograph, autobiography
neo-	'신.../소생한'	neo-Gothic, neoclassicism
pan-	'범.../전...'	pan-Africa, panacea
proto-	'최초/원시의'	prototype, proto-language
semi-	'반...'	semicircle, semiproductivity
vice-	'부.../대리...'	vice-president, vice-consul
iso-	'등.../동...'	isogloss, isochronism

■ 물음 3 ■

Write the meaning of each italicized prefix and give another example containing the same prefix with the same meaning.

1. *anti*freeze _____
_____

2. *co*author _____
_____

3. *circum*vent _____
_____

4. *dis*believe _____
_____

7. *post*war _____
_____

8. *pro*ceed _____
_____

9. *retro*active _____
_____

10. *semi*final _____
_____

5. *inter*vene _____   11. *sub*standard _____
                _____   _____
6. *intra*mural _____   12. *super*human _____
                _____   _____

(Stageberg 1981: 90)

■ 물음 4 ■

Given below are words that begin with a prefix. Sort them out according to the meaning categories of the prefixes.

decentralize	decode	insane	disloyal
semiconscious	irrelevant	discourteous	transmit
foreshadow	tricycle	disobey	supersonic
archenemy	monoplane	asymmetrical	de-escalate
transplant	archtraitor	dislike	prototype
monotheism	protoplasm	semifinal	tripod

(Broderick 1975: 40)

8.3 접미사 첨가

접두사와는 다르게 접미사는 어기의 품사를 바꿀 때가 많다. 반면에 모든 고유 접미사와 대다수의 외래 접미사들은 그것들이 첨가된다고 해서 어근/어기의 강세 위치가 달라지지 않는다(*father/fatherhood, good/goodness, fulfill/fulfillment, love/lovable*). 그러나 뒤에 다시 언급하겠지만, -al, -arian, -ary, -ation, -ee, -een, -eer, -ese, -esque, -ette, -ial, -iana, -ic, -ician, -ious, -ity와 같은 접미사들은 접미사가 붙지 않았을 때의 강세형과 비교하여 강세 이동이 수반된다(Marchand 1969: 221).

접미사는 그 의미에 따라, 또 접미사 첨가에 의해 형성되는 단어의 부류 및 그 접미사가 첨가되는 어기에 따라 이름이 붙여진다(Quirk 외 1973; Stageberg 1981 참조). 필요할 경우에는 명사 파생(denominal), 형용사 파생(deadjectival), 동사 파생(deverbal) 등의 용어를 사용하여 파생된 단어들, 예컨대 worker는 동사파생 명사, hopeful은 명사파생 형용사처럼 지칭할 수도 있을 것이다.

8.3.1 명사 → 명사 접미사

명사파생 명사는 비록 통사 범주가 달라지지는 않더라도, 직업인(occupational), 여성형(feminine), 지소형(diminutive), 신분/영역(status, domain) 등 의미 기능에서 접미사를 붙이기 전의 명사형과 차이가 난다.

8.3.1.1 직업인 접미사

접미사 -ster, -eer, -ist는 '... 관계자', 좀더 구체적으로는 '어떤 직업이나 활동에 종사하는 사람'(=person engaged in an occupation or activity), -er은 '(어느 고장의) 사람/거주자'(=inhabitant of X) 등의 다양한 의미를 갖는다.

-ster	gangster, prankster, songster, youngster	
-eer	engineer, auctioneer, mountaineer, profiteer	
-er	fruiterer, farmer, geographer, villager, teenager, Londoner	
-ist	violinist, guitarist, alpinist, novelist	

8.3.1.2 여성형 접미사

영어에는 여성형 접미사(feminine suffixes) -e, -enne, -ess, -etta, -ette, -euse, -ina, -ine, -ster, -ix를 갖는 일단의 명사들이 있다. 이 접미사들 가운데 -ster 하나를 제외한 나머지는 외국 어원이다. 그나마 -ster도 이제는 어느 사람, 대개는 남성을 가리킨다(예: *gangster, oldster, prankster*).

	남성형	여성형
-e	fiancé	fiancée
-enne	Parisian	Parisienne
-ess	patron	patroness
-etta	Henry	Henrietta
-ette	farmer	farmerette
-euse	masseur	masseuse
-ina	George	Georgina
-ine	hero	heroine
-ster	spinner	spinster
-ix	aviator	aviatrix

(Stageberg 1981: 101)

이 중에서 -enne, -euse는 프랑스어에서 차용된 단어에서만 나타나고, 역시 프랑스어에서 온 -e는 단순히 철자상의 문제이어서 구어에서는 들리지 않는다. -ette는 지소형 접미사로도 쓰인다. 오늘날 여성형은 그 쓰임이 현저하게 둔화되어, Stageberg(1981: 101n)의 말대로 aviatrix나 poetess 대신에

pilot나 poet를 쓰는 경향을 보인다.

■ 물음 5 ■

Write the feminine form (or erstwhile feminine form) of these words.

1. Paul　　_____
2. chanteur　_____
3. protégé　_____
4. czar　　_____
5. songster　_____
6. executor　_____

7. duke　　_____
8. heir　　_____
9. comedian　_____
10. murderer　_____
11. emperor　_____
12. tricker　_____

(Stageberg 1981: 102)

8.3.1.3 지소형 접미사

영어에서는 여섯 개의 지소형 접미사(diminutive suffixes)를 찾을 수 있다. 이것들은 하나 같이 '작음'(=smallness)이나 '귀여움'(=endearment) 또는 둘 다의 의미를 표시하는 형태소이다. 특히 철자와 관계없이 /-i/로 발음되는 -ie, -i, -y는 아주 생산적이어서, (흔히 절단에 의한) 단음절 이름에 붙여 '친밀감'(familiarity)을 더해준다(예: *Jackie, Tommy*). 그리고 doggie, sweetie, birdie에서처럼 보통 명사에도 붙는다. 나머지 접미사들은 일반적으로 '작음'을 가리키며, -ette를 제외하고는 거의 생산성이 없는 것들이다.

　　-ie, -i, -y　　　　birdie, doggie, Johnny,
　　　　　　　　　　daddy, auntie, Geri
　　-ette　　　　　　kitchenette, cigarette, statuette

-kin, -ikin, -kins	lambkin, manikin
-ling	duckling, darling, wolfling
-et	bullet, circlet
-let	booklet, bracelet, starlet, piglet

　　Stageberg(1981: 102)도 지적했듯이, 지소형 접미사의 모음은 (음성 상징으로 짐작이 가듯이) 세 전설모음(front vowels) /i/, /ɪ/, 그리고 /ɛ/ 중의 하나이다(3.4.3절 유어 공통음 참조).

■ 물음 6 ■

Give a noun diminutive form for each of the following words.

　　1. Bob ＿＿＿＿＿　　　7. duck ＿＿＿＿＿
　　2. goose ＿＿＿＿＿　　8. pack ＿＿＿＿＿
　　3. statue ＿＿＿＿＿　　9. pig ＿＿＿＿＿
　　4. drop ＿＿＿＿＿　　10. man ＿＿＿＿＿
　　5. kitchen ＿＿＿＿＿　11. bird ＿＿＿＿＿
　　6. lamb ＿＿＿＿＿　　12. stream ＿＿＿＿＿

　　　　　　　　　　　　　　(Stageberg 1981: 103)

8.3.1.4 신분 · 영역 접미사

　　이밖에 '상태 · 신분'(=status, condition), '...권/영역'(=domain)의 뜻으로 이해되는 -hood, -ship, -dom, -(e)ry 등의 접미사가 눈에 띈다. 이 가운데 -ery는 또 '...원, ...상점'(=place of activity or abode) 또는 (집합적으로) '...류'(=collectivity)의 의미까지 있다.

-hood	boyhood, manhood, brotherhood
-ship	friendship, dictatorship, membership
-dom	kingdom, stardom, martyrdom
-(e)ry	foolery, slavery, nunnery, pottery, machinery, drapery, jewellery

8.3.2 명사/형용사 → 명사/형용사 접미사

'...의 사람/국민'(=member of community, nationality), '...의 신봉자/주의자'(=member of a party, faction/type), '...성질의 (사람)'(=pertaining to...), '...주의'(=attitude, political movement) 등 여러 의미를 갖는 접미사들을 한데 모았다. 여기서 다루는 -ist는 직업과 관련된 것이 아니라 어떤 주의에 매달리는 사람을 가리킨다(cf. *communist/communism*).

-ite	Israelite, socialite, Hitlerite
-(i)an	Mongolian, Indonesian, republican
-ese	Chinese, Vietnamese, Japanese
-ist	socialist, Buddhist, pessimist
-ism	Naziism, idealism, communism

8.3.3 동사 → 명사 접미사

'...하는 사람/도구'(=agentive/instrumental)를 나타내는 접미사로는 -er, -or, 그리고 -ant가 두드러져 보이고, payer/payee, employer/employee에서 확인할 수 있는 것처럼 -ee에는 피동(passive)의 의미가 들어 있다. 기타 동사 파생 명사를 만드는 접미사로는 -ation, -ment, -al, -ing, -age같은 것들이 중요하다.

| -er, -or | hunter, driver, actor, reaper, receiver, cooker, burner |
| -ant | occupant, inhabitant, disinfectant |

-ee	payee, employee, nominee, detainee, absentee
-ation	exploration, donation, organization
-ment	amazement, argument, reenforcement
-al	refusal, dismissal, avowal
-ing	driving, reading, building
-age	leakage, drainage, passage

8.3.4 형용사 → 명사 접미사

형용사를 어기로 하여 '상태·성질'(=state, quality)을 나타내는 접미사로 가장 중요한 것은 -ness와 -ity이다. 그밖에 -hood, -th 등은 이들에 비해 생산적이지 못하다.

-ness	sullenness, dearness, stiffness, barrenness, neatness
-ity	vanity, opacity, falsity, obesity
-hood	falsehood, likelihood
-th	truth, dearth

8.3.5 (명사/형용사 →)동사 접미사

동사화 접미사로는 '사역'(=causative)의 의미를 갖는 -ify, -ize, -ate 그리고 -en 정도가 있을 뿐이다. 이것들은 모두 명사와 형용사를 어기로 한다. -en은 '...되다'(=become)의 뜻도 있어서 형용사(또는 일부 명사)를 자동사로 만들기도 한다.

-ize	popularize, immunize, naturalize, organize, criticize
-ify	simplify, codify, signify
-ate	orchestrate, vaccinate, facilitate
-en	deafen, whiten, sadden, heighten, lengthen

- ■ 물음 7 ■

Write the verb form containing *-ize,* *-ify,* or *-en* for each of the following words.

1. glory _____
2. ideal _____
3. neat _____
4. damp _____
5. ripe _____
6. diverse _____
7. sad _____
8. symbol _____
9. null _____
10. public _____
11. ample _____
12. hospital _____

8.3.6 명사 → 형용사 접미사

형용사 접미사들은 그 예만 보아도 그 의미가 짐작되는 것들이 많다. -ful, -less, -ly, -like, -en, -ish, -y, -ian, -ed 등이 바로 그런 예들인데, 이 가운데 -ish에는 간혹 (-ly나 -like에 비교해 볼 때) 경멸적 의미가 있음은 전에도 언급한 바 있다. -y는 '...같은'(=like)과 '...으로 덮인'(=covered with), -ian은 '...류의'(=in the tradition of ...)의 뜻이다.

-ful   sinful, helpful, pitiful, awful
-less   hopeless, childless, homeless
-ly   manly, cowardly, beastly, miserly, worldly, princely
-like   childlike, womanlike, silverlike
-en   wooden, waxen, silken, earthen
-ish   snobbish, childish, boorish, slavish, bookish, heathenish, Jewish
-y   creamy, hairy, bloody, juicy
-ian   Darwinian, Markovian, Chomskyan
-ed   pointed, gifted, talented

차용어와 신고전어에 자주 보이는 형용사 접미사에는 -(i)al, -ic, -ical, -ous(또는 -eous, -ious) 등이 있다. -ic와 -ical은 같은 의미의 것이긴 하나 일부 형용사에서는 뜻을 달리해서 쓰인다(예: *economic/economical, historic/ historical*). 예가 흔하지는 못해도 -ary, -ate, -ory도 주목할 만하다(예: *revolutionary, affectionate, obligatory*).

    -al, -ial   postal, editorial, pivotal
    -ic, -ical   heroic, geometrical
    -(e/i)ous   virtuous, courteous, vivacious, poisonous, villainous, glorious

8.3.7 기타 형용사 접미사

동사 파생 접미사로 -ive, -ative, -itive과 -able, -ible 그리고 형용사 파생 접미사로 '약간 ...의 기미가 있는'(=somewhat)의 의미를 더하는 -ish는 기억해 두어야 한다.

    -(at/it)ive   attractive, talkative, repetitive
    -able, -ible   acceptable, recoverable, forcible
    -ish   youngish, yellowish, coldish

8.3.8 (형용사/명사 →) 부사 접미사

마지막으로 부사를 만드는 접미사로는 -ly, -ward(s), -wise의 셋이 중요하다. -wise는 '...의 양식/방향으로'(=in the manner/direction of) 또는 '...에 있어서는'(=as far as ... is concerned)의 어느 한 의미로 쓰이게 된다.

    -ly   readily, happily, oddly, basically, semantically
    -ward(s)   backward(s), eastward(s), homeward(s)
    -wise   clockwise, crabwise, crosswise

> ■ 물음 8 ■
>
> In these words the root is italicized. After each word write the number of suffixes it contains.
>
> 1. *person*alities _____   5. *greas*ier _____
> 2. contra*dict*orily _____   6. *atom*izers _____
> 3. *organ*ists _____   7. *petr*ified _____
> 4. *flirt*atiously _____   8. *trust*eeship _____

8.4 파생어

　접두사 첨가(prefixation) 또는 접미사 첨가(suffixation)를 거쳐 만들어진 단어를 파생어(derived words 또는 derivatives)라고 부른다. 반면에 어근이 마침 의존형이 아니어서 그대로 단어로 쓰이는 것은 파생 과정을 거치지 않은 단어라 하여 미파생어(underived words)라고 한다. 두말할 필요도 없이 미파생어 자체는 형태론에서 분석의 대상이 되지 않는다. 파생어는 둘 이상의 형태소로 구성된 복합어(complex words)인데, 첨가되는 접사의 수효에는 원칙적 상한 같은 것은 없다. 그러나 접두사의 경우에 (*anti-mono-poly, re-in-force*에서처럼) 두 개 접사가 보이는 예가 있다고 해도 일반적으로는 하나 뿐인 것이 보통이고, 접미사는 셋이나 넷까지 겹쳐 나올 수 있다. 예를 들어, normalizers는 어근 norm에 네 개의 접미사 -al, -ize, -er, -s가 이 순서로 붙은 꼴이다. 여기서 복수의 -s는 굴절 접미사이고 그 앞의 셋은 파생 접미사들이다. recyclable의 경우는 어근 cycle의 앞뒤에 파생 접사가 하나씩 붙은 꼴이어서 다소 머뭇거려질지 모른다. 그러나 접두사 re-는 동사를 어기로 한다는 점을 생각할 때, 역시 re-가 접미사 -able에 앞서 첨가된 것이 틀림없다. 이렇게 여러 접사가 첨가될 때에 그 순서는 거의 고정되어 있다. 하위범주화틀은 그래서 필요한 것인데, 이것만으로는 판단하기 곤란할 때가 있다. 문제의 내용을 절을 바꾸어 알아보기로 하자.

■ 물음 9 ■

Each group contains a root and suffixes. Make each into a word. In each case see if more than one order of suffixes is possible.

1. -ism, Mongol, -ian
2. -er, -s, moral, -ize
3. -ly, affect, -ion, -ate
4. -ly, -some, grue
5. -dom, -ster, gang
6. faith, -ful, -ness
7. -ize, -al, industry, -ation
8. in, -most, -er

8.5 두 부류의 영어 접사

4.3절에서 파생과 굴절에 관한 논의를 끝맺음하면서 파생 접사는 몇 개이든 어근 가까운 쪽에 위치하고 그 다음에 굴절 접미사가 붙으면서 단어를 마감한다고 했다. 이것은 곧 단어 안에서 파생 접사와 굴절 접사가 나타나는 차례를 말해주는 것이다. 이 절에서는 Siegel 1974와 Allen 1977, 1978을 중심으로 파생 접사에 대한 새로운 안식을 갖추기로 한다.

8.5.1 부정 접두사 in-과 un-

영어의 부정 접두사 in-과 un-이 보이는 음운 변화의 차이는 일찍부터 알려져 있던 것이었지만, 형태론과 의미론의 측면까지 따지려 한 것은 Allen(1977)이 처음이었다. 먼저 음운론적으로 볼 때 in-은 모음이나 다른 자음 앞에서는 그대로 /ɪn/이지만(*inactive, indecent*), 양순음(p, b, m) 앞에서는 /ɪm/ (*improper, immature*), 연구개음(k, g) 앞에서는 /ɪŋ/ (*incoherent, inglorious*), r 앞에서는 /ɪr/ (*irregular, irreducible*), l 앞에서는 /ɪl/ (*illogical, illegitimate*)로 실현된다. 이처럼 in-이 반드시 비음 동화(nasal assimilation)를 겪는 데 비하여 un-은 그렇지 못하다. 다음의 예를 비교해 보라.

*im*balance	*un*balance
*im*moral	*un*moral
*ir*religious	*un*religious
*il*legal	*un*lawful
*iŋ*gratitude	*un*grateful

모두 그렇지는 않지만, 적어도 다음과 같은 예는 in-이 강세(stress)와 무관하지 않음을 말해준다.

ínfamous, ínfinite, ímpotent, ímpious, ínnocent (cf. innócuous)

그러나 un-으로 인해 강세가 바뀌는 예는 어디에서도 찾을 수 없다.

형태론면에서 in-은 단어 뿐 아니라 *ert, *placable, *trepid, *sipid, *maculate 같이 단어가 아닌 것에도 붙는다. 이와 대조적으로 un-의 어기는 항상 단어이다. 사전을 찾아보면, un-이 단어가 아닌 *couth, *canny, *toward, *ruly, *daunted 따위에 붙는 예가 눈에 띄지만, 이러한 예외들은 모두 한 때 단어로 쓰였다가 소멸되었거나 적어도 어느 특수한 방언에 고형으로 남아 있는 것들이라고 한다(Allen 1977n 참조).

끝으로 의미 합성으로부터의 일탈 정도에 있어서 in-은 un-과 분명히 다르다. 가령 *sipid가 (일부 사전에 있듯이) '맛이 좋은'이라는 독립적인 의미를 지닌다 해도 insipid는 이것의 부정 이상의 어떤 다른 의미를 갖게 되며, 이 점은 indisposed/undisposed, immoral/unmoral, irreligious/unreligious 등의 예에서도 다시 확인할 수 있다.

지금까지 부정 접두사 in-과 un-을 비교적 상세하게 살펴본 까닭은 그것이 영어의 파생 접사를 나누는 길잡이가 되기 때문이다.

8.5.2 접사의 배열

형태부가 층위(level)를 이루며 짜여 있다는 생각은 그 시원을 고대 인도의 범어학자 Pāṇini에서 찾고 있다. 그의 생각은 Whitney(1889)와 Bloomfield(1933)로 이어져 "1차"(primary)와 "2차"(secondary) 접사첨가의 구분으로 나타났다. 이 개념을 생성문법 안에 처음 도입한 것은 다름 아닌 Dorothy Siegel(1974)이었다. 그녀는 구조언어학의 연접(juncture) 개념을 이은 소위 경계(boundary) 부호와 관련한 SPE(Chomsky/Halle 1968)의 문제점을 되짚어 보고 나서, 영어의 접사들을 1군(class I)과 2군(class II)의 두 부류로 나눌 수 있음을 보였다. (여기에서 우리는 보다 전통적인 이름인 1차 접사와 2차 접사를 대신 사용하고, 불필요하게 복잡해지는 것을 피하기 위해 경계 부호 +, #는 쓰지 않기로 한다.)

   1차 접사: in-, de-, con- 및 기타 라틴계 접두사
       -ic, -ity, -ous, -ian, -ate, -ion, -ory, -ive, -ize, -y(N) 등
   2차 접사: un-, ex-, re-, pre-, mono-, anti-, extra-, bi-, non-, -less,
       -ness, -ful, -er, -able, -ly, -ish, -hood, -y(A) 등

이렇게 나누어 놓고 보면, 일반적으로 강세를 결정짓는 라틴어계(Latinate) 접사가 1차 접사에 속하고, 강세 중립의 게르만어계(Germanic) 접]사가 2차 접사에 속함을 알 수 있다. 이같은 관찰을 근거로 Siegel(1974:

152)은 어휘부 구조에 대하여 영어에서 1차 접사는 2차 접사에 선행한다는 이른바 배열 가설(ordering hypothesis)을 내놓았다. 바꾸어 말하면, 2차 접사는 1차 접사의 바깥쪽에 나타날 수 있지만, 1차 접사는 2차 접사의 바깥쪽에 나타나지 못한다는 것이다. 예를 들면, 접미사 -ian$_1$과 -ism$_2$이 함께 나올 때 1차 접사 -ian$_1$ 다음에 2차 접사 -ism$_2$이 나온 Mongolianism/Mendelianism은 적형이겠으나 *Mongolismian/ *Mendelismian은 2차 접사 -ism이 1차 접사 -ian에 선행하기 때문에 불가하다. 만약 -er$_2$의 경우를 고려한다고 해도 결과는 비슷해서, dissenterism은 옳은 형이 되겠지만, *dissenterian은 적형이 되지 못한다(cf. *Hitlerian, Carterian*). Jensen(1990: 84)도 지적한 바 있지만, 이것은 단순히 접미사의 하위범주화틀에 근거하여 설명될 수 있는 문제가 아니다.

    (a) -ian]$_A$ / N _____
    (b) -ism]$_N$ / {N, A} _____
    (c) -er]$_N$ / V _____

이 하위범주화틀에 보이듯이, -ism은 명사화 접미사이고 -ian은 명사에 붙여 형용사를 만들기 때문에 *Mongolismian이나 *Mendelismian은 말할 것 없고 *dissenterian도 적형이 못 될 까닭이 없어 보인다.

  두 종류의 파생 접사를 구분하는 이유가 여기에 있다고 하겠다. 일반적으로 (dissenterism처럼) 같은 부류에 속하는 접사들의 배열 순서는 접사가 취하는 어기의 품사 및 특성에 좌우되는 것이다. 그러나 위의 가설은 (드물긴 하지만) 다음의 예들처럼 같은 부류의 두 접미사끼리 서로 순서를 달리하여 나오는 경우를 역시 배제하지 않는다(Selkirk 1982: 92).

    (a)   -ous$_1$-ity$_1$:   monstrosity
           -ity$_1$-ous$_1$:   proclivitous
    (b)   -less$_2$-ness$_2$:   fearlessness
           -ness$_2$-less$_2$:   tendernessless

참고로 Chapin(1970)은 tendernessless같은 -ness-less형은 인정하지 않는다 (cf. *witnessless*; *witlessness*).

■ 물음 10 ■

Use the data below to argue that the two distinct -*al* suffix morphemes must be recognized.

acquittal	arrival	referral	betrayal
refusal	disposal	perusal	retrieval
dispersal	reversal	removal	burial
original	anecdotal	presidential	architectural
medicinal	intellectual	residual	instrumental
ancestral	habitual	conceptual	commercial

Note: In your analysis, pay attention to the following: (i) the meaning of the suffix; (ii) the word-class of the bases to which it attaches; (iii) the word-class of the resulting word; (iv) the effect, if any, that the -*al* has on stress.

(Katamba 1994: 118)

앞에서 파생 접사는 굴절 접사에 비해 어근 가까이에 놓인다고 했지만, Siegel의 가설은 이 가운데 파생 접사의 경우를 1차 접사와 2차 접사로 다시 세분하여 말해주는 것이다. 이에 따라 영어의 접사의 배열순을 다시 정리해 보이면 아래와 같다.

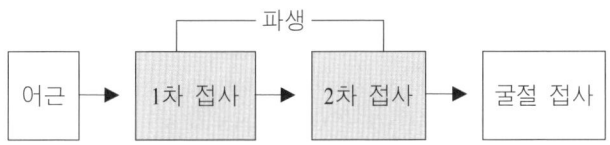

■ 물음 11 ■

Explain why the word-formation rules can generate the words in (a) but not those in (b):

    (a) implausible   incorrectly   indelible   inconclusive
    (b) *impiggish   *ingirlishly   *instylish   *immannish
                                                   (Katamba 1993: 151)

■ 물음 12 ■

With Siegel's hypothesis in mind, state whether the affixes in each word below are primary or secondary.

1. un abash ed
2. use ful ness
3. form al iz ation
4. un fathom able
5. en croach ment
6. Christ en dom
7. creat iv ity
8. de odor ant
9. re new al
10. por ous ness

8.5.3 접사 첨가의 내재적 순서

접사의 첨가 내지 배열 순서는 외재적으로 결정되는 듯이 보일 수 있다. 게다가 접사의 첨가가 순환적인 듯한 다음의 자료를 설명하기 위해서는 어떤 특별한 장치가 필요한 것 같다(cf. Chapin 1970: 59). (부호 >는 "선행하다"(precedes)로 읽는다)

(a) -al   > -ize   (*centralize, brutalize*)
(b) -ize > -ation (*immunization, standardization*)
(c) -ation > -al   (*formational, coeducational*)

그렇지만 접사들간의 가능한 첨가 순서는 내재적(intrinsic)일 뿐이다. 이 말은 접사들끼리 알아서 순서를 잡는다는 뜻이니, 사실상 어형성 규칙 (word-formation rules)에 특별한 적용 순서 같은 것은 없다는 말이다(Aronoff 1974: 61-62). 이 체계에서 요구되는 것은 각 접사의 어기에 대한 형태적 제약 정도이다. 이 제약은 곧 접사의 하위범주화틀로 나타나는 것인데, (이미 짐작했듯이) -al의 어기는 (추상) 명사이고, -ize의 어기는 형용사, 그리고 -ation의 어기는 동사이어야 한다. 이제 각 접사가 가지고 있는 범주를 생각하면서 아래 예를 들여다 보면 접사의 첨가가 왜 내재적 순서(intrinsic ordering)에 의한 것이라고 말하는지 이해할 수 있을 것이다.

[[[[organ]$_N$ iz]$_V$ ation]$_N$ al]$_A$
[[[[industri]$_N$ al]$_A$ iz]$_V$ ation]$_N$
[[[[sens]$_V$ ation]$_N$ al]$_A$ ize]$_V$

다만 여기서 -ize는 1차 접사로 보아야 함에 주의하라. (2차 접두사 un-이 1차 접미사 -ity에 앞서 첨가된 듯이 보이는 *ungrammaticality*처럼) 예외적인 설명을 요구하는 경우가 없지 않지만, 그래도 (같은 접두사 또는 접미사 자리에서) 1차 접사와 2차 접사의 배열 순서는 반드시 지켜져야 하는 것이다.

■ 물음 13 ■

So far we have seen that if more than one derivational suffix or prefix is added to the same word, they must be added in a particular order. Can the same argument be made if exactly one derivational prefix and suffix are added to the same word, as in *unhappiness*?

(Murry 1995: 171)

■ 물음 14 ■

Contra Aronoff(1976) and others who take -*ize* to be stress-neutral, there is evidence to indicate that it is indeed a primary/Class I suffix. Can you argue for the primary status of -*ize*?

(based on Siegel 1974: 186-187)

9장 제로 파생과 전환

9.1 전환

전환(conversion)이란 어떤 단어가 접사의 첨가 없이 그 품사(word class)를 바꾸는 파생 과정이다. 다음은 Quirk 외(1973: 부록 1)가 제시한 예이다.

(a) They *released* him.   They ordered his *release*.
(b) They *acquitted* him. They ordered his *acquittal*.

위의 (a)에서 동사 release는 명사 release와 대응하는데, 이 관계는 (b)에서 동사 acquit와 명사 acquittal 사이의 관계와 비슷한 것으로 보인다.

아마 'conversion'이란 술어는 Sweet(1891: 38)가 처음 썼던 것으로 보이며, Kruisinger(1932)와 다른 학자들이 그를 따랐다(Marchand 1969: 360). 가끔 위의 release처럼 품사가 완전히 바뀌는 것은 완전 전환(total conversion)이라고 하여 부분 전환(partial conversion)과 구별하기도 하는데(Adams 1973: 16; cf. Bauer 1983: 227), 후자는 기본적으로 통사론의 문제이다. 부분 전환의 예로는 "the *poor* are always with us"나 "at his *best*"에서의 poor, best가 있다.

(완전) 전환에 의한 단어는 굴절을 포함하여 새 품사의 모든 특성을 띤다. 그래서 명사 bottle로부터 전환에 의해 도출된 동사 bottle은 동사의 모든 굴절 접미사를 취할 뿐 아니라 동사를 어기로 하는 파생 접미사가 붙기도 한다(예: *bottled, bottler*).

9.1.1 전환의 예시

전환과 제로 파생의 두 개념을 비교하기에 앞서 우선 그 동안 이 제목으로 다루어졌던 자료에 익숙해지는 것이 필요할 것 같다. 어쩌면 영어 특유의 현상으로 보이는 이 현상은 동사→명사, 명사/형용사→동사에 특히 많은 예가 보인다(cf. Marchand 1969: 362-363). 지금부터 제시하게 될 분류는 Adams(1973: 4장), Marchand(1969: 368-370), 그리고 Quirk 외(1973: 부록 1)의 것에 근거한 것이다.

9.1.1.1 동사 전성 명사

동사→명사(verb to noun)는 명사가 행위의 주체, 행위의 구체적 객체 또는 결과, 그리고 행위의 추상적 결과 중 어느 것에 해당하는지에 따라 세 부류로 구분해 볼 수 있을 것 같다.

    A. 행위의 주체(agent of action): '~하는 사람'(=one who)

        (타동사>): bootblack, chimney sweep, cheat, spy, (home) help, bore
        (자동사>): drop-out, flirt, rebel, go-between

    B. 행위의 구체적 객체/결과(concrete object/result of action): '사건, 활동'(=event, activity), '~하는 방법'(=manner of V-ing), '~하는 곳'(=place to V) 등

        (타동사>) drink, catch (of fish), answer, find, import, suspect, meet, cure, polish, make-up, refill, sting
        (자동사>) cough, walk, smile, sigh, whisper, turn, retreat, lounge, pass

사실 *give* a shudder, *have* a look, *make* a move, *take* a stroll처럼 특정 동사

와 함께 나오는 명사들도 물론 여기에 포함되지만, 이 부분에 대해서는 별도의 지면을 할애하지 않겠다.

  C. 행위의 추상적 결과(abstract result of action): 위의 '구체적 결과'와 적잖은 예들이 겹치지만, 여기에 속하는 명사들은 부정 관사 없이 사용되는 것들이다.

    (타동사 >) acclaim, attack, command, need, desire, dislike, defeat, surprise, dismay, rescue, award, murder, arrest, aid, praise, support
    (자동사 >) advance, collapse, decay

9.1.1.2 명사 전성 동사

명사 → 동사(noun to verb)의 밑바닥에 가려진 관계는 통사적 표현을 빌어 술어-목적어, 술어-주격 보어, 술어-목적 보어, 그리고 술어-부사구로 서술할 수 있다(Marchand 1969: 369). 이것은 풀이 문장(paraphrase sentence)에서 명사가 갖는 문법적 기능에 따른 것이다. 예시를 위해, 동사 fish, head, beggar, axe는 어떻게 분류되는지 보자(Adams 1973 참조).

    fish   : 술어-목적어
                (cf. John catches, or seeks to catch, *fish*)
    head : 술어-주격 보어
                (cf. John is the *head* of the expedition)
    beggar : 술어-목적 보어
                (cf. John makes Bill a *beggar*)
    axe   : 술어-부사구
                (cf. John fells the tree with an *axe*)

그리고 문법적 관계는 같지만, 의미 유형을 달리하는 것들도 적지 않다. 아래에서 이따금 하위 분류를 통해 보이려 한 것은 바로 이러한 경우이다.

  A. 술어-목적어(Predicate-Object): 풀이를 위해 사용되는 동사가 catch, produce, perform, play(악기), copy이냐에 따라 더 세분할 수도 있지만, 여기서는 간단하게 처리하기로 한다. 다 그렇지는 않더라도 대체로 의미가 짐작되는 것들이기 때문이다.

    자동사: fish, echo, pattern, steam, joke, gesture, motion, race, view, file, drum, panic
    타동사: experience, pity, mimic, picture, copy, echo, model

  B. 술어-주격 보어(Predicate-Subject Complement): 구체적 의미 내용은 '~의 역할을 맡다'(=to take on the role of N), '~처럼 행동하다, ~를 닮다'(=to behave in the manner of N, to act as, resemble, N)

    타동사: captain, father, nurse, tutor, rival, witness, usher, mother, ape, dog, bridge, flood, shadow, treasure
    자동사: bum (around), fork, ooze, tower

  C. 술어-목적 보어(Predicate-Object Complement): '...을 ~로 만들다' (=to make someone/something N 또는 to change someone /something into N)

    타동사: beggar, cash, feature, cripple, fool, knight, wreck, orphan, widow

  D. 술어-부사구(Predicate-Adverbial Complement): Adams는 이것을 도구

(Instrument)와 처소(Locative), 그리고 (이름을 붙이지는 않았어도) 결성(Privative)의 셋으로 나누어 다루었는데, 여기서는 Marchand (1969: 369)을 좇아서 도구 동사 중 일부에 장식(ornative)의 의미를 부여하기로 한다.

D1. 도구 동사(Instrumental): '~을 도구로 ...하다'(=to perform an action by means of N)
   타동사: axe, brake, hammer, ink, mirror, x-ray, stone, rope, ring, padlock, knife, screw
   자동사: bicycle, ski, steam

D2. 장식 동사(Ornative): '~을 주다/제공하다'(=to give, provide with, N)
   타동사: carpet, salt, arm, powder, man, grease, finance, people, mask, name, wax, coat

D3. 처소 동사(Locative): '...을 ~에 놓다/ 넣다'(=to put someone/something in/on N); '~에 있다, ~로(들어) 가다'(=to be in, go (in)to N); '~기간을 ...에서 보내다'(=to be somewhere for the period of N)
   타동사: bottle, carpet, ground, land, book, list, pocket, cage, can, chair
   자동사: center, coast, land, surface, holiday, winter, weekend, vacation

D4. 결성(Privative): '...에서 ~을 제거하다'(=to remove N from someone/something)
   타동사: bone, scalp, skin, weed, peel, milk, dust, brain, gut

> ■ 물음 1 ■
>
> Though classified together, the verb *father* and the verb *mother* are not interpreted in the same way. Tell the difference between *to father a child* and *to mother a child*.
>
> (based on Adams 1973)

9.1.1.3 형용사 전성 동사

형용사 → 동사(adjective to verb)의 경우는 명사 전성 동사에 비해 그 수가 얼마 되지 않는다. 다음 예에서 자동사/타동사의 구분은 하지 않았다.

    dim, idle, blind, tame, busy (oneself), warm, clear, slow, cool, calm, dirty, dry, empty

대체적으로 '...하게 만들다/되다'(=to make/become adjective)의 뜻인 이 경우는 -en 접미사 첨가(cf. *deafen, sadden*)와 다투게 되어 때때로 같은 형용사에 대해 두 가지 파생법이 가능하기도 하다(Quirk 외 1973: 부록 1).

    He *blacked* his face with soot.
    He *blackened* his face with soot.

9.1.1.4 기타 전환

형용사 → 명사(adjective to noun)의 예로는 chemical '화학 물질' (=chemical substance), daily '일간 신문'(=daily newspaper), comic '희극 배우'(=comic actor) 등을 생각할 수 있지만, Quirk 외(1973: 부록 1)가 말하는 것처럼 쓰임이 정착된 「형용사+명사」의 구에서 명사가 생략된 것으로 설명하는 것이 보통이다(9.2.1절 참조). 전성 동사 중 encore, shoo 따위는 감탄사에서, further는 부사에서 온 것이다.

9.1.2 전환의 한계

그러나 '전환'이란 이름보다는 Jespersen(1942: 85)이 제안한 제로 파생(zero derivation) 또는 무접 파생(derivation by a zero suffix)을 좇는 입장도 만만치 않다(Marchand 1969; Adams 1973 등). 사실 제로 파생 쪽으로 기울게 만드는 자료는 바로 Quirk 외(1973: 부록 1)가 '근사 전환'(approximate conversion)이라 지칭한 경우이다. 여기서 근사 전환이란 문법 기능이 바뀌는 과정에서 발음 혹은 철자가 가벼운 변화를 겪는 것을 이르는 것인데, 가장 중요한 변화는 (a) 끝자음의 유성음화와 (b) 강세 이동이다. (명사 → 동사) 전환시 끝자음이 유성음으로 바뀌는 예로는 다음과 같은 것이 있다.

advice → advise   bath → bathe
thief → thieve   sheath → sheathe

그리고 (철자에 나타나지는 않지만) house → house, mouth → mouth 등의 예가 있고, tooth도 언젠가는 mouth의 뒤를 따를지 모를 일이다.

전환 과정에서 강세형의 변화가 수반되는 예들도 우리 눈에 많이 익은 것들이다.

명사   동사
cónduct   condúct
tórment   tormént

prótest	protést
cónvert	convért
éxtract	extráct
ínsult	insúlt
pérmit	permít
dígest	digést
cónvict	convíct

강세형의 변화는 뒤에서 다시 다루기로 하자. 아무튼 위의 두 가지 자료는 이러한 파생 과정들을 단순한 품사의 전환으로 보는 데 한계가 있음을 보여주는 것이다.

9.2 제로 파생

앞 절에서 전환의 일부 예들을 보았지만, 지금부터 제로 파생(zero derivation)이란 제목으로 다루려는 자료도 결국 같다. 문제는 같은 예라도 단순히 아무 형태상의 첨가 없이 품사가 바뀌는 것이라고 보면 전환이고, 일반 접사첨가의 경우와 같이 어떤 "보이지 않는"(invisible) 접사가 붙었기 때문에 품사가 달라지는 것이라고 보면 제로 파생이다.

아래 그림은 전환 또는 제로 파생이 일반 파생의 경우와 어떻게 다른지를 보여준다.

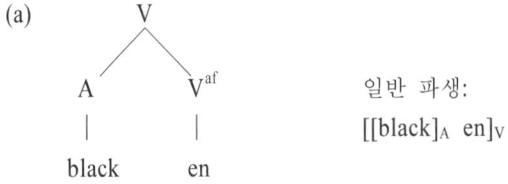

일반 파생:
[[black]$_A$ en]$_V$

(b)

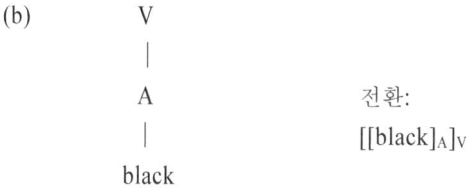

전환:
[[black]$_A$]$_V$

(c)

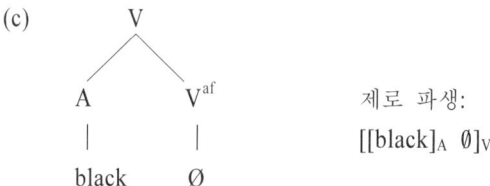

제로 파생:
[[black]$_A$ Ø]$_V$

전환과 제로 파생에 대해서 어느 쪽 견해가 옳은 것인지 판단하기는 결코 간단한 일이 아니고, 이것은 아직도 논의가 끝나지 않은 상태이다. 이 절에서는 Adams(1973)를 좇아 '제로 접미사'(zero suffix)의 개념과 이와 관련한 몇 가지 고려 사항들을 먼저 알아보고 나서 제로 파생의 유형을 상세하게 다시 짚어보기로 한다.

9.2.1 제로 접미사의 개념

제로 접미사(zero suffix)를 설정하는 것은 다음과 같은 단어들이 비교되기 때문이다.

(a) to *victimize* (명사 어간 + 동사 접미사)
    'to make someone a victim'
    to *beggar*   (명사 어간 + Ø 접미사)
    'to make someone a beggar'
(b) to *stabilize* (형용사 어간 + 동사 접미사)
    'to make something stable'

to *firm*　　　(형용사 어간 + Ø 접미사)
'to make something firm'

(Adams 1973: 37)

　　결국 전환을 위한 논거와 크게 다르지 않다. 같은 품사의 어간에 실질 형태소를 첨가하는 파생 과정과 마찬가지로 무엇인가 붙은 것이라고 보면 단어의 구조면에서 이해하기 편한 점이 있다.
　　영어에서 (*be-, en-, -ate, -ify, -ize* 등) 동사화 접사는 불과 얼마 되지 않기 때문에 명사와 형용사로부터 동사를 형성하는 데 제로 요소가 상당한 역할을 함은 쉽게 짐작이 간다. 명사화 접미사의 경우는 그 수가 훨씬 많고 그 중 (동사 어간에 붙는 *-ation, -er, -ment*같은) 일부의 접미사들은 매우 생산적임에도 불구하고 제로가 여전히 중요한 역할을 한다.

　　(c)　driver (동사 어간 + 명사 접미사)
　　　　'one who drives'
　　　　spy　(동사 어간 + Ø 접미사)
　　　　'one who spies'

　　형용사로부터 명사를 형성하는 접미사는 많지 않고, 또한 -ness 정도를 제외하고는 비생산적인 경향이 보인다. 그러나 제로 파생에 의한 예들은 뜻밖에 많은 편이다(예: *imbecile, rustic, intellectual, moderate, perishables*). 명사로부터 형용사를 만들 때에는 접미사 -ic이나 -ous가 많이 쓰이고, 제로 파생에 의한 예도 드물게나마 발견된다(예: *brute, level, dainty, commonplace*).
　　제로 접미사의 가장 중요한 기능은 아무래도 명사와 형용사로부터 새로운 동사를 만드는 것과 동사로부터 새로운 명사를 만드는 것이다. 그리고 제로 파생의 과정은 많은 합성어에서도 자주 목격하게 된다.

9.2.2 제로 파생의 방향

제로 파생에서 연관이 있는 두 단어 중 어느 것이 어기이고 어느 것이 파생어인지를 결정하기란 여간 어려운 일이 아니다(Adams 1973: 38-42; Ljung 1977: 165-166 참조). 그렇지만 많은 경우에 모국어 화자는 직관에 의거하여 꽤 정확한 결정을 할 수 있다. 우선 예를 몇 개 들어보자.

  to carpet (someone)
  to landscape (a garden)
  to tower (over something)
  to wolf (one's food)

모든 사람은 사전을 찾아보지 않고도 동사 carpet, landscape, tower, wolf가 같은 형의 명사에서 온 것임을 안다. 그것은 부분적으로 우리가 어떤 전형적인 패턴을 인지하고 있기 때문이다. 일례로 동물 이름으로부터 '그 동물처럼 행동하다'(=behave like that animal)는 의미를 갖는 일단의 동사들이 있는데, 여기에 wolf 따위가 속한다. 만약 둘 중에 어느 하나의 쓰임새가 덜 흔하다면 이것 또한 도출된 것이라는 느낌을 줄 것이다(cf. Kiparsky 1983). 위의 carpet, landscape의 경우가 바로 그렇다.

이따금 단어의 형태에 그것이 파생어임을 드러내 주는 표시가 있을 때가 있다. 동사 requisition은 특징적 명사형 어미를 갖고 있으므로 명사에서 파생된 것으로 여겨지고 또한 역사적으로도 그러했다. 그리고 gesture, lecture, puncture같이 -ure로 끝난 명사들은 Latin에서 차용한 것들로서 그 동사들은 특징적인 명사 모양으로 인하여 파생어로 보아 마땅하다. blacklist는 합성어인데, 동사 합성은 극히 드물고 대다수가 명사 혹은 형용사 합성어에서 온 것이다. 그러므로 동사 blacklist는 명사 blacklist에서 형성된 것이 분명해 보인다. 여기에서 두 번째 요소 list는 공교롭게도 명사와 동사가 있는 경우이다. 동사 whitewash의 경우도 같은 형의 명사에서 온 것이다. 비록 동사

wash가 명사 wash에서 파생된 것은 아니더라도, 합성 동사라고 하는 것이 파생된 것임을 웅변해 준다.

잘 알고 있는 것처럼 Romance계통의 2음절 동사와 명사는 강세에서 차이를 보일 때가 있다(예: combíne$_V$/cómbine$_N$, prodúce$_V$/próduce$_N$). 이와 같은 명사에서 첫 음절에 강세가 있다는 것은 그것들이 파생 과정을 겪은 것이라는 느낌이 들게 한다. 그러나 명사가 항상 도출된 것이라고 생각하면 안 된다. 예컨대 동사 segmént는 명사 ségment에서 도출된 것이다(Adams 1973: 39). 그리고 많은 쌍들은 강세로써 구별이 되지 않아서, cómbat, cómment, cóntact, prócess는 명사, 동사에 관계치 않고 첫음절에 강세가 있고, contról, repórt (cf. record, export), debáte, concérn, rebúke, regrét, retúrn은 항상 두 번째 음절에 강세가 있다.

만약 직관과 형태상의 표시로도 안 된다면, 역사적 증거에 호소할 수밖에 없을 것이다. 그렇지만 역사적 기록이 완전하지 못하여 꼭 믿을 게 못 될지 모른다고 Adams는 지적한다. 예를 들어, 명사 worship은 고대영어에 존재했고 그 동사가 처음 기록된 해는 1200년경이지만, 후자가 훨씬 전부터 영어에 있었을지 모른다. 그러면 stitch, wound, chain의 경우에 명사와 동사 중 어느 것이 먼저인가? 역사적 증거에 따르면 stitch와 chain의 경우에는 명사→동사일 가능성이 많다. 동사 stitch는 초기 중세영어에 나타나고 명사는 고대영어에 있었음이 확인된다. 동사 chain은 14세기말에, 그리고 명사는 14세기초에 나타난다. (그러나 동사와 명사 둘 다 Old French에 존재했었다.)

그래서 Adams(1973: 42)도 강조하듯이, 우리에게 중요한 문제는 역사적으로 무슨 일이 일어났느냐가 아니고 현재 새로운 명사와 동사가 제로 접미사에 의해 형성되는 패턴이 무엇이냐이다. 따라서 고대영어에 명사와 동사가 모두 있던 man도 동사가 명사에서 온 것으로 간주된다.

9.2.3 문제점

제로 파생에 대한 강한 거부감은 Matthews(1972: 191), Lieber(1980),

Bauer(1983: 32-33) 등 여러 문헌에서 비쳐진다. 그 이유는 간단하다. (여러 다른 기능을 가질 수밖에 없는) 제로 접사(zero affixes)를 운위한다는 것 자체가 이론상 미심쩍다는 것이다. 가령 우리가 단순히 문법 범주만 고려한다면, 어형성에서 필요한 제로 접사는 3-4개 정도일 것으로 생각된다. 그렇지만 의미적 측면도 고려하여 제로 접사를 $Ø_1$, $Ø_2$, ... $Ø_n$식으로 설정하려고 들면 그 수효가 얼마에 이르게 될지 모른다.

그럼에도 불구하고 Adams(1973: 16), Jespersen(1942: 6.1), Marchand (1969: 360) 등 많은 학자들이 전환보다는 제로 파생(zero-derivation)이란 술어를 선호하는 듯하다. 그리고 Marchand 등 소수의 예외가 있긴 하지만, 대부분의 학자들은 두 술어를 같은 뜻으로 사용하고 있다. 제로 파생을 보통의 파생과 다르게 취급하는 것은 일반성을 상실하는 것이므로, 그것들을 같이 취급하기 위해서는 제로 접사를 허용해야 한다는 Gruber(1976: 336-338)의 주장에 일리가 없지 않다. 그렇지만 이것은 아직 논란의 여지가 남아 있는 부분이다.

9.3 또 다른 시각

영어의 제로 파생에서 특별히 중요한 것은 N→V와 V→N의 두 경우이다. 예를 들어, 명사 consént$_N$, resérve$_N$는 동사에서 나온 것이고 동사 páttern$_V$, cómfort$_V$는 명사에서 나온 것이다. 이때 각 예의 강세가 이동하지 않는 점에 주목하라. 아마도 보다 잘 알려진 예는 permít$_V$/pérmit$_N$, protést$_V$/prótest$_N$일지 모른다. 그러나 두 음절로 된 이 같은 예들은 동사가 명사로 바뀔 때 강세가 둘째 음절에서 첫 음절로 옮겨질 수 있다는 점에서 앞의 것들과 다르다. 강세 이동을 보이는 예들을 아래에 더 적어보았다.

    conduct, conflict, contrast, convert, convict, export, import,
    insult, present, produce, rebel, record, extract, addict

■ 물음 2 ■

When verbs of two syllables are converted into nouns, the stress is sometimes shifted from the second to the first syllable. But there are also many examples of disyllabic noun-verb pairs which do not differ in stress. Give more examples of the latter case.

Kiparsky(1983)는 이 경우야말로 Lieber(1980)가 말하는 형태적 전환 (morphological conversion)에 의한 N/V쌍으로서, 각각 따로 강세를 받는 것이라고 주장한다. 이것들이 다음에 consént$_N$, páttern$_V$ 따위를 위한 제로 파생을 겪게 되면, 예컨대 permít$_N$, prótest$_V$같은 또 다른 형이 나올 수도 있다. 요컨대 Kiparsky의 입장은 전환과 제로 파생을 둘 다 인정하자는 것이다. 그의 이론 틀 속에서는 permit의 경우와 같은 3중어(triplet)까지도 전혀 문제 되지 않는다. 아래 도출 과정을 보라.

층위 1   páttern$_N$ consént$_V$ permít$_V$/pérmit$_N$
            ↓   ↓   ↓
층위 2   páttern$_V$ consént$_N$ permít$_N$

여기서 층위(level)란 말은 도출의 단계를 지칭하는 술어라고 이해하면 된다. 층위 1에서는 단어 강세가 부여되고 또한 강세와 무관하지 않은 1차 접사가 첨가되며, 층위 2에서 강세 중립의 2차 접사 첨가 및 합성이 있는 곳이라고 가정하자. Kiparsky는 이처럼 (N → V 또는 V → N) 제로 파생을 단어 강세가 부여되고 난 층위 2에 둠으로써, 제로 파생에 의한 명사나 동사의 강세형이 달라지지 않는 까닭을 설명할 수 있었다. 그리고 그가 지적했던 것처럼, bróadcàst$_V$ → bróadcàst$_N$, lípstick$_N$ → lípstick$_V$ 등 합성어의 제로 파생에 대해서도 비슷한 설명이 가능하다.

아마도 전환쌍(conversion pairs)의 보다 분명한 예는 expériment$_N$/expériment$_V$, ádvocate$_N$/ádvocàte$_V$일 것이다. 앞장에서 영어의 두 가지 접사를 구분한 적이 있다. 이 가운데 1차 접미사 몇 개를 옮겨 보자.

(a) 명사 + -al$_A$, -ary$_A$, -y$_N$
(b) 동사 + -ive$_A$, -ation$_N$

만약 experiment와 advocate의 두 형태들이 어휘부에 각각 따로 기재된다고 가정하면, 다음에서와 같이 1차 접미사의 첨가는 이미 예견되던 바이다.

[[experiment]$_V$-ation]$_N$ [[experiment]$_N$-al]$_A$
[[advocat]$_V$-ion]$_N$ [[advocat]$_N$-y]$_N$

■ 물음 3 ■

Consider the stress shift in dócument$_V$/dócument$_N$ and the lack of it in exháust$_V$/exháust$_N$. How can examples like *exhaustive* and *documentary* be accounted for?

위의 분석은 도구 명사/동사의 쌍에 의해 뒷받침된다. Ljung(1977)의 분석을 따라 Kiparsky(1983)는 도구 동사를 두 가지 종류로 나눈다.

(a) hammer, brush, paddle, string, whistle, saw, anchor, sting, comb, wedge
(b) tape, rivet, chain, button, staple, ink, bicycle, screw, pitchfork, padlock, hacksaw, snowplow

Kiparsky에 의하면 (a)는 N/V 전환쌍의 예이고, (b)에 보이는 예는 N→V 제로 파생에 의한 것이다. 이제 아래 예문을 보라.

N/V 전환쌍

One can *hammer* not only with a *hammer* but also with a *rock*, a *shoe*, and so forth.
He *brushed* his coat with his *hand*.
I *paddled* the canoe with a *copy of the New York Times*.
String him up with a *rope*!
Can you *whistle* with a *blade of grass*?
The prisoner *sawed* through the bars with her *dentures*.
She *anchored* the ship with a *rock*.
He *combed* his hair with his *fingers*.
He *wedged* the window open with a *screwdriver*.

N/V 전환쌍인 위의 경우에 의미상으로 명사는 그 행위를 위해 사용되는 가장 전형적인 도구에 지나지 않으며, 동사 자체는 어느 특정한 도구를 요구하지 않는다. 이와 대조적으로 다음과 같은 제로 파생의 경우에는 명사가 반드시 도구로 사용되어야 한다.

N→V(제로 파생)
*She *taped* the picture to the wall with *pushpins*.
*They *chained* the prisoner with a *rope*.
*Jim *buttoned* up his pants with a *zipper*.
*He *pitchforked* the manure with a *shovel*.
*Let's *bicycle* across France on our *tricycles*.
Screw the fixture on the wall with *nails*.

합성어의 제로 파생에 의한 동사 pitchfork, padlock, snowplow 등이 (b)의 유형과 맞아떨어지는 것은 당연하다.

끝으로 불규칙 굴절을 겪는 동사(예: string, saw, sting)는 모두 N/V 전환 쌍으로 분류된다. 반면에 제로 파생된 동사는 -ed를 붙여 규칙 변화를 보인다 (cf. *ring*—*rang*; *ring*—*ringed*). 다시 말해서 string, sting은 과거/과거 분사형이 strung, stung이므로 제로 파생된 ink, ring과는 구분되어야 한다는 것이다.

■ 물음 4 ■

Determine which of the following instrumentals can be classified as N/V conversion pairs?

axe	brake	cart	blue-pencil
mirror	plague	knife	sandpaper
shell	X-ray	stone	blanket
elbow	ransom	fence	eye
face	padlock	finger	paw
rope	voice	strap	knife

10장 합성

10.1 합성어의 기준

영어와 같은 언어에서 합성어(compound)와 구(phrase)를 구별짓는 기준은 과연 어디에서 찾을 수 있는가? 어쩌면 철자(spelling)에서 단서를 찾을 수 있을 것도 같은데, 사실은 아래 합성명사의 예들에서 보듯 예마다 차이가 많다.

> dipstick : dip tank
> dishpan : dishcloth : dish towel
> ditchdigger : ditch reed
> doorknob : door prize
> double boiler : double-decker
> downfall : downgrade : downtown : down-bow
>
> (Elson/Pickett 1983: 139)

합성어는 종종 하이픈을 넣거나 두 단어를 하이픈 없이 붙여서 쓰지만, 두 성분 사이를 마치 다른 단어인 것처럼 떼어서 쓸 수도 있다. 예를 들어, will-o'-the-wisp, stick-in-the-mud, go-between, never-do-well, happy-go-lucky 같은 구에서는 하이픈을 꼭 써야 하지만, 기타의 경우에는 거추장스러운 하이픈을 없이하려고 애쓴다. 앞에서 flowerbed, flower-bed, flower bed는 3가지가 모두 가능하다는 말을 한 적이 있지만, 사실 같은 결합이라도 쓰는 이에 따라 또 심지어는 같은 사람이라도 쓰는 때에 따라 세 가지 모두로 철자하는 일도 있다. 다음은 Potter(1975: 58)가 제시한 예이다.

(a) year book   ...   떼어서 (open)
(b) year-book   ...   하이픈을 써서 (hyphenated)
(c) yearbook   ...   붙여서 (solid)

이 가운데 (c)가 제일 말끔해 보이는 것은 물론이다. 그런데 Fowler는 1강세가 하나인 결합(예: *red-coat, sea-god*)에는 하이픈을 쓸 것을 권하고, 수평강세(level-stress)를 갖는 구에 대해서는 나머지 형태 중 어느 것이든 선택해서 쓸 수 있다고 말한다(예: *head master* 또는 *headmaster*). 그렇지만 Jespersen (1942: 136)의 지적처럼, 하이픈으로 나타낸 것보다 사실은 덜 긴밀하게 결합된 요소들을 한 단어로 합치는 것은 아무래도 이상해 보인다.

요컨대 중간에 여백 없이 붙여 쓴 단어와 하이픈을 쓴 것들은 합성어이고 나머지는 그렇지 않다고 생각하는 것이 일반적인 인식일 성싶지만 언어학자들의 분석은 꼭 그렇다고 할 수 없다.

합성어는 강세와 중간 끊김의 불허용 등 두세 가지 면에서 문법 구조와 구별될 수 있다(Adams 1973: 57-60; Stageberg 1981: 117-118; Elson/Pickett 1983: 139-140 참조).

10.1.1 단어 강세

합성어(compounds)는 일반적으로 첫 단어에, 구(phrases)는 두 번째 단어에 제1 강세가 있다. 이에 따라 dàrk róom(명사구)은 '어두운 방'이지만 dárkròom(합성어)은 사진사가 작업하는 '암실'이다. (합성어의 강세형은 /´ `/(1 3), 구의 강세형은 /ˆ ´/(2 1)으로 표시하는데(cf. Bloch/Trager 1942; Chomsky/Halle 1968), 학자에 따라서는 제2 강세(ˆ) 없이 수평(또는 이중) 강세(level/double stress) /´ ´/(1 1)로 표시하기도 한다.

합성어   구
the Whíte Hòuse '백악관'   the whîte hóuse '그 흰 집'
a gréenhòuse '온실'   a grêen hóuse '초록색 집'

a hígh chàir '(아가용) 식탁 의자'   a hîgh cháir '높은 의자'
a rédcàp '짐꾼'   a rêd cáp '빨간 모자'
a dáncing tèacher '무용 교사'   a dâncing téacher '춤추는 교사'

■ 물음 1 ■

Indicate whether each italicized expressoin is a compound word (C) or a noun phrase (NP). Don't be misled by hyphens or spaces.

1. This jar has a *hard top*.
2. It was a *jack-in-the-box*.
3. A *hot dog* is not a hot dog.
4. He has a *dog in the manger* attitude.
5. She has a *strong hold* on him.
6. She has a *stronghold* in the Women's Club.
7. We bought it on the *black market*.
8. Pamela found her *daughter in trouble*.

(Stageberg 1981: 119)

강세는 Bloomfield(1933: 228)에 있어서도 최선의 기준이었다. 그는 "우리가 구에서라면 항상 높은 강세가 보일 듯한 단어에서 보다 낮은 혹은 가장 낮은 정도의 강세를 듣는 어디에서나 그것을 합성 요소로 기술한다. 즉 íce-crèam은 합성어이지만, íce-créam은 비록 외연적인(denotative) 의미 차이가 없음에도 불구하고 구가 된다"고 적고 있다. 그렇지만 Jespersen(1942: 135)은 강세 기준에 결점이 없지 않음을 지적한다. 때때로 두 개의 명사가 강세형을 달리하여 결합하되 의미를 달리하는 다음의 예들은 수평 강세를 갖는다고 해서 합성어에서 제외하는 것이 옳지 않음을 증거한다 (여기서 수평 강세는 사실상 /ˊ ˊ/와 같은 것이다).

a gláss-càse '유리 진열장'　　a gláss cáse '유리 상자'
a bóokcàse '서가'　　　　　a bóok cáse '책 케이스'
a héadstòne '묘석'　　　　　a héad stóne '주춧돌'

그리고 보면 강세 기준은 일부 예에만 적용할 수 있는 모양이다. 다시 말해서, /´ `/(1 3)의 강세형을 갖는 것은 합성어로 보아 틀림없지만, /´ ´/(2 1)의 강세형이라고 해서 모두 구로 몰아치는 것도 곤란하다. "비가 오면 땅이 젖는다. 그러나 땅이 젖었다고 해서 비가 왔다고 결론지을 수는 없다"는 Marchand(1969: 21)의 비유가 재미있다.

■ 물음 2 ■

As observed by Elson & Pickett (1983: 140n), some speakers lose the distinction when contrasting one adjective with another, e.g., "He lives in the *green house*, not the *white house*," which statement could be interestingly ambiguous. Explain why.

10.1.2 불가분성

합성어는 (일반 단어와 같아서) 두 부분 사이에 어느 요소도 삽입하지 못하지만, 문법 구조는 그것이 가능하다. 이 기준을 중간 끊김의 불허용(non-interruptability)으로 불러도 좋을성 싶다(cf. Elson/Pickett 1983: 140). 가령 '파란 새'를 말하려다 "blue—I should say, blackish—blue—birds"라고 말할 수는 있어도, '파랑새'인 bluebird는 이런 식의 분할이 안 된다(cf. Bloomfield 1933: 232). 마찬가지로 합성어인 sweet-heart는 sweet와 heart 사이에 어느 것도 끼워 넣을 수 없다. 그러나 명사구인 sweet heart에서는 다음과 같이 성분 sweet와 heart를 떼어서 말해도 된다.

> She has a sweet*er* heart than her sister.
> She has a sweet, *kind* heart.
> She has a sweet, *sweet* heart.
>
> (Stageberg 1981: 117)

■ 물음 3 ■

Read the following pair of sentences and then write the meaning of the italicized parts.

1. (a) *The green cement house* belongs to my sister.
   (b) *The cement greenhouse* belongs to my sister.

2. (a) That's *the red skating cap* I saw yesterday.
   (b) That's *the skating redcap* I saw yesterday.

■ 물음 4 ■

Following the criterion of indivisibility or inseparability, explain how we find the next sentence is ambiguous.

　　She loves sweet potatoes.

(Stageberg 1981: 118)

　　합성 성분이 문법 구조에 참여하지 못하는 것도 사실상 이 기준 때문이다(cf. Stageberg 1981: 118). 예를 들어, He is fond of sparkling water와 같은 문장은 두 가지로 해석된다. sparkling water가 보통의 '거품이 이는 물'이라면 첫 성분 sparkling이 (*brightly sparkling water*에서처럼) 문법구조에 참여할 수 있다. 그러나 그것이 합성명사로 '탄산소다수'를 가리킬 때에는 그럴 수가 없다. 「형용사+명사」로 된 합성어(예: *bluebird, greenhouse, wet suit*)에서 형용사는 very와 같은 단어가 앞에 오지 못한다. 물론 합성어의 일부가 아닌 형용사는 얼마든지 이와 같은 종류의 단어를 동반할 수 있다.

　　We live next to a very *green house*.
　*We live next to a very *greenhouse*.

(O'Grady/Dobrovolsky 1992: 131)

　　다음의 예들 또한 합성어 성분은 구와 다르게 (대등 관계를 위한) 통사 과정에 대해 독립적으로 기능하지 못함을 증거한다.

They picked *black* and *blue pencils*.
*They picked *black* and *blueberries*.

(Allen 1978: 113)

■ 물음 5 ■

The following are the tests laid out in Adams 1973:

(1) Can the adjective be premodified by an adverb?
(2) Can it assume the comparative form?
(3) Can it occupy the predicative position in a sentence with the head noun as subject?

Apply these tests to decide whether the sequences *small talk* and *wet day* are compounds.

10.1.3 굴절과 분포

 합성어를 구별하는 데 도움이 되는 또 다른 기준은 통사 구조나 굴절에 관계된 분포(distribution)이다(Elson/Pickett 1983: 140-141; O'Grady/Dobrovolsky 1992: 130-131). 예를 들어, windbreak는 명사와 동사로 구성되어 있으나 그 결합은 복수 접미사를 취하고 명사로 기능한다. 그리고 takeoff와 leftover는 동사와 불변화사의 결합이면서도 합성 명사가 된다.
 굴절과 관련하여 명사+명사, 동사+동사의 결합을 생각해보자.

(a) The *fox hunters* didn't have a license.
　　*The *foxes hunter* didn't have a license.
(b) The player *dropkicked* the ball through the goalposts.
　　*The player *droppedkick* the ball through the goalposts.
$$\text{(O'Grady/Dobrovolsky 1992: 130-131)}$$

위에서 보듯이, 시제(tense)와 복수(plural) 표지는 거의 예외 없이 합성어 전체에 붙을지언정 그 첫 요소에는 붙지 않는다.

■ 물음 6 ■

As discussed above, there are several ways of identifying compounds. Using the tests given in the left-hand column, verify the compound status of the compounds in the right-hand column.

	Test	Compound
(a)	stress	blowdry
(b)	very	loudmouth
(c)	past tense	headlamp
(d)	plural	poorhouse

(O'Grady & Dobrovolsky 1994: 152)

10.2 합성어의 분류

합성어는 분류 기준에 따라 여러 다른 이름으로 불리어질 수 있다. 이 절에서는 전통적 연구 방법에 따라 합성 요소 사이의 통사 관계에 특히 주목하면서 영어 합성어의 여러 유형을 살펴보기로 한다.

10.2.1 품사별 분류

합성에 어떤 통사 범주가 간여하느냐에 따라서 결합 형태가 다를 수 있고 이와 더불어 갖가지 합성어를 얻을 수 있다. 영어에서 합성어의 성분이 될 수 있는 것은 명사(N), 형용사(A), 동사(V), 전치사(또는 불변화사, P) 뿐이고, 따라서 합성어의 종류도 넷으로 나뉠 수 있다. 이 가운데서도 지금까지 합성에 대한 연구의 대부분을 차지한 것은 합성 명사(compound nouns)였다. 합성 형용사(adjective compounds)와 합성 동사(compound verbs)는 상대적으로 소홀히 다루어졌던 것이 사실이다. 여기서 한 가지 짚고 넘어가야 할 것은 이 결합들은 생산성에서 차이를 보인다는 점이다. 영어에서 N-N 합성(*steamboat, ashtray*), N-A 합성(*snow-white*)은 매우 생산적인데 반하여, V-N 합성(*hoverboat*)이라든가 V-V 합성(*hop-skip*)은 생산적이지 못하다. 전치사가 들어 있는 것들 역시 꽤 제한된 양상을 보인다.

합성에 대해서 Selkirk(1982: 16)는 영어에서 가능한 결합은 (outlive와 같은 합성 동사를 포함하여) 모두 8가지라고 주장하면서, 합성 명사에 대해 다음의 다시 쓰기 규칙을 보이고 있다.

$$N \rightarrow \begin{Bmatrix} N \\ A \\ V \\ P \end{Bmatrix} N \qquad \text{예: apron string} \\ \text{smallpox} \\ \text{scrubwoman} \\ \text{overdose}$$

합성 명사의 유형으로 V-N형은 드물긴 해도 swearword, scrub-woman 같은 예가 발견된다. 합성 형용사의 경우에는 V-A형이 공백으로 남는데, 이것은 영어에 존재하지 않는 유형이다.

■ 물음 7 ■

English has many compound adjectives. Some examples are listed below:

    a. headstrong   b. icy-cold   c. underripe
       world-wide   short-lived   overwhelming
       user-friendly   worldly-wise   outspoken
       skin-deep   widespread   near-sighted

After adding two fresh examples to each column, write a rewrite rule to generate adjective compounds.

(Katamba 1993: 306)

■ 물음 8 ■

The N-A compound type is extremely productive, so that, as Adams (1973: 197) notes, probably we may make any collocation consisting of adjective/participle + preposition + noun into a compound, should we find it convenient to do so. Thus, we have *capacity-filled* and *pattern-ensitive* corresponding respectively to *filled to capacity* and *sensitive to a pattern*. What then would be the possible collocations from which the following adjective compounds are derived?

    Example: grassgreen
                  - as green as grass is green
                    or (as) green as grass

1. crystal-clear   _____
2. hand-made   _____
3. blood-red   _____
4. carefree   _____
5. iron-clad   _____
6. homespun   _____
7. bloodthirsty   _____
8. dirt-cheap   _____
9. moth-eaten   _____
10. paper-thin   _____
11. noteworthy   _____
12. colorblind   _____

10.2.2 전통적 접근법

한편 전통적인 연구에서는 하나 또는 그 이상의 기준에 근거하여 합성어의 범주를 열거하고 (어떤 형식적 설명 없이) 약간의 논의를 곁들이는 정도이다. Jespersen 1942, Marchand 1969, Adams 1973은 전통적 접근 방법의 두드러진 예들이지만, 그 어디에도 합성어의 형성 및 해석을 위해 엄격한 규칙을 세우려는 시도는 보이지 않는다. 그래서 합성어의 부류를 그 형태(범주)에 따라, 또는 그 요소들이 상응하는 문장 속에서 갖는 통사 기능에 따라, 또는 합성 성분 사이의 의미 관계에 따라, 아니면 이 모든 것들을 다 동원하여 구별한다.

이제 명사 합성을 중심으로 전통적 방법론의 단면을 잠시 엿보기로 하자. Adams(1973: 5장)는 합성 명사(compound nouns)를 다음과 같이 분류하고 있다(cf. Jespersen 1942: 8장).

- Ⅰ. 주어-동사(Subject-Verb)
- Ⅱ. 동사-목적어(Verb-Object)
- Ⅲ. 동격(Appositional)
- Ⅳ. 연상(Associative)
- Ⅴ. 도구(Instrumental)
- Ⅵ. 처소(Locative)
- Ⅶ. 유사(Resemblance)
- Ⅷ. (합성어의) 구성/모양/내용 (Composition/Form/Contents)
- Ⅸ. 형용사-명사(Adjective-Noun)
- Ⅹ. 이름(Names)
- Ⅺ. 기타(Other)

이 가운데 Ⅰ-Ⅱ는 물론 통사 기능에 따른 분류이다. 일례로 두 합성 명사 playboy와 callgirl은 동사-명사로 구성되어 있어 표면상으로는 비슷한 듯싶지만, 그 요소들 사이의 관계는 판이하게 다른 것이다. 즉 playboy는 'the boy plays'의 뜻을 담고 있으므로 동사-주어의 관계가 되고, 반면에 callgirl은 'X calls the girl'의 뜻을 담고 있으므로 동사+목적어의 관계이다. 이해를 돕기 위해 예를 조금 더 들어보자.

주어-동사(Subject-Verb):　　bee sting, snake-bite, sunburn, godsend, busstop, daybreak, sunset, heart failure, playboy, turntable, sitting duck, mocking bird, revolving door, weeping willow

동사-목적어(Verb-Object):　chewing-gum, spinning wheel, kill-joy, stopwatch, flashlight, cease-fire, cut-throat, scarecrow, blood-test, wage-freeze, bricklayer, scene-stealer

동사가 없는 합성 명사는 명사-명사와 형용사-명사의 두 가지가 있는데, 명사-명사임에도 불구하고 III-IV를 따로 떼어낸 것은 적어도 tenant farmer, death penalty, pathway, killer shark에서는 동사 없이도 동격의 문법 관계가 드러나고, bullseye, hogshead, no-man's land, 그리고 (-'s가 없지만) ant-heap, horse-shoe에서는 소유격의 -'s로 표현되는 관계 (IV)가 보이기 때문이다. 형용사-명사(IX) 부류에는 구조가 다르고 다양한 의미 관계가 담긴 예들이 들어 있다. 여기서는 강세에 따라 일부 예만 보이기로 한다.

　　(a) 합성어 강세를 갖는 것:
　　　　cold cream, hotline, highlight, small talk, wisecrack, redskin, darkroom, comic strip, hardback
　　(b) 구절 강세를 갖는 것:
　　　　black magic, fine art, best man, cold war, lame duck, hot potato

V-VII을 포함한 나머지는 기본적으로 의미 내용에 근거한 분류로 보인다.

　　도구: blotting paper, magnifying glass, scrubbing glass, tuning fork, hearing aid, sleeping pill, pass-word, fly-paper, safety belt, tear gas, mousetrap

처소: melting pot, trading post, living room, watch-tower, peep-hole, birth-place

유사: ribbon fish, speargrass, sponge cake, umbrella tree, honey dew, hare lip, frogman

Adams 자신도 위의 분석이 "깔끔한"(tidy) 것이 못 되어 마음이 쓰이긴 했던 모양이다. 그는 그 이유를 네 가지로 나누어 제시하고 있는데, 결국은 이론 내적인 문제일 따름이다.

합성 형용사(adjective compounds) 또한 합성 명사와 비슷하게 열 개 부류로 나누고 있다(Adams 1973: 92).

Ⅰ. 부가어-동사(Adjunct-Verb) Ⅵ. 처소(Locative)
Ⅱ. 주어-동사/보어(Subject-Verb/Complement) Ⅶ. 비교(Comparative)
　　　　　　　　　　　　　　　Ⅷ. 전치사(Prepositional)
Ⅲ. 동사-목적어(Verb-Object) Ⅸ. 도출(Derivational)
Ⅳ. 동격(Appositional) Ⅹ. 명사 한정(Nominal Attributive)
Ⅴ. 도구(Instrumental)

그러나 우리는 이것들을 하나 하나 검토할 겨를이 없는 것 같다. 이미 앞 절에서도 문제로 다루었지만, 형용사 합성은 다른 문맥에서 다시 부딪치게 될 것이다.

이제 절을 바꾸어 다른 품사의 합성과 비교할 때 다소 색다른 면이 보이는 동사 합성을 보기로 하자.

10.2.3 동사 합성어

합성 동사(compound verbs)는 일반 합성어 형성에 따른 불변화사-동사형과 기타 합성의 경우로 크게 나누어 볼 수 있다.

10.2.3.1 불변화사-동사

Marchand 1969를 비롯하여 Adams 1973, Selkirk 1982에서는 일단 outshine, overdo, underestimate처럼 불변화사 over, under, out가 포함된 것들을 합성 동사로 인정한다. 예를 더 들어보자 (일부 예에서는 제로 파생에 의한 동사도 보일 것이다).

out-	:	outlive, outstrip, outnumber, outwit, outbid
over-	:	override, overrun, overdo, overtake, overflow
under-	:	undercut, undermine, underline, underpin

그러나 Marchand(1969: 100)은 명사, 형용사, 동사 등 다른 합성 요소들과는 달리 동사 합성에 나오는 불변화사는 그 의미가 독립적으로 쓰일 때와 크게 달라진다는 점도 지적하는 것을 잊지 않는다. 이것 때문인지 몰라도, Adams(1973: 8장)는 이 부분을 "불변화사가 포함된 합성어"(compounds containing particles)라 하여 따로 분류하고 back-(*backfire, backdate*), up-(*upgrade, update*) 등을 더 추가하였다.

10.2.3.2 의사 합성 동사

불변화사가 앞에 오는 경우를 제외한 그 밖의 동사 합성어는 두 가지 주요 경로를 통해 나온다(Adams 1973: 7장; Marchand 1969: 100-107). 하나는 합성 명사나 형용사로부터의 역형성(back-formation)에 의한 것이고, 다른 하나는 합성 명사로부터의 제로 파생(zero derivation)이다. 각각에 대한 예시가 따르겠지만, 벌써부터 합성 동사가 여느 합성어와 다르다는 것이 느껴진다. '의사 합성 동사'(pseudo-compound verbs)란 술어는 바로 그 파생 방식 때문에 붙여진 이름이다(Marchand 1969: 13). 어떤 경로를 통해 나온 것이든 합성 동사는 일반적으로 두 단어로 떼어서 쓰지 않고 모두 붙여

쓰거나 하이픈을 써서 철자한다.

먼저 역형성에 의한 것부터 보기로 하자. 동사 합성어는 명사 또는 형용사 합성어에 근원을 두기도 하는데, 예를 들어 ghost-write는 모르긴 해도 ghost-writer에서 왔을 것 같다. ghost-writer에서 -er은 두 번째 요소를 수식한다. 합성 동사가 어떻게 생겨나는지는 합성 명사의 성분 구조에 일어난 변화로 설명하는 것이 이해에 도움이 될 것이다(Adams 1973: 1106). 다시 말해서 -er이 단일 어간 write가 아니라 합성 어간 ghost-write에 속하는 것으로 보는 것이다.

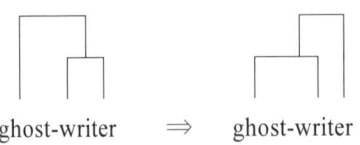

이제 어미를 빼고 나면 합성 동사 ghost-write가 남는 것이다. 비슷한 예로는 stage-manage, brainwash, sleep-walk가 있다. 역형성된 동사 합성어의 출발점을 제공한 것이 어느 명사형(또는 형용사형)인지를 말하기 어려울 때가 많다. 가령 stage-manage와 brainwash는 각각 stage-manager와 brainwashing이 가장 그럴싸한 근원일 듯하지만, sleep-walk는 -er과 -ing 형이 다 가능성 있는 것으로 여겨진다. 한편 hen-peck와 spoon-feed는 아무래도 형용사 합성어인 hen-pecked와 spoonfed에서 나온 것으로 분석되어야 할 것같다. 다음에 적은 예들에 대해서도 같은 설명이 가능해 보인다.

air-condition   mass-produce
book-keep   muck-rake
browbeat   globe-trot
proof-read   sightsee
gatecrash   gift-wrap
housebreak   tape-record

(Adams 1973: 107)

제로 파생에 의한 동사 합성어는 명사→동사 제로 파생에서 명사가 합성어인 경우이다. 이 때 합성 명사는 N-N, A-N인 것이 대부분을 차지한다.

    blue-pencil   pitchfork
    grandstand   handcuff
    sandpaper   cold-shoulder
    honeymoon   sandbag

                                        (Adams 1973: 108)

■ 물음 9 ■

Determine whether the following compound verbs are zero-derived or back-formed.

    1. spotlight   6. sightsee
    2. house-hunt   7. blacklist
    3. earmark   8. browbeat
    4. backslide   9. shipwreck
    5. outline   10. lip-read

10.2.3.3 기타 근원에서 온 동사 합성어

Marchand(1969)은 동사 합성어를 '의사 합성 동사'(pseudo-compound verbs)라고 부름으로써, 현대 영어에 (불변화사+동사를 제외한) 그 밖의 동사 합성은 없다고 못 박은 바 있다. 그만큼 동사 합성은 자유롭지 못하다는 뜻일 것이다. Adams 역시 유추(analogy)에 의한 chain-drink(cf. *chain-smoke* (< *chain-smoker*))와 half-turn, half-close(cf. *half-starve*(< *half-starving*), half-

choke(< *half-choking*)), 그리고 기타 (임시) 합성 동사로 consumer-test, test-market 등 몇 가지 예를 더 보이면서, 동사 합성어들은 아직 문체상 구어에서나 알맞을 법하다고 덧붙인다.

그렇지만 Adams는 지난 2세기 동안에 이와 같은 종류의 동사 합성이 많이 늘어난 만큼 이제는 파생 과정에 의한 것이 아닌 새로운 동사 합성을 인정할 때가 되었는지 모른다고 조심스럽게 결론을 맺고 있다. 분명히 Marchand과 입장을 달리하는 대목이다.

■ 물음 10 ■

Write a generalization of your own as to the relation between the stress of pseudo-compound verbs and that of the underlying composites from which they are derived. (The stress of the source is already marked.)

Verb compound	Source
joyride	jóy-rìde
spotlight	spótlìght
blacklist	blácklìst
playact	pláy-àcting
typewrite	týpewrìter
stagemanage	stáge-mànager
cold-shoulder	còld shóulder
double-cross	dòuble cróss
spellbind	spéll-bound
spoonfeed	spóon-fed

(examples from Marchand 1969: 107)

10.3 합성어의 유형

합성어는 보는 각도에 따라 여러 다른 이름이 붙여진다고 했다. 이 절에서는 품사 기준에 의하지 않은 것으로서, 어근/종합 합성어, 내심/외심 합성어, 그리고 종속/병렬 합성어에 대해 알아보기로 한다.

10.3.1 어근 합성어와 종합 합성어

영어에는 크게 나누어 두 가지 유형의 합성어가 보인다. 하나는 일차 합성어(primary compounds) 또는 어근 합성어(root compounds)라 불리는 것이고 다른 하나는 종합 합성어(synthetic compounds)이다. 전자는 명사, 형용사, 동사 등의 단일어 곧 어근이 결합되어 만들어진 것들인데 비하여, 후자의 경우에는 두 번째 요소가 -ing, -er, -ed, 혹은 과거분사를 붙여 도출된 것이다(Marchand 1969; Lieber 1983). 바꾸어 말해서, 종합 합성어는 그 핵이 되는 오른 쪽 성분이 동사 파생인 것으로 정의된다(Selkirk 1982는 이 경우에 동사성 합성어(verbal compounds)라는 술어를 사용한다). 어근 합성어는 나머지 모든 것들, 즉 그 핵이 동사에서 파생되지 않은 모든 합성어들이다. 다음 예를 비교해 보라.

       어근 합성어   종합 합성어
       truckman   truck driver
       mailbag   mail delivery

grain market	grain storage
snowflake	snow removal
coffeepot	coffee-maker
steamboat	steam heating
peace sign	peace-making
caveman	cave-dweller
handshake	hand-made

Botha(1984: 2)는 (가끔 유사 과거분사라고도 불리는 N-ed형이 들어 있는) long-legged, hard-hearted와 같은 합성어도 종합 합성어에 포함시킨다.

합성어의 전형은 역시 두 개의 단어가 연결 요소 없이 결합하는 것인데, 가령 '연상의'(associative)의 의미로써 (두 합성 성분을 A와 B라고 했을 때) 'B는 A의 일부이다'(=B is part of A), 'B는 A에 속한다'(=B belongs to A), 'B는 전형적으로 A를 연상케 한다'(=B is typically associated with A)로 풀이되는 것 중에서 소유격 -'s를 갖는 다음의 예들은 다소 특별하다. (일부 오래된 합성어들은 어깻점을 상실했다.)

mind's eye	bullseye	bottleneck
dragon's blood	foolscap	eardrum
crow's nest	tradesman	ant heap
no-man's land	hogshead	horse-shoe
		(Adams 1973: 70-71)

종합 합성어는 완전히 생산적이라 할 수 있다. 즉 영어에서 kimchi-eater와 stone-cutting과 같은 종합 합성어가 얼마든지 새로 만들어질 수가 있다. 어근 합성어도 어기 단어의 범주에 따라서 완전히 생산적일 수 있다. 예를 들어, N-N 어근 합성어는 완전히 생산적이나 N-V와 V-N 합성은 간헐적으로 나타날 뿐이다. 기타 합성의 유형들은 종합 합성과 N-N 어근 합성의 완전한 생산성과 V-N 합성의 분명한 비생산성 사이의 어느 지점이 될 것이다.

어근 및 종합 합성어의 의미 해석에 대하여는 12장에서 다루기로 한다.

■ 물음 11 ■

Determine whether each of the following compounds is a root compound or a synthetic compound.

1. wolf-reared
2. horse-drawn
3. lotus-eater
4. knee-deep
5. breath-taking
6. sunflower
7. frost-bitten
8. diehard
9. pan-fried
10. drinking-water

10.3.2 내심 합성어와 외심 합성어

합성어를 다룰 때 전통문법에서 빼놓을 수 없는 것은 내심 합성어(endocentric compounds)와 외심 합성어(exocentric compounds)의 구별이다 (Bloomfield 1933: 235-236 참조). 여기서 긴요한 것은 바로 핵(head)의 개념이다.

10.3.2.1 내심과 외심의 구별

내심 합성어(endocentric compounds)는 핵을 가지는 것인데, 영어에서는 오른편 성분이 핵이 되어 합성어 전체의 기본적 의미를 제공한다. 예를 들어, blackbird, gas-light, mailman, Salvation Army에서 bird, light, man, Army는 각 합성어의 핵으로 간주된다. 이 유형은 아주 자주 보이는 것으로 어순을 뒤집으면 전체 의미가 바뀔 때가 많다. 둘 다

내심 합성어인 apron string과 string apron의 차이를 생각해 보라(Selkirk 1982: 22). racehorse와 horse race는 또 어떻게 다른가? 이와 관련한 Jespersen(1942: 143)의 예 "*a garden flower* is a kind of flower, but *a flower garden* a kind of garden"는 내심 합성어 여부를 판단하는 요령을 보여주는 것이다.

어떤 결합은 얼핏 내심 합성어로 보이지만, 사실은 그렇지 않은 것이 있다. 예를 들어, redcoat는 명사이고 핵이 되는 성분 coat 역시 명사이다. 그러나 이 핵 성분은 대명사 it로 대치될 수 있는 부류의 것인데 반하여 (영국 군인을 가리키는) redcoat를 대치할 대명사는 he이다. 즉 redcoat는 coat의 일종이 아닌 것이다. 이 점에서 highbrow도 같다. 이와 같은 합성 어를 외심 합성어(exocentric compounds 또는 Sanskrit *bahuvrihi*)라고 하는데, (여기의 두 예에서는 '사람'인 것처럼) 어떤 예상치 않은 의미적 핵을 갖는 것이다. 그러므로 이 유형의 합성어들은 제유법(synecdoche)-일부분으로써 전체를 나타내는 비유적 표현-으로 보일 적이 많다. 경우가 다르지만 그래도 비슷한 예에 butterfingers가 있다. 이것 또한 명사 이긴 해도 핵 성분 fingers가 복수인 것과 달리 butterfingers는 ("*Here comes that butterfingers*"에서와 같이) 단수로 쓰인다. 같은 이유로 longnose와 longlegs 역시 외심 합성어로 분류된다(Bloomfield 1933: 236; Nida 1949: 94).

10.3.2.2 외심 합성어

앞 절에서 살펴 본 이유로 흔히 외심 합성어(exocentric compounds)를 "핵 없는 합성어"(headless compounds)라고 말한다(cf. Katamba 1993: 319). 가령 red man은 일종의 man이어도 redcoat는 coat의 종류가 아니다. Jensen(1990: 112)도 말했지만, 외심 합성어에는 오른 쪽 성분의 범주에 상관없이 명사인 것이 유독 많은 듯하다. 다음은 Lieber(1983)의 예를 옮겨 적은 것이다.

redcap   sweetheart
pickpocket   diehard
push-up   show-off

다시 생각해 보면, 이 특별한 부류의 합성어들을 머리가 없는 것이라고 하여 마냥 외면만 하고 있을 수도 없는 노릇이다. 여기에 맨 먼저 생각이 미친 것은 **Paul Kiparsky(1982)**였다. 그는 외심 합성어들은 제로(Ø) 접미사 첨가에 의해 도출되는 것이며 이 Ø는 합성어의 핵으로 기능한다고 주장한다. 예를 들어, 내심 합성어인 red man과 외심 합성어인 redcoat는 다음과 같은 구조로 분석된다.

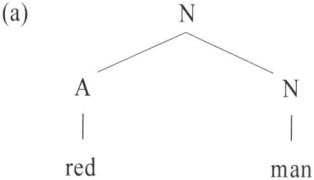

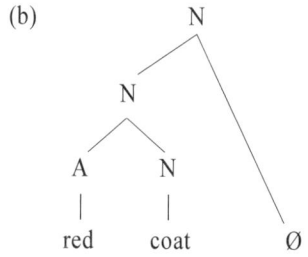

(외심 합성어를 형태적 전환으로 설명할 수도 있을 것이다.) 파생에서 우리 눈에 익은 제로 접사와 다를 것 없이, 이 제로 접사 Ø도 전체 합성어의 범주가 겉에 드러난 오른편 성분과 달라질 수 있도록 길을 열어 주고 자유로운 의미 해석도 허용한다.

■ 물음 12 ■

Consider the italicized compounds in the following sentences:

He did only 20 *push-up*s.
He was anything but a *turncoat*.
He wanted a *see-through* shirt.

1. What is the word-class of these compound words?
2. Represent the structure of each compound using a tree diagram.

요약하면, 외심 합성어는 전체적으로 핵 성분과는 다른 통사·의미 기능을 갖는 결합을 지칭하는 것이다. 외심 합성어에는 push-up, joy-kill 따위의 예처럼 통사 범주가 문제되는 것도 있고, 의미 측면에서 어떤 특성을 명시함으로써 전체 이름을 대신하는 loudmouth, blockhead, paleface, hunchback, turnkey, pickpocket 등도 생각할 수 있다.

정리를 위해 Lieber(1983)가 제시한 표를 일부 보완하여 옮겨 보았다(cf. Jensen 1990: 100).

	내심 합성어 (Endocentric)	외심 합성어 (Exocentric)
N-N	steamboat, mailman	
A-N	blackbird, long house	redcap, sweetheart
N-A	knee-deep	
A-A	bittersweet, sky-blue	
P-N	underarm, aftereffect	
P-A	—	
V-N	drawbridge	pickpocket
V-A		diehard
N-V	spoon-feed	
N-P	—	
A-V	sweet-talk	
A-P	—	
P-P	into, onto	
P-V	overshoot	
V-P		push-up, show-off
V-V	freeze-dry, drop-kick	

(Lieber 1983: 255)

우선 다시 주목할 것은 (모두 어근 합성어인 위의 예들 가운데) 처음 네 유형, 즉 두 개의 명사, 두 개의 형용사, 또는 명사와 형용사로 된 것들은 지극히 흔하지만, 동사와 전치사(또는 불변화사)가 들어있는 합성어는 예가 많지 않다는 것이다.

여기에 몇 군데 공백이 보인다. 먼저 눈에 띄는 것은 왼편 요소가 동사인 합성 동사와 형용사들(V-V, V-A)인데, 이것들은 영어에 존재하지 않는 유형이다. 그리고 동사 합성어에 N-V, A-V와 같은 유형은 (*globe-trot/ browbeat, dry-clean/whitewash* 등) 예가 없지 않지만, 이것들은 Marchand (1969)이 말하는 의사 합성 동사의 예에 지나지 않는다(10.2.3.2절 참조).

■ 물음 13 ■

Using the examples given below, make a table like the one in the text.

	Endocentric	Exocentric
N-N		
A-N		
V-N		
P-N		

Examples: cold cream, snake-bite, daybreak, cut-throat, wisecrack, scarecrow, flea market, vineyard, overdose, ditchwater, after-life, stool pigeon

■ 물음 14 ■

Determine whether each of these noun compounds is endocentric or exocentric.

1. brain death _____
2. spoilsport _____
3. pot-belly _____
4. lowbrow _____
5. handcuffs _____
6. upset _____
7. fishter plane _____
8. thoroughbred _____
9. jackknife _____
10. cigar-case _____
11. haystack _____
12. blockhead _____
13. tombstone _____
14. caveman _____
15. lazybones _____
16. nosebleed _____
17. bignoise _____
18. egg head _____

(based on Nida 1949 & Adams 1973)

10.3.3 종속 합성어와 병렬 합성어

합성어의 성분들 사이에는 한정(determination)과 등위(coordination)의 두 가지 기본 관계가 인정되는데, 이에 따라 합성어는 다시 두 종류로 나뉜다. 그 하나는 steamboat, color-blind와 같이 수식어(modifier/determinant)와 피수식 요소(determinatum)가 있는 이른바 종속 합성어(subordinate compounds 또는 subcompounds)라 불리는 것이다. 종속 합성어를 일명 한정적 합성어(determinative/attributive compounds; Sanskrit *tatpurusha*)라고도 한다(cf. Bloomfield 1933: 235). 다른 하나는 producer-director, bittersweet 같은 병렬 합성어(coordinative compounds 또는 cocompounds)이다. 학자에 따라서는 이것을 연계 합성어(copulative compounds; Sanskrit *dvandva*)라고도 하고(cf. Bloomfield 1933: 235), 여기에서 동격 합성어(appositional compounds)를 떼어 따로 이름 붙이기도 한다(cf. Jespersen 8장; Adams 1973). 굳이 구별을 하자면, 두 합성 요소를 A와 B라고 했을 때 'AB는 A + B를 의미한다'(=AB means A plus B)나 'AB는 A이고 AB는 B이다'(=AB is A and AB is B)로 풀이되는 경우가 연계 합성어이고, 두 요소가 같은 비중임을 함축한다. 이에 대해서 동격 합성어는 'AB는 동시에 A이면서 B임을 의미한다'(=AB means at the same time A and B)는 뜻이 되어, 둘이 한 개체로 결합한 경우를 말한다.

이미 이름만으로도 짐작이 가듯이, 종속 합성어는 핵 성분 곧 머리가 하나인 것으로 일종의 한정어-머리의 구성을 보인다. 반면에 비중이 같거나 엇비슷한 두 개 성분의 결합을 보이는 것은 병렬 합성어이다. 전자의 예는 위에서 살펴본 내심 합성어 안에서 어렵잖게 찾을 수 있다. 후자는 상대적으로 그 예가 흔치 않지만, 다음에 보는 것처럼 아주 낯선 것만은 아닌 듯하다. 다만 Adams(1973: 68)의 지적처럼, 가끔은 분명한 구분을 짓기가 쉽지 않을 때가 있다.

   Schleswig-Holstein   Alsace-Lorraine
   Austria-Hungary   city state
   life-death   queen-mother
   God-man   cook-housekeeper
   producer-director   page-boy
   houseboat   killer shark
   shabby-genteel   humble-surly
   north-west   servant-girl
   player-manager   worker-priest
   sofa-bed   clock-radio

 연계 합성어와 동격 합성어의 구별은 우리에게 긴요하지 않다. 병렬 합성어란 술어를 택한 것은 이 때문이다. 그러면 병렬 합성어에도 핵이 있는가? 이 물음에 답하기 전에 아래 그림을 보라.

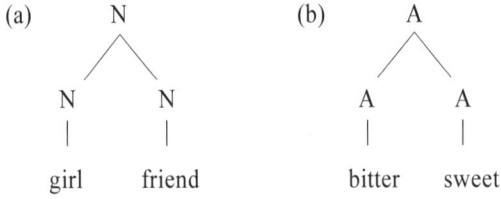

 통사론의 관점에서 볼 때, 병렬 합성어는 오른 편에 핵이 있는 것으로 보인다. 이를 뒷받침하듯이, 접사 첨가 과정에서도 오른편 요소에 접사가 붙는다(예: *girlfriends, clock radios*). 그러나 의미론적으로는 두 요소가 동등한 위상이어서 어느 것이 전체 단어를 지배하는 핵인지 알 수 없다. 그렇다고 해서 병렬 합성어는 핵이 없다고 성급하게 결론지어서는 안 된다. 그것은 두 개의 핵을 가진 구조로 간주해야 하는 것이다.
 비록 핵이 둘이라고는 하나 병렬 합성어 역시 내심 합성어임에는 틀림없다. 합성어로서 핵이 없는 것은 오직 외심 합성어뿐이다.

■ 물음 15 ■

Explain whether the compounds below are headed. Add comments on the plural marking in each compound.

  a. man-eaters   men-servants
  b. woman-haters   women-doctors.

■ 물음 16 ■

Consider the coordinate adjective *bittersweet* and the plant name *bittersweet*. Are they both exocentric? Explain why and/or why not?

(based on Bloomfield 1933: 235)

10.4 기타 합성어

지금까지 합성어의 여러 유형을 알아보았지만, 아직도 영어에는 그냥 지나치기 어려운 두 유형이 있다. 전에도 간단히 다룬 적이 있는 중첩 합성어(또는 반복 합성어)와 신고전 합성어가 바로 그것인데, 그 특성을 차례로 짚어보기로 하자.

10.4.1 중첩 합성어

다시 반복하지만, tick-tick, hurley-burley, 그리고 shilly-shally에서 보는 것처럼 중첩에 의한 어형성도 따지고 보면 일반 합성과 다를 것이 없다. 단지 두 합성 성분이 (거의) 같다는 것이 다를 뿐이다. 중첩 합성어(reduplicative compounds)란 이름은 그래서 나온 것인데, Bloomfield (1933), Nida(1949: 69) 등은 이것을 반복 합성어(repetitive compounds)라고 부른다.

예외적인 형태가 없지 않지만, 영어의 첩어는 대략 세 부류로 나뉠 수 있다(Jespersen 1942: 10장 참조).

(1) 어간 형태소가 바뀌지 않고 그대로 반복된다. 여기에 속하는 예들은 거의 소리를 나타내는 의성어(expressives 또는 echo words)이기가 쉬우나 (Marchand 1969: 83), 그 수효는 그렇게 많지 않다.

clop-clop (of hoofs)   tick-tick (of a clock)
chug-chug (of engine)   drip-drip (of water)
tap-tap (knock at door) clunk-clunk (of oars)
click-click (of a loom) thump-thump (of crutches)
clink-clink (of trucks) goody-goody (affectedly good)

(2) 어간 형태소가 첫 자음을 바꾸어 반복된다. 반복되는 음절 초에는 순음(p, b, w, m, f)이 올 때가 많다. 여기서 Marchand(1969: 432)은 "첫자음을 바꾸어"(Jespersen 1942: 180)라고 말하는 것은 이 현상에 대한 옳은 기술이 못 된다는 점을 지적하고서, 대신 '압운 결합' (rime combinations)이란 표현을 쓴다.

    hurly-burly   tootsie-wootsie
    roly-poly   teeny-weeny
    Charlie-Parlie   hanky-panky
    higgledy-piggledy   namby-pamby
    Andy-Wandy   ram-jam
    popsy-wopsy   rumble-bumble
    hugger-mugger   airy-fairy.
    razzle-dazzle   hocus-pocus
    fuddy-duddy   hootchy-kootchy

첩어 중 많은 것들은 다분히 아이방에서 나온 느낌이 나는데, 거기에서는 아이들에게 이름이든 다른 단어이든 "Georgy-Porgy"의 패턴을 좇아 바꿔 부르는 것이 상례로 되어 있다. 이 관행은 반복되는 음절의 첫 자음으로 순음이 나오는 보편적 경향을 설명해 준다.

(3) 어간 형태소가 모음을 바꾸어 반복된다. 이 때 첫 번째 모음은 대개 고모음 /ɪ/이고 두 번째 모음은 저모음 /æ/, /ɔ/인 것이 특징이다. (그밖에 /ɪ ~ ʌ/의 교체를 보이는 것은 shiffle-shuffle이 유일한 예이다.) kittle-cattle '믿을 수 없는 놈' 같은 예는 철자에 일부 변화를 준다는 점에서 특이하다.

    /ɪ ~ æ/:   shilly-shally   chit-chat
                       zigzag   flip-flap

	rickety-rackety	clink-clank
	drizzle-drazzle	wiggle-waggle
/ɪ~ɔ/:	ticktock	criss-cross
	tiptop	clip-clop
	drip-drop	ding-dong
	wishy-washy	wibble-wobble

이렇게 모음이 달라지면서 문법적 기능이 달라지는 것이라면, 이것 또한 Marchand(1969: 429)을 좇아 '모음 전환 결합'(ablaut combinations)이라고 부르는 것이 나을 성싶다.

모음의 교체에 대해서 Jespersen(1942: 176)은 음성 상징의 각도에서 "밝은 소리(/ɪ/)로 시작하여 작거나 가까움을 가리키고 그 반대 것(/æ, ɔ/)으로 끝낸다"고 그 이유를 설명한다.

■ 물음 17 ■

Complete the following compounds, using either ablaut or rime combinations.

1. _____-haggle
2. super-_____
3. click-_____
4. flim-_____
5. hanky-_____
6. _____-dangle

7. boogie-_____
8. _____-babble
9. jingle-_____
10. lovey-_____
11. _____-drum
12. _____-nilly

(examples from Marchand 1969: 429-434)

10.4.2 신고전 합성어

현재 영어에는 어형성에 이용되는 Greek나 Latin같은 고전 언어의 요소들이 있다(예: *astro-, electro-, hydro-, Anglo-, bio-, homo-, -crat, -phobe, -phile, -cide, -naut*). 이 요소들이 영어에서 사용된다는 것이 중요한데, 그것은 비록 고대 그리스인들에게 전화는 알려져 있지 않았어도 단어 telephone은 Greek 요소로 구성되어 있다. 이것은 Greek와 Latin 요소가 섞인 television에 있어서도 같다. 그러한 단어를 '고전 합성어'가 아니고 '신고전 합성어' (neo-classical compounds)라고 부르는 까닭이 여기에 있다(Bauer 1983: 216).

■ 물음 18 ■

Give at least two examples of neo-classical compounds which contain the following elements: *theo-, hydro-, astro-, electro-, Anglo-, bio-, homo-, amphi-,-phile, -cide, -crat, -phobe, -naut.*

예를 들어, bibliophile, microscope, telegraph 같은 단어에는 어떤 자립형도 없지만, 합성어로 간주해서 좋다. 많은 신고전 요소는 고유 합성어(예:

dustbag, sawdust)에서 보는 것과 같이 어두와 어말 위치에 나타날 수 있다. 아래 예를 보라.

chrom- :	chromometer	monochrome
morph- :	morphology	anthropomorph
anthrop- :	anthropology	misanthrope

그러나 일부 신고전 요소들은 bio-, micro-, tele-, poly-, crypto-, pseudo-처럼 어두 위치에, -cracy, -nym, -scope, -cide처럼 어말 위치에 제한되어 쓰인다. 이 유형의 합성어는 매우 생산적이고, 파생과정에서 어기가 되기도 한다 (예: *holographic, prebiological*). 다음 Bauer(1983: 277)의 예만 보아도 신고전 합성의 자유로움을 쉽게 이해할 수 있을 것이다.

bio-acoustics	biogeology
bio-contamination	biohazard
biocybernetics	biomedicine
biorhythm	biopolitical
biodeterioration	biodegrade

신고전 합성어를 고유어의 경우처럼 형태-통사적 특성에 따라 분류하는 것은 별로 의미가 없다. 그렇지만 Adams(1973: 9장)가 (Hatcher 1951를 좇아) 소개하고 있는 동격의(appositional) 신고전 합성어는 한 번 눈여겨 볼만 하다. 이것은 이제까지 언급한 것들과 다르게 주로 형용사적으로 쓰이는 합성어로서, 이것은 다시 (a) 이름(name)을 나타내는 것과 (b) 총칭적인 (appellative) 것으로 나뉜다. 전자의 예는 지금 흔하게 보이고(예: *Indo-European, Anglo-Russian, Austro-Hungarian, Turco-Iranian, Malayo-Polynesian*), 후자의 경우도 다음에 보듯이 그 예가 만만치 않다.

politico-religious   physico-chemical
historico-geographical   bio-chemical
sphero-cylindrical   naso-pharyngeal
theologico-political

10.5 합성어의 내부 구조

합성어는 적어도 둘 이상의 요소들을 담는 것이므로 (통사적 구와 같이) 복잡한 내부 구조를 가질 수 있다. Selkirk(1982)의 규칙에서 보았듯이, 합성 규칙에 어떤 반복성(recursiveness)을 인정해야 한다는 것은 바로 이 의미에서이다.

영어는 합성 부문에서 지극히 높은 생산성(productivity)을 보여서 새로운 합성어가 끝없이 생겨난다. 긴 구(phrase)와 심지어 완전한 절(clause)마저 (어떤 접미사를 붙이는) 합성어로 취급되기도 한다(예: a *once-in-a-lifetime* opportunity; a *don't-tell-me-what-to-do* look). 다음은 이와 같은 종류의 합성어가 얼마나 자유롭게 만들어지는가를 보여주는 전형적인 예이다.

"Nowadays people can be divided into three classes: The Haves, the Have-nots, and the *Have-Not-Paid-For-What-They-Haves*."
— Earl Wilson (Elson/Pickett 1983: 141)

an *oh-what-a-wicked-world-this-is-and-how-I-wish-I-could-do-something-to-make-it-better-and-nobler* expression
— P. Mann (Bauer 1983: 164)

10.6 불규칙 굴절과 합성어

내심과 외심 합성어 사이의 차이는 예가 많지는 않지만, 합성어의 핵이 불규칙 복수형을 갖는 경우에서 아주 잘 드러난다. 전체 단어의 범주를 결정하는 것이 핵임을 기억한다면, workmen과 Walkmans의 차이에 수긍이 갈 것 같다.

■ 물음 19 ■

Consider the distinction between *milk teeth* 'temporary teeth of young mammal' and *saber tooths* 'kind of tiger.' *Milk teeth* is an endocentric compound, with a simple N-N structure. Given that irregular plurals cannot receive secondary affixes, including the Ø suffix used to derived exocentric compounds, we cannot create *saber teeth* to mean 'saber-toothed tigers.' Does this mean that this form is inconceivable as a possible word in English? Explain your answer.

(based on Jensen 1990: 113)

결론부터 말해서, 불규칙 굴절형은 어근이다. 불규칙 굴절(irregular inflection)은 어구조에서 1차 접사와 엇비슷한 자격을 갖기 때문에 처음부

터 (보충법으로) 어휘부에 기재되던가 아니면 마땅히 2차 접사첨가가 있기 전에 다루어져야 옳다는 얘기다. Kiparsky가 바로 이런 생각의 소유자였다. 그것은 어간 안쪽에 보이고 또 어간은 단어 안쪽에 있는 것이기 때문이다. 규칙적 굴절 접사가 첨가되는 것은 물론 어간이다. 이것으로 영어에서 가능한 단어와 불가능한 단어의 많은 것을 예측할 수 있다. 그 뿐 아니라 그것은 외견상 비논리적인 어법에 대한 의문이 풀린다(Pinker 1994: 141-147 참조). 야구에서 플라이로 물러났을 때 왜 flied out이라 말하는가? 그리고 Toronto 하키팀은 왜 Maple Leaves가 아니고 Maple Leafs라 하며, Walkman의 복수형으로 많은 사람들은 Walkmen보다는 Walkmans를 쓰는 것인가? workmen과 Walkmans, sawteeth와 sabertooths는 과연 어디에서 차이가 나는가?

    workmen *workmans :   Walkmans   *Walkmen
    sawteeth   *sawtooths :   sabertooths *saberteeth

먼저 flied out와 Walkmans의 진짜 이론적 근거는 합성어에서의 핵 개념에 두고 있다. 이미 알고 있는 것과 같이, 영어의 거의 모든 합성어는 오른쪽 성분이 핵이 된다. 예를 들어, 명사 workman의 핵은 명사인 man이 된다. 따라서 그것은 어떤 종류의 work가 아닌 어떤 종류의 man을 가리키는 것이다. 중요한 것은 핵으로부터 맨 꼭대기 교점까지의 삼투(percolation)는 주요어(head word)에 들어 있는 모든 정보 곧 그 범주와 의미 뿐 아니라 불규칙형임을 말하는 형태적 자질까지도 적용되는 것으로 가정한다. 예를 들어, workmen의 경우에 다음의 그림이 그럴 듯하다.

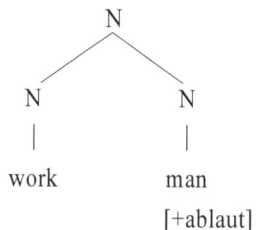

이렇게 볼 때, 예컨대 fly out와 Walkman이 다소 변덕스럽게 보이는 것은 그것들에게는 핵이 없다는 데에 연유한다고 할 수 있다. 핵이 없는 단어는 이런 저런 이유로 여느 단어들과 달리 맨 오른쪽 성분과 어떤 특성에서 예외적인 차이를 보인다. Walkmans의 경우는 어떤지 보자. Walkman은 man이 아니므로 그것은 그 안쪽의 단어 man에서 그 의미를 얻게 되어서는 안 되며, 또한 같은 이치로 man에서 복수형을 받아서도 안 된다. 이것은 곧 어휘부에 기재된 불규칙 자질이 쓸모없이 되었다는 뜻과 같다. 남은 선택은 규칙적인 접미사 -s뿐인데, 이것이 기정치(default)로 들어오면 Walkmans를 얻게 된다.

한편 fly out는 동사 fly에 직접 근거한 것이 아니고 명사 fly '비구'에서 나온 것이다. 만일 명사인 fly가 핵이라면, fly out가 명사이어야 하는데 실은 그렇지가 않다. 핵이 없는 까닭에 동사의 꼴은 규칙적인 -ed가 마지막 수단으로 들어와 결정된다. fly out에서 규칙형이 나타나는 것은 그것이 갖는 특별한 의미가 아니고 그것이 동사가 아닌 다른 품사의 단어에 기반을 둔 단어라는 데 있다 (cf. *fouled out*).

■ 물음 20 ■

Fill in the blanks by substituting single verbs for the phrases given in parentheses.

    1. They _____ around the city with artillery.
       (=formed a ring)
    2. He _____ to the crowd.
       (=played to the grandstand)
    3. Mrs. Wolfe _____ for a next-door child.
       (=did babysitting)

같은 논리로 다른 예들도 잘 설명된다. Maples Leafs의 경우에 복수화되는 명사는 '잎새'인 leaf가 아니고 캐나다를 상징하는 이름 Maple Leaf이다. 이름은 고유명사인 까닭에 다른 명사와 똑같은 것이 아니다. 단어 a Maple Leaf는 있지도 않는 명사에 근거한 단어인 까닭에 핵이 없는 외심 합성어이다. 그 성분 중 어느 하나로부터 명사 범주를 얻지 못한 합성어는 그 성분으로부터 불규칙 복수형을 얻을 수도 없다. 따라서 디폴트로 규칙형인 Maple Leafs가 되는 것이다. 이 설명은 이름에 근거한 모든 명사에 적용된다.

역시 Kiparsky(1982, 1983)가 처음 주목한 현상이지만, 합성어의 요소로 불규칙 복수형은 쓰일 수 있으나 규칙 복수형은 그렇지 못하다. 예를 들어 '쥐가 들끓는 집'을 mice-infested라고 표현할 수는 있어도, *rats-infested는 어색하게 들린다. 이 경우에는 비록 쥐 한 마리 가지고 들끓는다고 하는 것이 맞지 않더라도 rat-infested라고 말을 한다. 비슷하게 teethmarks가 있다는 말은 할 수 있어도, *clawsmarks가 있다고는 말하지 않는다.

■ 물음 21 ■

How do you form the plural of *bigmouth*? Is the pronunciation of *mouth* any different here than when it is an independent word?

(O'Grady & Dobrovolsky 1994: 152)

■ 물음 22 ■

An interesting feature of verb compounds appears in cases where the second element is a morphologically irregular verb. According to Adams (1973: 109-110), the verb *to drip-dry* loses its irregularity in the following: "They're made from polyester and cotton, which feels like cotton but wears like polyester, *drip-drys* like polyester ···" What can you say about the past tense forms for the back-formed verb compounds such as *to book-keep, to caretake, to sightsee*?

(based on Adams 1973)

11장   어형성에서의 생산성

11.1 생산성의 개념

한 언어에서 가능한 단어(potential words)의 수효에는 한계가 없다. '생산적'(productive)이라는 어구는 어떤 패턴을 두고 그것이 필요한 경우에 새로운 어형을 위한 모델로 쓰일 수 있을 것이라는 의미를 담고 있다(Adams 1973: 197-198). 무슨 새로운 단어이든 마음대로 만들어 쓸 만큼 완전히 생산적이라고 부를 수 있는 패턴은 많지 않다. 파생어로는 V-*able*(*exploitable, deplorable*)이 생각되고, 합성어 가운데는 A-N*ed* 합성어(예: *bright-eyed*)가 어쩌면 그러한 예일 성싶다. 그리고 가령 capacity-filled, colorblind와 같은 예가 보여 주듯이, 형용사/분사 + 전치사 + 명사로 구성된 낱말 배치(collocation)이면 어렵잖게 형용사 합성어로 만들 법하다(249쪽 참조). 명사 합성어 가운데 A-N류의 어근 합성어(예: *black comedy*)는 자유롭게 만들어 써도 될 듯하고, 도구격의 carving knife류 또한 우리가 쓰고 싶은 모든 상황에 맞게 사용이 가능할 것으로 보인다.

기본적으로 생산성(productivity)은 어느 패턴이 새로운 어형을 만드는데 공시적으로 사용될 수 있는지에 따라 결정된다. Marchand(1969: 5)의 다음 예를 보자.

    coal   collier
    brass   brazier
    glass   glazier
    grass   grazier

(미국 영어에서 오른쪽 단어들은 거의 사용되지 않는다.) Marchand도 지

적한 바 있지만, glazier, grazier를 glass, grass에 연결시켜서 얻는 것이 무엇인가? 이것은 collier를 coal의 파생어로 분석하려는 것과 다를 것이 없다. 우리가 -ier을 명사 파생의 -er의 이형태로 간주한다 하더라도 접미사 앞에서의 자음 변화는 현재영어(Present-day English)의 여느 파생 과정에서 목격되는 것이 아니다. 이것은 형용사 접미사 -y가 첨가된 아래 예들 속에서도 확인된다.

(a) /s~s/ : mousy juicy classy messy
(b) /θ~θ/ : breathy frothy earthy lengthy

비록 예외가 없지 않으나(cf. *lousy, worthy*), 무성마찰음의 유성음화는 이제 역사 속으로 사라졌다. 사실 /θ~ð/(*worth*—*worthy, north*—*northern*)같은 옛 형태의 예가 더 많아도 지금은 /θ~θ/(*earth*—*earthy*)의 형을 따른다. 그러므로 파생 유형의 생산성은 언어 체계의 정확한 기술을 위해 간과되어서는 안 된다. Marchand(1969: 5)의 표현을 빌리자면, 이 생산성 요인을 소홀히 하는 언어학자는 "죽은 혼백을 산 사람으로 계산하는 것"이 될 것이다.

간혹 (완전히 생산적인 것 외에) '일부 생산적인'(semi-productive) 또는 '비생산적인'(non-productive)과 같은 용어가 사용되기도 한다. 이것들을 어떻게 이해해야 할 것인지도 간단한 문제는 아니다. 대부분의 패턴의 경우에 우리는 목격되는 예를 적어 놓고서 한 목록이 다른 것보다 더 길다고 말할 수는 있다. 그렇지만 위의 예를 통해 보았듯이 생산성을 단지 얼마나 많은 예가 나타나는가를 가리키는 것으로 생각하는 것은 맞지 않다(Marchand 1969; Aronoff 1976: 36). Aronoff의 생각이 그러했지만, (가령 -*ness*와 -*ity*의 경우에) 첨가되는 어기의 크기를 고려하는 것은 그럴듯해 보인다. 아니면 어형성 규칙을 쓰면서 적용해서는 안 되는 경우를 명시할 수도 있을 것이다. Katamba(1993: 66-67)는 이것을 일반성(generality)의 시각에서 보려 한다. 어형성 과정이 보다 일반적일수록 그것은 그만큼 생산적이라고 생각할 수 있다는 말이다. 비생산적이란 꼬리표는 예컨대 **warmth**, dearth와 같은 단어를 (형용사 어기 + 명사화 접미사로) 분석은 하지만 그것을 바탕으로 다른 비슷한 예를 만들지는 못하는 경우에 사용된다.

생산성은 정도(degree)의 문제이다. 그것은 '생산적인'과 '비생산적인'으로 이분할 성질의 현상이라기 보다는 하나의 연속체(cline, continuum)로 생각하는 것이 옳다(Katamba 1993: 67; Bauer 1983: 97).

■ 물음 1 ■

Aronoff (1976: 36) suggests that the nominal suffix -*ity* is often the preferred suffix in the classes of adjectives in -*ive* (*perceptive*) and -*ile* (*servile*). He then reports that, at least in the latter case, the number of words of the form *Xility* overwhelmingly exceeds that of those of the form *Xileness*. How do you interpret this in light of 'productivity'? Add at least five more examples for each of these suffixes.

■ 물음 2 ■

Study the following sets of data:

(a) *-ist*	(b) *-id*	(c) *-er*
racist	timid	swimmer
chartist	morbid	worker
communist	tepid	painter
pianist	splendid	dancer
anarchist	horrid	jogger

1. State the meaning of the morphemes represented in the data.
2. Find five more words which are formed using each of these suffixes.
3. Was it equally easy to find more words which contain the different suffixes? If not, comment on any problems that you encountered.

(Katamba 1993: 67-68)

> ■ 물음 3 ■
>
> Study the following data and show that the suffix -*ant* is capricious (i) in the selection of bases to which it attaches and (ii) in the meaning of words which result from suffixing it.
>
> a. claimant defendant applicant
>   assailant servant   participant
>   consultant accountant assistant
>   dependant inhabitant communicant
>
> b. *writant *buildant *shoutant
>
>   (Katamba 1993: 71)

11.2 생산성에 대한 제약들

파생 과정에서 생산성을 가로막는 요인은 너무 많다. 이 가운데 일반적 제약으로 생각되는 것을 먼저 다루고 나서, 어형성 규칙의 어기와 관련한 제한들을 알아보기로 한다.

11.2.1 화용적 요인

생산성을 화용적 측면에서 고찰한 것은 Clark/Clark 1979, Downing 1977, Ljung 1977, 그리고 Bauer 1979, 1983에서 드물게나마 그 예를 찾을 수 있다. 특히 Bauer(1983: 85-87)는 어형성에서의 화용적 요인(pragmatic factors)을 정리하면서, 특별히 두 가지 요건을 언급한다. 그 중 하나는 존재(existence)의 요건이다. 일반적으로 단어는 존재하지 않는 항목, 행위, 또는 성질을 나타내기 위해 형성되지는 않는다는 것이다(예: *magpie-brake). 물론 여기서 '존재'는 넓은 의미로 실세계에서 관찰 가능한 것 뿐 아니라 관념적이고 허구적인 존재까지를 포함시켜야 한다.

또 다른 요건은 명명 가능성(nameability)의 요건인데, 단어는 한마디 말로 이름 붙일 수 있는 것일 때 생겨난다는 것이다. 여기에는 파생 과정에서 표현되는 관계는 단순하고 일반적이라는 생각이 깔려 있다. 새로운 파생 접사, 예컨대 (*beatnik, rocknik*에서의) -nik '...족'이 언어에 들어올 수 있는 것도 새로운 의미를 표현하기 위해서 필요하다고 생각되기 때문이다(cf. Adams 1973: 178-180).

11.2.2 저지

대체로 동사들은 같은 의미의 다른 형태가 존재하지 않는 한 명사로부터 자유롭게 제로 파생된다. 그래서 명사 jail은 그대로 동사(예: *jail the culprit*)가 될 수 있지만, prison은 동사로 쓰이지 못한다. 영어에는 이미 기형성된 imprison이 새로운 형태가 갖게 될 의미를 지니기 때문이다. pattern은 전성 동사가 되지만 system은 그렇지 못한 것도 같은 이유로 설명된다. 이렇게 어떤 다른 형태가 존재함으로써 새로운 복합형이 나타나지 못하는 현상을 가리켜 Aronoff는 저지(blocking)라고 이름붙였다.

Aronoff(1976: 43-45)는 저지를 어휘부에 기재된 항목간의 관계로 규정하고서, X*ous*형의 형용사에 -ity가 붙는 파생 명사를 예로 들고 있다.

various	*	variety	variousness
curious	*	curiosity	curiousness
tenacious	*	tenacity	tenaciousness
precious	*	preciosity	preciousness
glorious	glory	*gloriosity	gloriousness
furious	fury	*furiosity	furiousness
gracious	grace	*graciosity	graciousness
spacious	space	*spaciosity	spaciousness
fallacious	fallacy	*fallacity	fallaciousness

즉 glorious의 명사형으로 *gloriosity가 나타나지 않는 것은 glory라는 명사 형태가 따로 존재하기 때문이라는 것이다. 그렇지만 curiosity나 glory의 존재도 curiousness나 gloriousness가 나오는 것을 막지 못한다. 이 점에 대해서 Aronoff는 접미사 -ness는 -ity와 달리 매우 생산적이고 의미상으로도 일관성을 지닌 것이므로, -ness 첨가에 의한 명사들은 어휘부에 기재될 이유가 없다고 설명한다. 그러나 이 같은 견해는 규칙적인 굴절형 *singed, *mans가 없는 것도 문제거니와 Aronoff(1976: 55) 자신의 자료 profligate/profligacy *profligateness, decent/decency *decentness, aberrant/aberrancy *aberrantness와도 모순되는 것이다.

■ 물음 4 ■

Aronoff (1976) defines *blocking* as "the nonoccurrence of one form due to the simple existence of another." With this novel notion of blocking, he could account for *glory/*gloriosity, gloriousness*, and the like. We noted, however, that *-ness* does not attach to bases of the form X*ate*, X*ant*, and X*ent*. Aronoff takes this to be merely a result of the fact that "the rival affix *-cy* [sic] does attach productively to these classes." Do you see any difference in his ways of accounting for two sets of data?

만약 우리가 단어를 어형성 규칙(word-formation rules)에 의해 만들어지는 것이라고 가정한다면, 특별한 규칙이 일반적인 규칙을 저지하게끔 할 수도 있을 것이다. 이것이 바로 파니니의 원리(Pāṇini's theorem)라고 하는 것인데, 생성문법 안에서는 여타조건(elsewhere condition)이란 이름으로 더 많이 불리어졌다(cf. Kiparsky 1973, 1982; Anderson 1986). 그러나 Kiparsky (1983)는 단순히 glory가 존재한다는 사실이 *gloriosity의 형성을 막을 수 있도록 여타조건을 확대 해석할 수는 없는 노릇이라고 주장하면서, 이른바 "동의어 회피" 원칙(avoid synonymy principle)을 제안한다(cf. Clark/Clark 1979: 798).

이 원칙에 의하면, glory와 gloriousness가 공존하는 것은 그것들이 정확히는 동의어가 아닌 때문이라고 설명된다. 그리고 spy$_N$, inhabitant$_N$ 때문에 *spier, *inhabiter가 나오지 못한다면, 다음에서 보는 것과 같은 이른바 부분 저지(partial blocking)는 어째서 나타나는지도 이해할 수 있을 것 같다.

동사	명사$_1$	명사$_2$
guide	guide	guider
cook	cook	cooker

drill	drill	driller
divide	divide	divider
defend	defendant	defender
inform	informant	informer

(Kiparsky 1982)

    Kiparsky 자신도 인정하듯이 형식면에서 다소 이상하게 보이기는 하지만, 동의어 회피 원칙이 아니고서는 unwell/ill과 *ungood/bad의 차이라든가, thief의 저지로 *stealer는 곤란한데도 (야구에서) base stealer는 가능한 까닭을 설명할 길이 없다.

■ 물음 5 ■

What is the difference in meaning between the pair of deverbal nouns listed above: *guide/guider, cook/cooker, drill/driller, divide/divider, defendant/defender, informant/informer.*

(Katamba 1993: 129)

■ 물음 6 ■

Think about more examples of the so-called "blocking" of the type *spy/*spier*.

■ 물음 7 ■

When {past} is added to most verbs, the result is definite and predictable; however, {past} added to a few words produces two past-tense forms instead of one. Consult the following examples of such dual-past-tense nouns, and then explain why both past forms exist: *dive* (*dived* or *dove*), *hang* (*hanged* or *hung*), *shine* (*shined* or *shone*).

(Murry 1995: 186)

11.3 어기에 대한 제한

어형성 과정에서 어기에 가해질 수 있는 제한은 여러 가지가 있다. 이것들은 곧바로 생산성에 대한 제한으로 이어지기 마련인데, 이제 그 내용을 유형별로 나누어 상세하게 알아보기로 하자.

11.3.1 음운적 요인

영어에서 -ly로 끝난 형용사에 부사형 접미사 -ly를 덧붙이는 것은 몹시 어색하게 느껴진다.

>?friendlily, *elderlily, *miserlily, *worldlily.

이것은 유음 생략(haplology)으로 설명되긴 해도(Stemberger 1981), 앞에서 다룬 적이 있는 소위 비속어 삽입(expletive infixing)과 같이 형태론에서의 음운적 제약이 두드러진 경우임에 틀림없다.

형태적 조작이 (분절음, 강세 등) 어기의 음운구조에 민감한 접사들의 예는 이 밖에도 여럿 있다. 비록 생산성과 관련짓지는 않았어도 Siegel (1974)이 제시한 자료는 우리의 흥미를 끌기에 충분하다. 그 가운데 한 예는 명사화 접미사 -al이다.

(a) denial   betrayal   renewal   withdrawal
    arrival   revival   removal   survival
    disposal acquittal   rehearsal   rental
    appraisal proposal

(b) *acceptal *fidgetal   *encroachal *begrudgeal
    *impeachal *rebukal

위의 예에서 보듯이 -al은 강세 음절 다음에 올 수 있는데, 만약 동사가 자음으로 끝나는 것이면 그 자음은 치조음(alveolar)이거나 순치음(labio-dental)이어야 한다 (단, 공명음 r, n이 중간에 나와도 된다). 유일한 예외는 burial인데, -y로 끝난 단어의 특이함은 위의 -al과 비슷한 행동을 보이는 접미사 -ful의 첨가시에도 보인다(예: *plentiful, fanciful*). 다음 예에서 -ful은 단음절 또는 2음절로 된 명사로서 마지막 강세가 있는 것에 붙는 것 같다.

(a) fruitful   painful   awful   dreadful
    scornful   faithful   peaceful lustful
    prayerful shameful   doubtful useful
    gleeful   tactful   harmful   playful

(b) resourceful delightful respectful disdainful
    successful   eventful   mistrustful deceitful

그러나 이 일반화에 대한 반례로 보이는 예들이 있다.

(c) fanciful   merciful   pitiful   dutiful
    wonderful masterful

■ 물음 8 ■

State the phonological limitations on the possible bases for *-ful* attachment.

290　영어형태론

앞서의 일반화를 전제했을 때, 여기에 있는 단어들은 y와 er이 음절로 계산되지 않는다는 점에서 예외적으로 보인다. 그렇지만 만약 y(*plenty, fancy*)나 r(*wonder, master*)이 자음과 단어 경계 사이에서 성절음(syllabic)이 된 것으로 분석된다면, 이 단어들은 실제로 기저에서 단음절인 셈이고(cf. *prayerful, wondrous*), 따라서 사실상 (a)에 속하는 것이 된다. 요약하면, -ful의 어기는 마지막 강세가 있는 1~2음절 명사이다. 이제 우리는 (*worshipful, purposeful, sorrowful* 등은 예외로 있더라도) *tensionful, *wisdomful, *vengeanceful 같은 것들이 적형이 못 되는 까닭이 이해된다(Siegel 1974: 171-174).

위의 예들을 보면, 영어에서 -ful의 어기가 되는 것은 명사라고 단정해도 좋을 듯 싶다. 그러나 여기에도 소수이긴 하지만 반례가 없지 않다.

forgetful, resentful, mournful, inventful

위의 예에서 forget, resent, mourn, invent는 명사로 쓰이는 일이 없기 때문에 -ful의 어기가 동사인 것은 분명하다(cf. *playful, useful*). 설사 resentment, invention같은 명사형이 있다고 해도 -ful은 마지막 강세를 갖는 단어에 붙는다고 하는 제한을 어기는 것이 된다. 문법에서는 결국 음운적 제한을 어기기보다는 범주 제약을 완화시키는 쪽을 선택한 것이라고 Siegel(1974: 174)은 설명한다.

■ 물음 9 ■

Consider the following data.

    a. *loveful   hateful
       *griefful   joyful
    b. *mourningful   mournful
       *meanful   meaningful

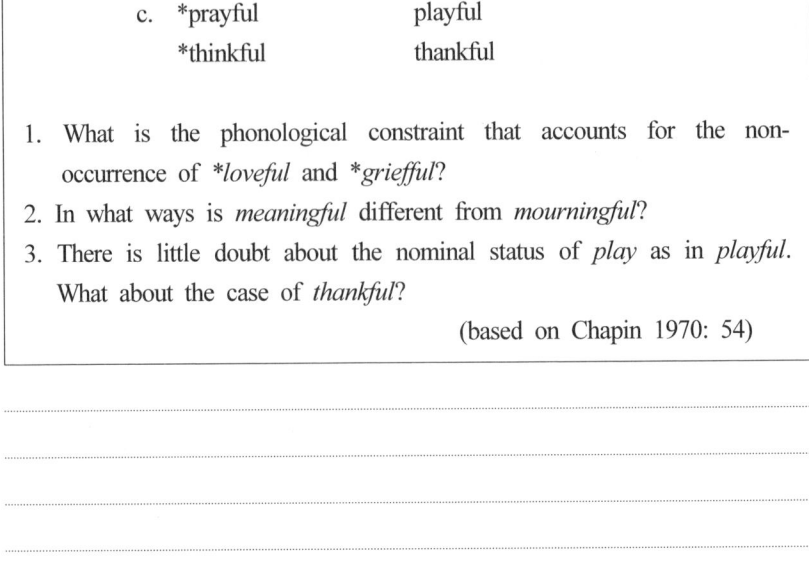

동사화 접미사 -en도 이 점에서 아주 흡사하다.

    (a)   blacken   quieten   harden   soften
           toughen   whiten   dampen   fasten

    (b)   *bluen   *slimmen   *nearen   *laxen

(*lax*는 /læks/로 표기되는 만큼 두 장애음으로 끝난 예이다.) 접미사 -en의 첨가는 (비음, 유음, 모음 같은) 공명음이 아닌 소리(non-sonorants)로 끝나는 단음절 형용사로서(cf. *slacken, *morosen*), -en 앞에 두 개 장애음이 오지

못한다는 출력 조건을 만족시키는 것이어야 한다(cf. *soften, *laxen*). (영어에서 어간말 t는 마찰음(s, f)과 n 사이에서 발음되지 않는다.) Marchand (1969: 272) 역시 역사적으로도 이 유형의 파생은 오직 파열음과 마찰음으로 끝난 어간에서만 생산적으로 보였고, 지난 2백년 동안에는 그 중에서도 t, d로 끝난 형용사로 한정되었던 듯하다고 적고 있다.

다시 앞으로 돌아가서, 접미사 -en은 명사가 아닌 형용사에 첨가된다고 했다. 그런데 역시 소수의 단어에서는 -en이 명사에 나타난다. 이것은 오로지 형용사형이 위의 제약을 위배할 때 뿐이다(cf. Siegel 1974: 175). 이 점을 기억하고서 아래 예들을 비교해 보라.

*highen/heighten   widen/*widthen
*longen/lengthen   deepen/*depthen
*strongen/strengthen   broaden/*breadthen

결국 -en은 (*-ful*에서도 그러했던 것처럼) 분절 조건을 어기지 않는 명사에 붙을 수 있게끔 그 첨가 조건이 완화된 것이다.

■ 물음 10 ■

The English language provides many ways of describing a person from a particular place, all of which involve adding a derivational suffix to the place name—a person from *Missouri* is a *Missourian*, for example, one from *Israel* is an *Israeli*, and so forth. Consider the following place names: *New York, Denver, Illinois, Oakland, New Haven, Nebraska, Riverside, South Bend, Arkansas, Virginia*. Using only these names as data, state what phonological constraint(s) exist on when the morpheme {-er} cannot be added to a place name to denote someone from that place.

(Murry 1995: 187)

■ 물음 11 ■

Look at the following data given by Siegel (1974: 177), and write the phonological constraint on the attachment of -*(e)teria*.

(a)	(b)	(c)
basketeria	candyteria	caketeria
spaghetteria	sodateria	washateria
garmenteria	honeyteria	fruiteteria
chocolateria	radioteria	resteteria
valeteria	grocerteria	luncheteria

11.3.2 형태적 요인

영어에는 lubricity, felicity과 같은 라틴어계 어간에서만 일어나는 k → s 규칙이 있다(cf. *criticism/blackism*). 이것을 흔히 연구개음 연화(velar softening)라고 부르는데, 이와 같은 현상을 설명하기 위해서 형성소에 형태적 구별 자질 [±Latinate]를 써서 표시할 필요가 있다. 형태론적으로도 고유 형태소가 외래 형태소와 행동을 달리할 때가 종종 있다. 이에 따라 영어의 -ity는 (18세기에 신조된 *oddity*는 예외로 하고) X-*ic*, X-*al*, X-*id*, 그리고 X-*able*과 같은 형의 라틴어계 어기에만 첨가될 수 있고(Marchand 1969: 314), -hood는 고유 어기에 붙는다(cf. *girlhood, knighthood, *judgehood, *authorhood*). 한편 -ness는 어떤 어간이든 가리지 않고 붙일 수 있다(Adams 1973: 199). 시간이 흐르면서 외래 형태소가 완전히 토착화되어 고유 형태소로 동화될 수도 있는데, statehood, priesthood가 그 대표적인 예이다.

동사 파생 명사화 접미사 -ment는 어떤 이유에서인지 *en*-X와 *be*-X형의 동사에 아주 자유롭게 붙는다(Williams 1981a; Aronoff 1976: 53-54; cf. Marchand 1969: 332).

(a) encroachment   embezzlement
     endowment   endorsement

(b) bewilderment   bedazzlement
     besiegement   belittlement

Aronoff는 또한 어기의 구성도 역할을 할 수 있음을 보여준다. 그는 -ment로 끝난 명사에 -al이 붙은 파생 형용사를 예로 제시한다.

ornament	*orna	ornamental
instrument	*instru	instrumental
fragment	*frag	fragmental
regiment	*regi	regimental
excrement	*excre	extremental
employment	employ	*employmental
discernment	discern	*discernmental

containment　　　contain　　　*containmental
derangement　　　derange　　　*derangemental

(Aronoff 1976: 54)

만약 -ment가 동사 어근에 붙은 접사이면 -al 형용사는 있을 수 없고, -ment가 어근의 일부라면 -al 형용사가 가능한 모양이다. 이것은 곧 영어에는 X_V-ment의 구조를 갖는 어기에 -al을 첨가해서는 안 된다는 형태적 제약이 있음을 의미하는 것이다.

■ 물음 12 ■

The suffix -*able* can be added to many verbs, such as *break, load,* and *wash*, to create corresponding adjectives that have the meanings that can usually be expressed as "capable of being X-*en*." But other verbs, such as *sit, go,* and *rest*, clearly do not accept -*able*. Write the morphological restriction on the attachment of -*able*.

(Murry 1995: 188)

11.3.3 의미-통사적 요인

어형성 규칙이 제대로 적용되기 위해서는 어기에 명시되어 있는 통사적

정보를 알아야 한다. 예를 들어, -ness(*redness, porousness*)는 형용사에만 붙고, -ee(*employee, payee, *tearee*)는 타동사이면서 생물 목적어나 간접 목적어를 허용하는 동사로 제한된다.

어기에 대한 의미적 제한도 그 예가 적지 않다. 가령 '다시'(=again)의 의미를 갖는 접두사 re-의 경우(*repaint, rewire*), 일반적으로 목적어에 상태의 변화를 수반하는 뜻을 지닌 동사에만 붙는다. 아래 문장에서 그 차이를 확인하기 바란다. 다음 자료는 Aronoff(1976: 47)가 Williams의 미발표 논문에서 인용한 것이다.

(a) John *punched* Bill.
    *John *repunched* Bill.
(b) John *punched* the holes in the paper.
    John *repunched* the holes in the paper.

어떤 특정의 자질이 어형성 과정에 필요 조건이 되는 다른 예는 (과거분사가 아닌) -ed로 끝나는 합성 형용사의 경우이다. A-N*ed*형의 이 합성어들은 -ed의 어기 명사가 그 합성어의 수식을 받는 명사(head noun)에게서 '빼앗을 수 없는'(=inalienable) 것인 경우에나 허용된다는 것이다(Hudson 1975; Beard 1976; Bauer 1983; Katamba 1993). 이 -ed가 붙은 형용사가 보여 주는 소유는 남에게 내어줄 수도 없고 빼앗아 가질 수도 없는 것이라는 뜻이다.

(a) blue-eyed (girl)   gray-haired (woman)
    short-sleeved (shirt)   short-sighted (man)
    one-armed (bandit)   three-legged (stool)
    red-roofed (house)   red-nosed (reindeer)

(b) *two-carred (family)   *black-shoed (lady)
    *small-gardened (house)   *broken-spectacled (boy)

예를 들어, blue-eyed girl에서 합성 형용사의 어기가 된 '눈'(=eye)은 (적어도 일반적인 상황에서라면) 명사구의 핵이 되는 '소녀'(=girl)가 남에게 양도하는 대상이 아니지만, '차'(=car)나 '구두'(=shoe)같은 것은 그렇게 말하기 어렵다. 바로 이 차이가 위의 자료에서 별표(*)의 유무를 판정케 한다.

■ 물음 13 ■

Now we know why a dirty-faced man is good, but *a dirty-motored man is bad, even though both 'a man has a dirty face' and 'a man with a dirty motor' are grammatical (Beard 1976: 156). In this connection, it would be interesting to consider examples like the verandahed bungalow in which -ed adjectives are not modified (cf. Hirtle 1969; Hudson 1975):

    a bearded man   *a moustached man
    an eyed hook   *an eyed cow
                                    cf. a one-eyed monster
    a two-headed snake   *a headed snake

What notions do the unmodified -*ed* adjectives express with respect to the headword?

■ 물음 14 ■

Time expressions such as *holiday, weekend, winter, honeymoon* can be used as verbs, but not so *midnight, noon*, etc. Explain why.

   a. Harry wintered in Paris.
       Bob holidayed in Mexico.
       They honeymooned in Hawaii.
   b. *Jerome midnighted in the streets.
       *Andrea nooned at the restaurant.
                               (examples from O'Grady & Dobrovolsky 1994: 2-3)

조금 더 추상적인 예는 Zimmer(1964)가 관찰한 부정 접두사 un-의 첨가 조건이다. 그에 의하면 un-은 의미가 부정적이라고 생각되는 형용사 부류에는 붙지 않는다는 것이다.

    *unevil, *unsad, *unstupid, *unugly

바꾸어 표현하면, good/bad 등 정도를 가늠하는 반의어의 쌍에서 부정 접두사를 취할 수 있는 것은 오직 '무표의'(unmarked) 단어가 된다는 말이다(Bauer 1983: 94). 그래서 어떤 사람을 가리켜 unwise라고 말할 수는 있어도 *unstupid는 안 되고, unhappy, uncheerful은 좋지만 *unsad, *unsorrowful은 못쓰는 것이다.

■ 물음 15 ■

Explain why the italicized words in the dialog below are odd. What would be the right words that one would probably use instead of them?

Surgeon : How are you today, Leslie?
Patient : I am feeling much better. It's just wonderful to be so *unill* again.
Surgeon : Oh, I'm so *unsad* to see you making such good progress. I am *unpessimistic* about your chances of making a full recovery. The main thing now is to make sure we keep the wound *undirty* to avoid infection.

(Katamba 1993: 78)

그렇지만 un-이 부정적 내용을 갖는 단어에 붙는 것처럼 보이는 일련의 형태들이 있다. 아래 예를 비교해 보라.

*[un[dis[content]]]   [un[[distract]ing]]
*[un[dis[loyal]]]   [un[[dis[hearten]]ed]]
*[un[jealous]]   [un[[envi]ous]]
*[un[mal[[nourish]ed]]]   [un[[malign]ed]]

Siegel(1977)과 Allen(1977)은 다같이 이 문제는 단어의 내부 형태구조를 통해 이해되어야 한다고 결론짓는다. 구체적으로, un-은 인접한 순환(cycle)에 부정적 내용이 들어있는 형용사에는 붙지 않는다는 것이다. un-첨가에 가해진 이 제약은 바로 인접 조건(adjacency condition)으로 일반화되었다. 이 조건에 따르면, "Y가 X에 인접한 순환에 유일하게 들어있지 않은 한 어떤 어형성 규칙도 X와 Y를 포함할 수 없다"(Allen 1978: 49).

■ 물음 16 ■

Given the Adjacency Condition, how can we restate the constraint on *un*-prefixation?

■ 물음 17 ■

In English there are no words of the form *un*-X-*less* (*ungraceless). Explain why such words are underivable.

11.4 의미의 일관성

의미의 일관성(semantic coherence)과 생산성 사이에는 직접적 연관이 있다. Zimmer(1964: 32)의 이 생각은 생산적인 과정일수록 의미를 명기하기가 그만큼 용이하다는 뜻으로 풀이된다. 예를 들어, 타동사에서 파생되는 형용사 X-*able*(예: *exploitable, deliverable*)은 파생 어형변화표에 공백이 없을 정도의 높은 생산성을 가지는데, 그만큼 의미적으로도 일관되게 '...될 수 있는'(=capable of being V-*en*)의 뜻이 된다.

Aronoff(1976: 39)도 형용사를 어기로 하는 두 접미사 -ity와 -ness의 생산성을 의미의 일관성과 연결시키고 있다. 특히, 그는 continuity와 discontinuity를 continuousness와 discontinuousness와 비교하며, 후자는 어기가 갖는 정도의 의미 차이만 있을 뿐이지만 전자의 경우에는 그렇지 못하다고 지적한다. 다음은 그 차이저을 비례적으로 표현한 것이다.

continuous : discontinuous = continuousness : discontinuousness
continuous : discontinuous ≠ continuity : discontinuity

즉, 생산적이라고 판단되는 -ness가 덜 생산적인 -ity와 비교할 때 의미적으로 투명하다는 뜻이다. Aronoff가 말하듯이, 상식적으로 그 상관 관계는 이치에 닿는 것으로 여겨진다. 단어가 무슨 의미가 될 것인가에 확신이 생길수록 그 단어를 더욱 자주 쓰게 될 터이기 때문이다.

12장 논항 구조

12.1 논항과 어휘기재 항목

일반적으로 문장 속에는 어떤 개인 또는 실체를 가리키는 성분인 지시 표현(referring expressions) 외에 그것들의 특성, 과정, 행위, 관계 또는 상태 등을 나타내는 술어(predicates)가 있기 마련이다. 술어는 지시 표현들을 그 것의 논항(arguments)으로 취한다. 이렇게 보면 논항은 술어가 요구하는 역할을 맡는 연기자인 셈이다 (논항은 어떤 관계에 있어 참여자를 지칭하는 논리학과 수학의 술어이다).

동사가 어떤 종류의 보어(complement)를 갖느냐는 통사론에서 매우 중요한 문제이다. 어휘기재 항목에 들어 있는 하위범주화(subcategorization)란 바로 이것을 틀로서 반영하는 것이다(6장 참조). 그러나 통사이론이 발달하면서 보어 자체보다는 그것들의 의미적 측면이 강조되었다. 단순한 통사 범주보다는 어떤 어휘 항목에 의해 정의된 사건(event)의 역할 담당자들을 아는 것이 더 의미있다는 생각에서이다. 다시 dine과 devour의 경우를 생각해 보자.

(a) dine:
eater = subject

(b) devour:
eater = subject
thing eaten = object

어휘 기재 항목으로서 통사 범주와 의미 내용은 밝히지 않았다. 여기서

'먹는 이'(=eater)와 '먹을 것'(=thing eaten)이 바로 역할 연기자, 즉 논항이다. 이것들이 문장 속에 (주어, 목적어, 전치사의 목적어 등) 어떤 모습으로 나올 것인지를 결정하는 것은 문법의 몫이다. 한 문장이 문법적이기 위해서는 동사의 요구가 충족되어야 한다. 예컨대 *Mary devoured가 나쁜 것은 '먹을 것'(=thing eaten)의 역할을 바라는 devour의 요구가 채워져 있지 않은 때문이다. 반면에 dine은 말하자면 sandwich나 어느 다른 것을 주문하지 않으므로 *Mary dined the sandwich는 좋은 문장이 못 된다.

이와 같은 경우에 언어학자들은 의미역이란 개념을 쓰기를 좋아한다. 위의 예에서 먹는 주체인 Mary는 행위자 또는 동작주(agent)라 하고, 먹히는 것은 수동자(patient) 또는 주제(theme)라고 부른다. dine과 devour를 구별짓는 것은 결국 이것들이 요구하는 의미역의 차이이다.

12.2 의미역

이론마다 조금씩 다르기는 하지만, 문법에서 사용되는 의미역(semantic/thematic roles, theta(θ)-roles)에는 대략 다음과 같은 것이 포함된다(Gruber 1976; Elson/Pickett 1983; Katamba 1993 참조).

동작주(agent, Ag). 행위자(actor)라고도 하며, 어떤 (의도적인) 행동이나 활동을 하는 실체이다.

   예: Goofy yawned.

수동자(patient/undergoer, P). 동작주와 반대로 동사가 묘사하는 과정 또는 행동을 겪는 실체이다.

   예: John hit the horse.

주제(theme, Th). 일반적으로는 수동자(patient)와 같은 뜻으로 쓰일 때가 많다. 그러나 이것은 의미적으로 가장 중립적인 경우이다. 그것은 동사의 의미와 매우 긴밀하게 연관되지만 그 정확한 의미가 무엇인지 말하기는 쉽지 않다. 예를 들어, 동작(motion) 동사의 경우에는 움직이는 실체가 theme이 되고, 수여동사의 경우에는 주어지는 물건이, 또 상태를 묘사하는 동사의 경우에는 그 상태를 경험하는 실체가 주제이다(Katamba 1993: 257).

예: The plank floated away. (동작 동사)
　　John offered Mary his chair. (수여 동사)
　　Mary rested. (상태 동사)

시발점(source, S). 어떤 동작의 출발점(starting point)을 가리킨다.

예: This water came from a spring.

도착점(goal, G). 어떤 동작의 종착점(end point)을 가리킨다.

예: John went to town.

경험자(experiencer, Ex). 의도적 행동을 하기보다는 신경 조직에 어떤 내적 또는 외적 자극을 받는 실체이다.

예: Jack sees Jill.
　　Bill feels ill.

도구(instrument/instrumental, Inst). 어떤 행동 또는 상황을 일으키는 데 사용되는 도구이다.

예: John killed the bird with an arrow.
　　The key opened the door.

수혜자(benefactive, 또는 recipient, Ben). 어떤 행동 또는 과정으로부터 이득을 얻는 개인이다. 이것을 도착점(goal)으로 보기도 한다.

    예: Mary gave the officer a bribe.
        He made a chair for me.

처소(locative/location, Loc). 동사가 나타내는 사건, 상태 또는 행동이 일어나는 장소를 가리킨다.

    예: The Smiths live in the Sunbelt.
        California is sunny.

■ 물음 1 ■

The English verb *see* implies a different role for the subject than the verb *look*. How?

                      (based on Elson & Pickett 1983: 146)

■ 물음 2 ■

Using the terms described above, label the thematic role of each NP in these sentences.

1. The magician changed the ball into a rabbit.
2. Something fell from the ceiling to the floor.
3. A man bit a mad dog.
4. The motor died.
5. The police arrested the thieves.
6. The stone hit the fence.
7. The athletes practice in the Skydome.
8. The cat jumped onto the table.
9. Jack hit the horse with a stick.
10. Sergey gave the documents to the spy.

12.2.1 의미역과 타동성

의미역(theta-roles)은 본질적으로 타동성(transitivity)을 특징지우기 위해 사용된다. 전통적으로 타동성이란 술어는 어떤 행위자가 시작하여 다른 개체로 넘어가 영향을 끼치는 행위를 가리키기 위해 사용된다. 가장 전형적인 술어인 동사는 논항이 하나, 둘, 혹은 셋이 있는 틀로써 나타난다. 자동사들은 한 자리 술어(one-place predicates)이고, 타동사는 두 자리 술어(two-place predicates)이다. 그것들은 다음에서 보듯이 정해진 수의 논항과 더불어 나타난다.

(a) 한 자리 술어:
Mary smiled.
Ag

(b) 두 자리 술어:
John kicked the ball.
Ag   P

세 자리 술어(three-place predicates)는 그 의미역을 바탕으로 몇 가지 다른 유형으로 구분할 수 있다.

(c) 세 자리 술어:
  (i) 'give'류의 동사(예: give, send, lend, post 등):
    Andrew sent Helen flowers.
    Ag   G   Th
  (ii) 'place'류의 동사(예: place, put, deposit, position 등):
    Dad put the cake in the oven.
    Ag   Th   Loc
  (iii) 도구 동사(instrumental verbs):

<u>The woman</u> cut <u>the tree</u> with <u>a saw</u>.
    Ag   P   Inst

동사가 올바른 통사 구조를 갖추어 나타나도록 하기 위해 어휘부(lexicon)는 그 동사가 요구하는 의미역을 명시해 주어야 한다. 이에 따라 위의 동사들은 어휘 기재 항목에 그 논항구조 요건을 보여주는 아래 정보가 담겨 있어야 한다.

SMILE   V, <agent>
KICK   V, <agent, patient>
SEND   V, <agent, goal, theme>
PUT   V, <agent, theme, locative>
CUT   V, <agent, patient, instrument(수의적)>

■ 물음 3 ■

List five verbs whose lexical entries would include the subcategorization frame like the following:

<Ag, Th, Loc>

E.g., *hid* as in *John hid the money under the rug.*

■ 물음 4 ■

Suggest subcategorization frames for the different senses of the verbs *fly*, *sing*, and *walk* in the following:

1. (a) Birds fly.
   (b) Peter is flying a kite.

2. (a) The dog walked.
   (b) Jill walked the dog.

3. (a) Susan sang.
   (b) Susan sang a lullaby.
   (c) Susan sang a lullaby for the baby.
   (d) Susan sang the baby a lullaby.

(Katamba 1993: 288)

그러나 이것만으로는 어느 특정 문장에서 그 의미역이 명사구에 제대로 연결되는지 알 수 없다. 의미역이 어떻게 문법 기능과 연결되는가를 문법에서 말해 주지 않으면 안 된다. 예를 들어 영어에서 의미역과 문법 기능의 연결 원리는 대략 다음의 모양을 띠게 될 것이다(Katamba 1993: 264).

의미역 (θ-role)	해당되는 문법기능 (grammatical function)
동작주 (agent)	주어 (subject)
수동자 (patient)	동사의 목적어 (object of verb)
처소격 (locative)	사격 명사구 (oblique NP)

Elson/Pickett(1983: 146)이 지적하듯이, 개념적인 의미역은 문법적 기능 (주어, 목적어 등)과 구별되어야 한다. 그 둘 사이에 (가령 동작주는 주어이고, 수동자는 목적어가 되는 등) 대체적인 경향은 분명히 드러나지만, 1대 1 대응 관계 같은 것은 없다. 동작주는 주어로 나타나기 쉽지만, 항상 그렇지는 않다. 문장 John was last seen by Bill에서 Bill은 경험자이지만 주어는 아니다. 대개의 경우 수동자는 목적어로 나타나지만, 역시 늘 그렇지는 않아서 앞의 예에서 수동자인 John은 주어로 나타난다. 한편 receive와 같은 동사는 피동문이 아니더라도 주어가 수동자이다(예: *Mary received the book*).

■ 물음 5 ■

Rewrite the following sentences, omitting the agent who initiates the motion. Then label the thematic roles.

1. Mrs. Cunningham sank the knife into his chest.
2. He dropped the stone onto her toe.

(Katamba 1993: 265)

■ 물음 6 ■

Think about the thematic role of the subject in each of the following sentences.

1. (a) The big bad wolf *frightened* the three little pigs.
   (b) The three little pigs *feared* the big bad wolf.

2. (a) My best friend *gave* me a pair of partridge.
   (b) I *received* a pair of partridge from my best friend.

3. (a) Dr. Nussbaum *performed* plastic surgery.
   (b) Cheryl *underwent* plastic surgery.

(based on Pinker 1994: 114)

> ■ 물음 7 ■
>
> Identify the thematic role and grammatical function of each argument in sentences below.
>
> 1. Peter lent the car to Lesley.
>   Lesley borrowed the car from Peter.
>
> 2. Janet bought the car from Helen.
>   Helen sold the car to Janet.
>
> (Katamba 1993: 288)

문법적으로 goal은 간접 목적어(indirect object)이거나 장소(location)가 된다. 그리고 도구격은 흔히 with, by, on으로 시작하는 전치사구로써 표현되지만, The key opened the door에서는 도구가 문장의 주어이다. 처소격의 경우에도 보통은 부사구로 나타나겠지만, 항상 그렇지는 않다.

문장에서 누가 무엇을 누구에게 했는가를 어떻게 전달하는지를 지령하는 힘은 결국 동사에 있기 때문에 동사를 보지 않고는 누구도 문장내 역할을 가려낼 수 없다. 사실 많은 동사들은 각기 성질이 다른 역할을 배정하는 별개의 기재항목을 갖는다. 이것 때문에 "Call me a taxi." "OK, you're a taxi."와 같은 옛 농담에서처럼 두 가지 뜻이 나올 수 있다(Pinker 1995: 114).

■ 물음 8 ■

Read the following anecdote from Pinker 1995(115) and write two distinct lexical entries the verb *serve* can have.

> The comedian Dick Gregory tells of walking up to a lunch counter in Mississippi during the days of racial segregation. The waitress said to him, "We don't serve colored people." "That's fine," he replied, "I don't eat colored people. I'd like a piece of chicken."

12.2.2 의미역의 근원

의미역은 단어 뜻에 근원을 둔다. 그래서 문장 A man bit a dog에 동작주와 수동자/주제가 들어 있다면, 그것은 동사 bite가 무는 실체와 물리는 실체를 내포하고 있기 때문이다. 비슷하게 만일 우리가 문장 He sent the packet from Seoul to Chicago에서 Seoul을 시발점으로, Chicago를 종착점으로 이해하는 것은 이 명사구와 함께 나오는 전치사 from과 to의 의미 차이 때문이다. 이것은 곧 전치사도 동사에서처럼 어휘부에 의미역을 갖는다는 뜻이 된다. 다음은 그 일부 보기에 지나지 않는다.

    from   P,   <source>
    to   P,   <goal>
    near   P,   <location>

이 역할들은 통사 구조에서의 위치에 근거하여 각 명사구(NP)에 오직 하나씩 할당된다. O'Grady/Dobrovolsky(1992: 246-49)는 이것을 다음과 같은 규약으로 나타내 보인다.

> 규약 I : 전치사 P는 그 보어 NP에 (source, goal, location, instrument 등) 의미역을 할당한다.

이 규약의 운용을 예시한 것이 아래 그림이다.

(a) [[from]$_P$ [Seoul]$_{NP}$]$_{PP}$ (b) [[to]$_P$ [Chicago]$_{NP}$]$_{PP}$

동사의 경우에는 문제가 조금 더 복잡하다. 여기에서는 동사의 보어에 할당되는 주제 역할과 그 주어에 할당되는 동작주 역할을 구별해야 하기 때문이다.

> 규약 II : a. 동사 V는 주제역이 있으면 그것을 그 보어 NP에 할당한다.
> b. 동사 V는 동작주역이 있으면 그것을 그 주어 NP에 할당한다.

다음 예시를 보라.

(a) [[John]$_{NP}$ [[hit]$_V$ [the ball]$_{NP}$]$_{VP}$]$_S$

(b) [[John]$_{NP}$ [[smiled]$_V$]$_{VP}$]$_S$
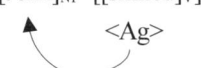

■ 물음 9 ■

Explain why the two sentences below differ in meaning although they contain exactly the same words.

(a) The kids tickled the clown.
(b) The clown tickled the kids.

(Katamba 1993: 257)

한 문장이 적형이기 위해서는 동사가 원하는 것을 다 갖추어야 한다. 즉 동사의 사전 목록에 수록된 모든 역할이 지정된 위치에 나타나야 한다. 가령 put은 주어, 목적어, 그리고 전치사구를 요구한다. 그렇다면 다음 문장들은 어떻게 설명해야 하는가?

The car was put in the garage.
What did he put in the garage?
Where did he put the car?

첫 번째와 두 번째 문장에서 put는 목적어가 없어도 괜찮은 것 같아 보인다. 세 번째 문장에서 꼭 있어야 할 전치사구가 빠진 모양이다. 이것은 물론 put가 목적어나 전치사 없이도 쓰일 수 있도록 새 어휘기재 항목을 더할 필요가 있다는 말이 아니다. 그것은 곧 명사의 의미역은 (생성문법의 표현을 빌리면) 표면 구조(surface structure)가 아닌 심층 구조(deep structure)에서 결정된다는 것을 의미하는 것이다.

■ 물음 10 ■

Write out the deep structure for each of the following sentences and mark all thematic roles and thematic role assigners.

Example: Jack has given what to his bride.

1. Who will Larry kiss?
2. The ring was stolen by the burglar.
3. What has Martha left on the bus?
4. Which house will they leave from?
5. What did you put in the drawer?
6. Was the car thief arrested?
7. The ball was thrown to Evan by Louise.

(O'Grady & Dobrovolsky 1994: 266)

12.3 Lieber의 어휘구조 이론

형태적으로 복잡한 단어의 내부구조를 설명하기 위하여 핵(head)의 개념을 맨 먼저 구체화시킨 이는 Williams(1981a)이었다고 말했다. 그리고 그가 제안한 우측머리 규칙(right-hand head rule)의 문제점도 Selkirk (1982)의 자질삼투 규약과 함께 짚어 보았다. Williams가 주장한 내용의 골자는 크게 달라지지 않아서, 핵은 여전히 삼투라고 일컬어지는 장치에 의해 전체 단어에 자신의 범주를 부여하는 것으로 가정한다.

위의 이론적 배경을 바탕으로, 이 절에서는 Lieber(1980, 1983)의 어휘구조 이론(lexical structure theory)은 어떤 것인지 간단히 살펴보기로 하자. Lieber(1980)에 의하면 파생과 굴절은 다같이 어휘부 안에서 이루어져야 하며, 사실 그것들은 동일한 종류의 형식 과정을 필요로 한다. Halle, Aronoff, 그리고 Selkirk에서 보이던 어형성 규칙의 개념은 (통사 이론의 발전에 발맞추어) 어휘 삽입(lexical insertion)으로 대치되었다. Lieber가 생각하던 어휘기재 목록은 접사와 어간의 범주 유형을 구분하지 않는 등 조그만 차이가 없는 것은 아니지만, 그래도 기본적으로는 Selkirk의 것과 같다고 말해도 좋다. 그러나 Lieber(1983)에 이르러서 그녀는 형태소의 논항 구조를, 그것도 의미역을 써서 제시하고 있다. 그리고 이 의미역 가운데 어느 것이 주어로 행동하는 지도 지시해야 하는 것으로 생각한다(Lieber 1983: 252).

형태소들은 표찰(label)이 붙지 않은 이분지 수형 구조에 삽입된다. Lieber(1980: 47)의 어휘구조 이론의 한 특징은 단일한 문맥자유 다시 쓰기 규칙이 있어서 그것으로서 표찰이 붙지 않은 수형 구조를 생성한다는 것이다. 형태소의 삽입은 물론 하위범주화 제약에 따른다.

(a)  표찰이 붙지 않은 이분지 수형 구조

(b) 형태소 삽입

단어내 개별 형태소에 관한 정보를 토대로 수형 구조에 표찰을 다는 어떤 장치가 필요하다. 그것이 바로 자질삼투 규약(feature percolation conventions)이다. 먼저 일반 파생 과정 및 합성에서 필요한 규약 두 개를 소개한다(Lieber 1980: 49).

   자질삼투 규약
   규약 I: 범주 자질을 포함하여 어간 형태소의 모든 자질은 그 형태소를 지배하는 첫 비분지 교점으로 삼투한다.

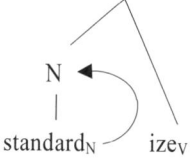

   규약 II: 범주 자질을 포함하여 접사 형태소의 모든 자질은 그 형태소를 지배하는 첫 분지 교점으로 삼투한다.

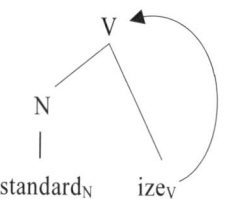

규약 II에 따르면 단어는 가장 바깥쪽 접사 형태소의 모든 자질을 취하는 것이 된다. 그러나 예를 들어, 접두사 counter-는 그 자체의 범주 자질을 갖고 있지 않아서 어느 품사에 붙든지 결과는 어간의 것과 달라지지 않는다

12장 논항 구조   319

(예: [counter [attack]$_V$]$_V$, [counter [intuitive]$_A$]$_A$, [counter [blow]$_N$]$_N$). 이러한 Ø(null) 범주 부류에 속하는 접사를 위해 제안된 것이 아래 규약이다(Lieber 1980: 50).

규약 III: 만약 어떤 분지 교점이 규약 II에 의해 자질을 얻지 못하면, 바로 아래에 표찰달린 교점의 자질들이 자동적으로 표찰이 붙지 않은 분지 교점으로 삼투되어 올라간다.

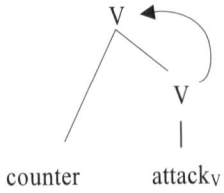

이상 세 규약들은 범어적인 원리라고 가정한다. 다음은 영어의 합성어를 위한 규약이다(Lieber 1980: 54).

규약 IV: (영어의) 합성어에서 오른편 어간의 자질이 그 어간을 지배하는 분지 교점으로 삼투되어 올라간다.

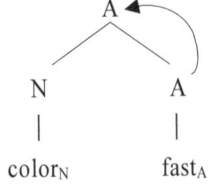

합성어의 경우에 첫 비분지 교점에 표찰을 매기는 것은 물론 규약 I이다. 지금까지 살펴본 Lieber의 규약들은 불필요하게 서술적이고 가끔은 장황한 느낌마저 준다. 그러면서 어떤 자질이 무슨 까닭으로 분지 교점을 차지하게 되는지도 분명치 않다. 이러한 설명력의 결여는 어휘구조에서의 핵의 개념을 보다 적극적으로 살리지 못했기 때문이다. 만일 우리가 핵의 개념을 인정한다면, 적어도 규약 II~IV를 하나로 묶어 "범주 자질을 포함하여 핵 성분의 모든 자질은 그것을 지배하는 분지 교점으로 삼투한다"고 말해도 좋을 것이다.

이 절에서 소개한 Lieber의 어휘구조 이론은 12.5.2절에서 합성어의 논항 구조를 따지면서 다시 돌아보게 될 것이다.

12.4 파생과 논항 구조

파생어가 어떻게 해서 하위범주화 틀을 얻게 되는가 하는 문제는 근래에 와서 많은 학자들의 관심을 끌었고, 이 문제에 대한 여러 가지 접근방법이 시도되었다. 이 절에는 Williams(1981b)의 논의를 중심으로 이 문제를 잠깐 들여다보기로 한다.

앞에서도 많은 예를 보았지만, 의미역의 실현은 전치사라든가 격어미로써 표시될 것이다. 그러나 그것도 항상 단순하지만은 않아서, 주어에 여러 다른 역할이 부여되는 경우도 자주 발견된다. 다음의 예를 보자.

(a) John opened the door.
(b) The door opened.
(c) The door was opened by John.

여기서 주어는 동작주(a), 주제(b, c)의 역할을 한다. 비록 각각의 주어는 달라도 위의 세 문장들은 모두 같은 사건을 묘사할 수 있다. 의미역을 써서 이 같은 의미상의 유사성을 포착한 것이 아래 도식이다.

open (John, door)
　　　|　　|
　　　Ag　Th

이 때 John과 door를 동사 open의 논항이라고 한다면, 위의 그림은 그 동사의 논항 구조(argument structure)를 표시한 것이다. 그리고 아래에서 보는 것처럼 각 논항에 연관된 의미역의 이름을 쓸 경우에는 의미 격자(theta grid)란 말을 쓰기도 한다. (실제로 논항 구조와 의미 격자는 종종 같은 뜻으로 쓰인다.)

open(Ag, Th)

이 의미 격자에 따라 open은 동작주와 주제의 두 의미역을 갖는다. 논항 구조가 형태론에서 갖는 중요한 역할에 처음으로 주목한 것은 Williams(1981b)였다. 그는 논항을 외부 논항(external argument)과 내부 논항(internal argument)의 두 유형으로 구별하고서, 외부 논항은 특별히 밑줄을 그어 표시한다. 모든 술어에 외부 논항이 있는 것은 아니지만, 논항 구조 내에 외부 논항이 존재하는 경우 그것은 항상 주어로 나타난다. 따라서 Williams의 입장에서 본다면 위의 의미 격자의 보다 정확한 표기는 open(<u>Ag</u>, Th)이 될 것이다.

■ 물음 11 ■

An example of a verb with no external argument is *seem*, as exemplified below:

(a) It seems that Judy is smart.
(b) Judy seems to be smart.

In a sentence like (a), the overt subject *it* is not an argument, but merely a dummy, as in *It is raining,* since English sentences require an overt subject (except in imperative). What about the sentence (b)? Is Judy the logical subject of *seems*?

(based on Jensen 1990: 101)

문장 속에서 동사의 논항 구조는 달라질 수 있다. 예를 들어, 문장 The door opened에서 행위자는 나타나지도 않고 함의되지도 않았다. 그 결과 주제가 주어가 된다. The door was opened by John은 행위자가 함의된 피동문인데, 이 의미역은 by-구에 의해 실현될 수는 있어도 역시 주제가 차지하는 위치인 주어가 되지는 못한다.

이제 어형성 과정에서 생기는 논항 구조의 변화를 보자. 가령 (동작주, 주제, 그리고 도착점의) 세 의미역을 논항으로 취하는 동사 read에 어떤 어형성 규칙이 적용되어 논항 구조가 바뀐다고 하면, 이 변화를 어떻게 특징 지을 수 있는가? 다음 예들은 -able이 타동사에 붙어서 본래의 동사의 주제를 주어로 하는 형용사가 되는 것을 보여준다.

    John read *a book* to the children.
    This book is readable.

Xable이 동작주나 도착점을 주어로 하여 쓰이지 못함은 다음 예에서도 확인된다.

    **John* is readable.
    **The children* are readable.

12장 논항 구조   323

주제 논항을 가리키는 명사를 만드는 -ee(*employee, payee*)도 이와 비슷하다. 동사화 접사 -ize는 조금 더 복잡하다.

    The factory is modern.
    They modernized the factory.

여기에서 하나의 (외부) 주제 논항을 갖는 형용사 술어에 -ize가 붙으면, 새로운 외적 논항인 동작주와 형용사 본래의 논항에 해당하는 내부 주제 논항을 갖는 (사역) 동사가 생겨난다.

Williams는 -able/-ee와 -ize 접사 첨가로 대표되는 두 과정이 기본적으로 논항 구조에 영향을 주는 형태 규칙의 전형이라고 말하면서, 이 규칙들을 각각 (i)내적 논항의 외부화(externalization)와 (ii)외적 논항의 내부화(internalization) 로 분석한다. 의미역의 이름을 X라고 했을 때 이 규칙들은 각각 E(X)와 I(X) 의 모양이 된다. 본래의 논항 구조와 새로운 논항 구조는 이 두 규칙에 의해 연결된다. E(X)는 다음과 같이 정의된다(Williams 1981b: 92).

    E(X): 만약 외부 논항이 있으면 거기에 있던 밑줄을 지우고 X에 밑줄을 그어라. X=0이면, 어느 것에도 밑줄을 긋지 마라.

-able 첨가는 주제의 외부화 E(Th)로써 그 결과는 다음과 같다.

    E(Th): read(Ag, Th) → readable(Ag, Th)

이것으로 readable의 주어가 동사 read의 직접 목적어에 해당한다는 사실이 설명된다.

내부화에는 두 단계가 있다. 첫째는 새로운 외부 논항을 보태는 것이고, 그 다음에는 외부 논항을 내부 자리로 낮추는 것이다. 다음 I(X) 규칙에서 말하려는 것도 다르지 않다(Williams 1981b: 99).

I(X): (a) 입력부 단어의 외부 논항을 출력부 단어의 X와 "대등하게" 놓아라.
(b) 동사에 대해서는 동작주, 명사에 대해서는 지시물(referent, R)이라는 새로운 외부 논항을 더하라.

I(X)의 한 경우는 -ize의 첨가이다. 이 규칙은 예컨대 legal/legalize에서 보듯이, I(Th) 규칙이다. 이것은 곧 형용사 legal이 가지고 있던 주제가 밑줄을 잃고 새로운 동사가 갖게된 내부 주제와 같은 것이 된다는 뜻이다.

I(Th): legal(Th) → legalize(Ag, Th = Th)

이 규칙에 의해 legalize는 동작주라는 새로운 논항을 가지며, 그 주제는 legal의 주제와 같게 된다.

이 이론 속에서 통사적 하위범주화의 변화는 논항 구조의 변화에서 자연스럽게 얻어지는 결과로 본다. Williams의 제안은 여기서 그치지 않는다. 그에 의하면 하위범주화에 일어나는 변화를 매 경우마다 명시할 필요가 없다. 그것들은 논항 구조의 변화에서 자연히 얻어지는 결과라는 것이 그의 주장이다. 논항 구조에 대한 Williams의 관심은 뒤에 Di Sciullo/Williams(1987)로 이어지지만, 더 이상의 논의는 이 책의 범위를 벗어나는 것이다.

12.5 합성어의 의미 해석

이 절에서는 합성어의 의미 해석을 위한 Allen 1978과 Lieber 1983의 제안을 차례로 알아본다.

12.5.1 어근 합성어의 특성

앞에서도 말했듯이, 합성어에는 일차적인 것과 종합적인 것이 있다. 일차 합성어는 단일어(또는 어근)가 연결된 것이다. (내심) 합성어의 범주는 핵이 되는 오른 쪽 요소에 의해 결정되고, 그 의미 또한 오른 쪽 요소의 의미 안에 들어 있다. 다시 예를 들면, fireman은 ('불'이 아닌) '사람'의 일종이다. Allen(1978: 105)은 이것을 다음과 같은 식의 "이다" 조건("IS A" condition)으로 표현하고 있다.

"이다" 조건
합성어 [[ ]x[ ]y]z에서 Z는 Y "이다."

합성어와 그 구성 성분 사이에는 의미상 부분 집합 관계가 성립한다는 말이다. 다음 예들은 합성 명사만을 보인 것이다.

blackbird	IS	A	"bird"
mailman	IS	A	"man"
silk worm	IS	A	"worm"
treadmill	IS	A	"mill"

그렇지만 위의 "이다" 조건으로써 합성어의 전체 의미가 분명하게 결정된다고 말하기는 어렵다. 일차 합성어, 특히 N-N 어근 합성어는 의미 해석이 상대적으로 자유롭다고 생각되기 때문이다. Allen(1978: 93)의 변수 R 조건(variable R condition)은 일차 합성어에서의 가능한 의미 범위를 정하기 위해 제안된 것이다.

변수 R 조건

일차 합성어 $\left[\begin{bmatrix} \alpha_1 \\ \vdots \\ \alpha_n \end{bmatrix}_A \begin{bmatrix} \beta_1 \\ \vdots \\ \beta_m \end{bmatrix}_B \right]_X$ 에서

$\alpha_1 \cdots \alpha_n$과 $\beta_1 \cdots \beta_m$이 각각 계층적 의미 자질로 나타낸 A와 B의 의미

내용이면, X의 의미 범위는 $\beta_1(a_1 \cdots a_n)$에서 $\beta_m(a_1 \cdots a_n)$까지이다.

예를 들어, 일차 합성어인 fireman은 '소방수, (기관 따위의) 화부'라는 상례적인 뜻 말고도 다음과 같은 뜻을 가질 수 있다(Scalise 1984 참조). (*는 가능하지 않은 뜻의 범위를 가리킨다.)

불을 숭배하는 사람(= man who worships fire)
불을 놓는 사람(= man who sets fire)
불 위를 걷는 사람(= man who walks on fire)
⋮
*불을 담고 있는 사람(= man who contains fire)
*불을 파는 사람(= man who sells fire)
*불에 대해 꿈꾸는 사람(= man who dreams about fire)

변수 R조건은 A의 의미 내용을 B의 자질 계층 가운데 채워 넣을 자리가 있으면 넣어도 된다는 것을 예측케 한다. 자질 계층에서 보다 지배적인 윗자리에 있는 것이면 상대적으로 쉽게 채워진다. 가능한 의미 범위 안에서도 어떤 것이 다른 것보다 더 가능성이 높은 것은 이 때문이다. 가령 X-man 형의 합성어라면 [+직업]이 '지배적인 자질'이 되고, [+재료]는 '덜 지배적인 자질', [+그릇]은 '존재하지 않는 자질'이다. 가능하지 않은 뜻은 서로 상치되는 계층 자질을 연결해 놓았을 때 생긴다. 예를 들어, fireman이 '불을 조련하는 사람'의 뜻일 수는 없지만, lion-man은 '사자를 조련하는 사람'의 뜻을 갖는다. 그리고 fireman은 결코 '불을 담고 있는 사람'을 뜻할 수는 없는데, 그 까닭은 man의 의미 자질에 [+그릇]은 없기 때문이다.

Allen이 제안한 두 조건을 만족시키는 합성어는 그만큼 의미상 투명하거나 예측 가능한 것이다. 이제 절을 바꾸어 종합 합성어의 경우를 따져보기로 하자.

■ 물음 12 ■

Although, as Allen (1978: 94) points out, a compound like *water mill* has an institutionalized meaning 'mill powered by water,' it could conceivably also mean 'mill which produces water' (like *steel mill*), 'mill which contains water' (like *water jug*), 'mill where people drink water' (like *water hole*). Indeed any meaning consistent with the semantic features (for example, animacy or concreteness) of *water* and *mill* is conceivable. What is it then that determines the one fundamental semantic constraint on the interpretation of root compounds, that a *water mill* is a kind of *mill*, and not a kind of *water*?

12.5.2 종합 합성어의 논항 구조

생성 문법 안에서 종합 합성어를 설명하려는 최초의 시도는 Roeper/Siegel(1978)에 의해 이루어졌다. 그들의 생각은 예컨대 (동사성) 합성어 truck driver와 동사구 drive a truck 사이에 엄존하는 통사상의 유사성을 직접적으로 포착하자는 것이었다. 요컨대 truck-driver가 '트럭 운전사'(=someone who drives trucks)의 해석을 가지도록 하려면, 종합 합성어의 첫 번째 요소는 동사 어기의 내부 논항으로 해석받을 수 있어야 한다는 것이다. 이것을 Roeper/Siegel은 제1자매 원리(first sister principle)라고 불렀다. 그렇지만 그들이 제안한 어휘적 변형(lexical transformation) 장치는 그 후 여러 학자들, 특히 Selkirk(1982)에 의해 호된 비판을 받았다.

> ■ 물음 13 ■
>
> Consider the following two types of synthetic compounds. Is there any generalization to be made about the thematic roles in [N-Ver]$_N$ and [N-Ven]$_A$?
>
> a. [N-Ver]$_N$　　　　b. [N-Ven]$_A$
> 　　moneylender　　　　　　hand-written
> 　　shoemaker　　　　　　　time-worn
> 　　bookseller　　　　　　　hand-sewn
> 　　anteater　　　　　　　　guilt-ridden
> 　　　　　　　(based on Katamba 1993: 308-309)

12.5.2.1 논항 연결 원리

Lieber의 접근법은 동사의 논항 구조를 이용하고 있다는 점에서 새롭다. 그녀는 Williams(1981)를 좇아 논항을 두 가지 유형으로 구별한다. 동사의 논항 중 하나는 외부 논항(external argument)이 될 수 있으며, 이것은 (만약 존재한다고 하면) 주어의 기능을 한다. 나머지 논항들은 내부 논항(internal argument)이라 불린다. Lieber(1983: 257)가 제안한 논항 연결 원리(argument-linking principle)는 아래처럼 풀어 쓸 수 있다(Jensen 1990: 104 참조).

> 논항 연결 원리
> (a) 합성어의 요소는 그것의 모든 필수적 내부 논항을 연결할 수 있어야 한다.
> (b) 논항을 취하는 어간에 의해 연결되지 못한 합성 어간은 그 어간의 제한적 수식어, 즉 처소격(locative), 양태(manner), 도구격(instrumental), 혹은 수혜격(benefactive)으로 해석될 수 있어야 한다.

어간이 내부 논항을 연결하는 방법에는 두 가지가 있다. 만약 어간의 자질이 전체 합성어로 삼투되면, 그것은 합성어 밖의 논항을 연결해야 한다. 삼투되는 자질 가운데에는 어간의 논항 구조를 가리키는 것이 있기 때문이다. 가령 handweave와 같은 합성어에서 weave의 논항 구조는 Lieber의 자질 삼투 규약 IV에 의해 합성어 전체의 논항 구조가 된다. weave는 하나의 내부 논항인 수동자(=짜여지는 물건)를 갖는다. 이 어간은 논항 구조를 합성어에 건네줌으로써, 보통은 그 논항 구조를 We *handweave* all our own cloth에서 보듯이 논항 연결 원리 (a)에 의해 합성어 밖에서 만족시키게 된다. 아래 그림은 이 점을 도식화한 것이다(Lieber 1983: 258).

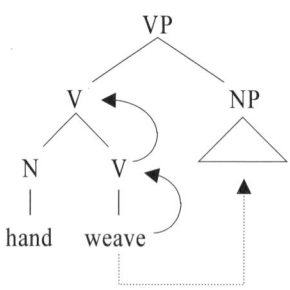

이제 weave에 의해 연결되지 않은 합성 어간 hand는 (b)에 따라 동사 weave의 제한적 수식어, 이 경우엔 도구격(='by hand')으로 해석받는다.

이처럼 handweave와 같은 합성 동사가 논항 구조 속에서 해석받을 수 있다는 것은 역형성에 대한 어떤 조건을 시사해주는 듯하다(cf. *spoonfeed, handwash*).

■ 물음 14 ■

How can you interpret compound verbs such as *dry-farm, double-coat, sweet-talk* in accordance with Lieber's argument-linking principle?

한편 Lieber가 '논항을 취하는 어간'(argument-taking stems)이라고 이름 붙인 동사나 전치사가 합성어의 왼쪽 성분으로 나타날 때에는 어떠한가? 이 어간은 그 자질 중 어떤 것도 합성어로 삼투되지 않고, 따라서 논항구조는 합성어 안에서 만족될 수밖에 없다. 이것이 drawbridge와 underworld의 경우이다.

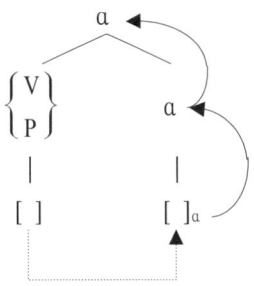

위의 그림은 바로 이와 같은 합성어라면 두 번째 어간이 첫 어간의 논항 구조를 만족할 수 있어야 한다는 것을 보여준다. 합성 명사 drawbridge의 경우에 그것은 '끌어올리는 다리'이니 bridge가 머리인 것이 분명하다. 명사인 bridge에는 필수적 논항 구조라는 것이 없으므로 어떤 논항도 합성어 밖에 나타나서는 안 된다. draw는 필수적 내부 논항인 주제(=끌어올려지는 것)를 가지고 있다. 이 논항은 합성어 안에서 찾아야 한다. 이런 모양의 합성 명사는 생산성을 의심받았지만(Bauer 1983: 60), drop curtain, push-cart, whetstone, scrubwoman, showplace, treadmill, knitwear, 그리고 비교적 최근에 나온 punch card 등은 영어에서 이 유형의 존재를 부인하기 어렵게 한다 (Jensen 1990: 105; Marchand 1969: 74; Selkirk 1982: 14).

■ 물음 15 ■

Compounds with a preposition as first member are *underworld*, *overdraft*, etc. How can the Argument-Linking Principle be used to distinguish between these acceptable forms and the unacceptable forms such as *during-warm*, *above-green*?

이어서 Lieber는 자신의 합성어 이론을 여러 다른 합성어의 유형에 적용시켜 보이고 있다. 그 가운데 하나는 quick-considering과 같은 진행형 동사이다. 먼저 아래 그림을 보라(Lieber 1983: 270).

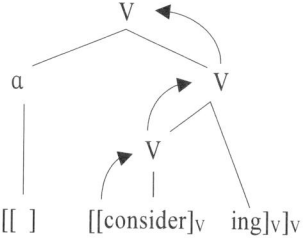

어형성 규칙을 채용하지 않는 그녀의 이론에서 Lieber의 관심은 보다 간단한 문법의 구축이었던 모양이다. 위의 그림과 함께 Lieber(1983)는 일차 합성어에 대한 그녀의 분석이 가외의 장치 없이 종합 합성어에 그대로 연장될 수 있음을 보이려 한다. 논항 연결 원리를 써서 보다 용인할 수 있는 quick-considering과 그렇지 못한 proposal-considering을 어떻게 구별할 수 있는지 Lieber의 설명을 들어보자. -ing은 그 자체의 논항 구조를 갖고 있지 않으므로 consider의 논항 구조가 첫 분지 교점으로 삼투된다. 그 다음에 규약 IV에 의해 considering의 모든 자질이 전체 합성어로 전해지고 나면, considering은 어쩔 수 없이 합성어 밖에서 논항을 만족시켜야 한다. α위치에 나올 수 있는 quick와 proposal을 비교해 보자.

They are *quick-considering* the proposal.
*They are *proposal-considering* the offer.

대부분의 화자에게 quick-considering은 진행형 동사로서 proposal-considering보다 용인 가능한 것으로 생각된다. 전자의 경우에 quick는 쉽게 양태(manner)의 해석을 받지만, proposal은 아무 논항으로도 해석 받지 못하는 데 그 까닭이 있다. 덧붙여 말하면, 위의 구조가 주어진다고 했을 때 -ing 종합 합성어가 적형의 진행형 동사이기 위해서는 합성어의 첫 어간이 내부 논항이 아닌 양태(manner), 처소격(locative), 도구격(instrumental) 등의 제한적 수식어로 해석될 수 있어야 하는 것이다.

지금까지 살펴 본 개요에서도 드러난 것처럼, Lieber의 합성어 이론은 다음의 기본 가정에서 출발한 것이었다(Botha 1984: 86 참조).

> (a) 영어에서 가능한 합성어와 불가능한 합성어를 구별하기 위해서 논항 연결의 원리가 어형성 규칙이나 여과 장치보다 바람직하다.
> (b) 일차 합성어와 종합 합성어는 단순히 술어상의 구별에 지나지 않는다.

여기서 Lieber의 이론을 비판할 여유는 없다. 그러나 일차 합성어와 종합 합성어의 구별과 관련한 (b)의 가정은 그것의 진위 여부를 떠나 한 번쯤 되돌아 볼만하다.

12.5.2.2 두 합성어의 구별

종합 합성어의 내부 구조는 그 동안 적지 않은 논란의 대상이었다. 문제는 구조상 동사 파생 접사의 자매가 되는 것이 (a)에서처럼 합성어의 오른편 어간인가, 아니면 (b)에서처럼 합성어 전체인가?

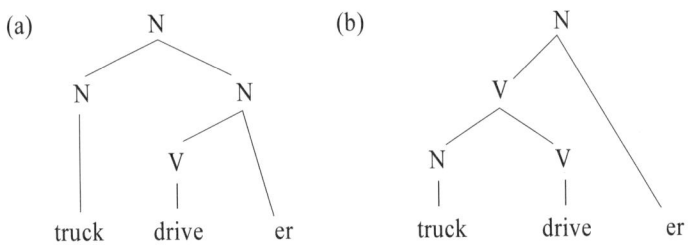

아무래도 보다 널리 받아들여지는 구조는 (a)이겠으나 합성어의 바탕이 되는 동사와 그 논항 사이의 긴밀한 연결을 보이는 것은 (b)의 구조이고 이것이 바로 Lieber(1983)가 내놓은 분석이다(cf. Selkirk 1982). 적어도 영어에서 N-V 어근 합성어는 아주 드물고, 따라서 매우 생산적인 종합 합성어

가 독립적으로 존재하지도 않는 어근 합성어에 바탕을 둔 것임을 함의하는 만큼 (b)의 구조가 직관적으로 그럴법한 구조로 보이지는 않는다. 이 점에 대해서 Botha(1984) 등의 신랄한 비판이 뒤따른 것은 오히려 당연했는지 모른다. 그럼에도 불구하고 (a)는 종합 합성어의 구조가 될 수 없다는 것이 Lieber의 입장이다. 그녀의 체계에서 동사의 논항 구조는 일종의 자질이며, 자질의 삼투는 통사 범주가 달라지면 저지되는 것으로 가정한다. 그러므로 동사 drive의 논항 구조는 driver의 N교점으로 삼투할 수 없고, 따라서 truck이 drive로부터 의미역을 받을 길이 없다.

  요컨대 Lieber의 이론에서 형태적 요소의 연결은 오직 형태소에 대한 하위범주화 요건에 의해서만 제약을 받는다. 이것은 (b)와 같은 구조가 적형임을 의미한다. 비록 *truck-drive와 같은 합성어는 없더라도, 이 (존재하지 않는) 합성어는 분명히 접사 -er의 하위범주화틀(-er /]$_V$__]$_N$)을 만족시킨다. (b)에서 drive의 논항 구조는 truck drive 위의 V교점 이상은 삼투되지 않는다. 이것은 그 논항 구조가 합성어 안에서 (truck에 의해) 만족되어야 함을 말하는 것이다.

  지금까지 논항 구조와 관련한 몇 가지 제안을 살펴보았다. 주제 자체가 전통적 시각에서는 관심 밖이었던 탓으로 논의의 대부분은 최근의 연구에 의존할 수밖에 없었다. 그럼에도 앞에 소개한 Allen 1978, Lieber 1983의 이론을 그대로 수용하기는 어렵고(cf. Botha 1984; Spencer 1991), 이 점에 있어서 Williams 1981b 또한 예외가 될 수 없다. 다만 논항 구조는 형태론 연구에서 아직도 이해의 폭이 좁고, 따라서 천착의 여지가 많이 남은 분야임을 새삼 확인한 셈이다.

13장 형태음소론

13.1 서언

형태음소론(morphophonemics)이란 형태소 또는 연속하는 형태소들의 음운적인 모양에 영향을 주는 과정 내지 규칙들을 지칭하는 일반적 술어이다. 특히 Trubetzkoy(1931)로 대표되는 유럽 학파에서는 morphophonology란 술어를 선호하는 모양이고, Dressler(1985)는 다소 색다르게 morphonology라는 술어를 사용한다.

13.2 음운 교체

어떤 형태소가 때로는 어떤 음소형으로 나타나고 또 때로는 다른 어떤 것으로 나타날 때에 그 형태소는 교체(alternation)를 보인다고 말하고 그 형태들은 서로 교체한다고 한다. 그리고 각각의 음소형(=이형태)은 교체형(alternants)이라고 부른다.

지금까지 우리의 관심은 단어와 단어를 구성하는 단위인 형태소였다. 그리고 형태소를 표시하는 음소형인 이형태의 개념도 알았다. 동일한 형태소에 속하는 이형태는 의미가 비슷하면서 상보적 분포를 이루는 것이어야 한다고 했다. 따라서 (복수 이형태 /-ən/과 제로 이형태 /Ø/에서도 보았듯이) 음운상의 유사성은 이형태 여부를 결정하는 긴요한 요건은 아니다. 그렇지만 모든 언어에서와 마찬가지로 영어에서 한 형태소의 이형태들 사이에 상당한 음운상의 유사성을 보이는 것이 보통이다. 그러나 가끔은 음운적 차이가 보이기도 하는데, 그것들은 영어사에서 있었던 음변화의 결과이기 쉽다. 예를 들어, 고대 영어에서는 [θ]와 [ð]가 한 음소에 속하였다. 현대영어에서 형태소 {path}에 /pæθ/(*pathway*)와 /pæð/(*paths*)의 두 이형태가 보이는 것은 여기에서 그 설명을 얻을 수 있다(cf. *myth* /mɪθ/, *myths* /mɪθ/). 그러나 Saussure(1959)의 말을 빌리지 않더라도 공시적 관점에서는 이형태 사이의 음운 관계를 기술할 때 역사적(통시적) 고려를 않는 것이 바람직하다.

형태소 가운데는 교체형이 없이 어디에서나 항상 단일 음소형으로 나타나는 것들도 있다. 단어 pay는 그 좋은 예이다.

pay	/pey/	payer	/peyər/
pays	/peyz/	payee	/peyi/
paid	/peyd/	payable	/peyəbl/
paying	/peyɪŋ/	payment	/peymənt/

만일 한 언어의 모든 형태소가 이런 식이라면 그 언어의 형태음소론은 하찮은 것이 될 것이다.

13.2.1 교체의 유형

한 언어에 나타나는 음운 교체는 적어도 네 가지 유형으로 나누어 생각할 수 있을 것 같다(Hockett 1958: 277-283). 이 절에서는 각 유형을 적절한 예와 함께 살펴보기로 하자.

13.2.1.1 내적 연성과 외적 연성

음운 교체를 말하면서 빼놓을 수 없는 술어에 **연성**(sandhi)이라고 하는 것이 있다. 이것은 고대 인도의 범어(Sanskrit) 학자들이 사용하던 술어로, 인접하는 단어(word)나 형태소(morpheme)의 음운 특성에 따라 어간의 음소 표시가 달라지는 것을 가리키는 말이다. 그것이 단어 사이에서 일어나는 교체이면 외적 연성(external sandhi)이라 하고, 한 단어 속에 있는 다른 형태소에 따른 것이면 내적 연성(internal sandhi)이라고 부른다. 그런데 두 가지 연성 사이의 대립이 단어 안에서 목격되기도 한다. 다음은 Hockett(1958: 278)가 제시한 예이다.

(a) (mn~m) (b) (mb~m) (c) (ŋg~ŋ)
damn   bomb   long
/dæm/   /bɔm/   /lɔŋ/
damning   bomber
/dæmɪŋ/   /bɔmər/
damnable   bombard   longer
/dæmnəbl/ /bɔmbard/   /lɔŋgər/

Hockett에 따르면, 영어의 명사 및 동사의 굴절 접미사들, 부사화 접미사 -ly, 그리고 행위자 접미사 -er은 보다 "느슨하게"(loosely) 붙는데 비하여, 비교급과 최상급의 -er과 -est, 그리고 대부분의 파생 접사들은 보다 "단단하게"(tightly) 붙는다. 결국 단어 안에서도 외부 연성을 고려해야 한다는 뜻이다(cf. *damn it*). 같은 longer라 할지라도 '보다 긴'의 뜻이면 /lɔŋgər/로 발음되지만, 만약 '동경하는 사람'(=one who longs)의 뜻이면 /lɔŋər/가 되는 것은 앞의 설명을 다시 뒷받침한다.

13.2.1.2 자동 교체와 비자동 교체

교체 가운데는 만일 그것이 일어나지 않을 경우에 그 언어의 음성 체계가 흔들리는 것들이 있다. 예를 들어, 영어의 어디에도 /nk/나 /ng/로 끝나는 단어는 없다. 만일 sink, sing의 기본형(base form)을 각각 /sɪnk/, /sɪng/으로 잡는다고 했을 때, (연구개음 앞에서) n→ŋ의 변화는 자동적(automatic)이라고 말한다. 반면에 비자동적 교체(non-automatic alternation)란 어느 것이든 자동적이 아닌 교체를 가리킨다. 다음의 예를 보자.

allude	allusive
deride	derisive
decide	decisive
elude	elusive
invade	invasive
corrode	corrosive
explode	explosive
exceed	excessive

여기서 /d/와 /s/ 사이의 교체는 영어의 음성 체계와는 전혀 무관한 것이다. 모음 /ɪ/, 그것도 오직 접미사 /-ɪv/ 앞에서 나타나는 듯이 보이기는 하는데, 영어의 어디에도 /dɪ/의 연쇄는 허용되지 않는다는 것은 없다. dip, divide라든가 접사가 붙은 nudity, acidic, decoding처럼 유사한 다른 경우에는 아무 문제가 없기 때문이다.

13.2.1.3 규칙적 교체와 불규칙적 교체

어떤 정해진 조건 아래 가장 빈번하게 나타나는 교체는 규칙적(regular)이고, 동일한 조건에서 가끔씩 나타나는 그 밖의 교체는 불규칙적(irregular)이라고 말한다. (논리상 예외가 없을 수는 없지만) 자동적 교체들은 일단 규칙적이다. 그러나 일부 비자동적 교체에도 규칙적인 것들이 있다.

영어의 복수 형태소는 /-z/, /-s/, /-ɪz/ (또는 /-əz/), 기타 여러 다른 모습으로 표시된다. 이 중에 앞의 세 규칙형은 기본형을 /-z/로 하여 서로 자동적 교체 관계에 있다. 만일 이 대신에 어떤 다른 모양으로 대체하는 것이라면 그 교체는 불규칙한 것이다. 다음은 불규칙적 교체의 대표적인 예를 하나씩 보인 것이다.

ox/oxen, man/men, criterion/criteria, datum/data,

alumnus/alumni, crisis/crises, antenna/antennae, die/dice, tableau/tableaux, schema/schemata 등

사실 규칙성(regularity)은 정도의 문제이다. 영어의 어떤 다른 동사도 과거 시제를 형성하는데 go처럼 되지 않는다. 이와 같이 어찌해 볼 수 없는 고립형은 그야말로 보충법(suppletion) 또는 보충적 교체(suppletive alternation)로 처리된다. 덜 불규칙한 예라면, 과거형를 만들 때 어두 자음을 제외한 모든 것을 버리고 /ɔ/와 과거 시제형 /-t/를 더하는 일곱 동사들이다.

taught, brought, sought, bought, fought, thought, caught

13.2.1.4 음운적 조건에 의한 교체와 형태적 조건에 의한 교체

이것은 이형태를 다루면서 눈에 익혔던 개념이다. 이미 아는 바와 같이, 영어에서 부정 관사 a/an의 선택은 품사와는 관계없이 뒤에 오는 단어의 첫 음소가 무엇이냐에 따른다. 그것이 자음이면 a, 모음이면 an으로 나타난다. 그러므로 a와 an 사이의 교체는 '음운적으로 조건지워진'(phonologically conditioned) 것이라고 말한다.

■ 물음 1 ■

Consider the following pair of examples:

(a) a woman with *a/*an history*
(b) *a/an historical* figure

Can you figure out what specific factor differentiates between the two?

반면에 위에서 보았던 /-Iv/ 앞에서의 마찰음화나 -er의 다른 행동 등은 그 조건이 형태적임을 분명하게 보여주는 예들이다. 예를 하나만 더 들어 보자. 형태소 {wife}의 경우에 (단수 wife의) /wayf/와 (복수 wives의) /wayv/ 사이의 교체는 '형태론적으로 조건지워진'(morphologically conditioned) 것이다. 복수 형태소와 동일한 음운형태(/s/와 /z/)를 가진 다른 형태소도 있지만, 이 가운데 교체형 /wayv/를 요구하는 것은 아무 것도 없고 모두가 /wayf/로 나타난다.

    my *wife's* hat
    my *wife's* coming with me
    my *wife's* never been there

                                                  (Hockett 1958: 281)

이처럼 형태적 조건에 의한 교체는 항상 비자동적인 데 반하여, 자동적 교체는 항상 음운적 조건에 의한다. 그러나 음운적으로 조건지어진 교체이면서 자동적이 아닌 것도 있다. 영어의 a/an 교체는 그 한 예이다. 이것은 일견 모음 충돌(hiatus)을 피하기 위한 선택으로 보이지만, 그렇다고 해서 영어에 모음이 연속해서 나오지 못한다는 제약이 있는 것도 아니다. 다음 두 예에서 /ə + 모음/의 연속에 주목하라.

    the *idea isn't* (/aydíə + íznt/)

a *soda always*... (sódə + ɔ́lwɪz)

(Hockett 1958: 281)

마찬가지로 자음 앞에서 a가 아닌 an을 쓴다고 영어에 없는 음소 배열이 생기지는 않는다. (John) *and Mary*에서 강세가 없을 때 and의 발음은 an과 동일한 /ən/이다.

■ 물음 2 ■

So far we have assumed that the base form of the English plural morpheme is /-z/. /-z/ is replaced by /-s/ after voiceless consonant: *cliffs, myths, cops, tots, clocks*. It is replaced by /-ɪz/ (or /-əz/) after sibilants: *matches, judges, passes, wishes, buzzes, rouges*. If we attempted, instead, to set up either /-s/ or /-ɪz/ (or /-əz/) as the base form, then the replacement of either of these by /-z/ after a vowel-final stem turns out not to be automatic. Explain why.

(based on Hockett 1958: 282)

13.2.2 교체의 설명

교체를 다루기 위해 프라그 학파(Prague School)에서는 원음소(archiphonemes)란 개념을 도입했다. 가령 어떤 위치에서 두 소리 t, d가 같아졌을 때, 그 중화된 소리의 특성(음운 자질)을 제외한 나머지를 대문자 T로 나타내 보이는 것과 같은 것이다. 이것을 바꾸어 표현한다면, 형태음소적으로 관련있는 음소의 불완전 명세(underspecification)라고 할 수 있다. 아무튼 이 원음소를 언어학적 단위로 사용한 것은 음운 교체를 기술하기 위해 새롭게 시도된 방법이었다. 그러나 문제되는 음소들이 음성적으로 가깝지 않다거나 음소가 제로(∅)와 교체하는 경우에서는 만족스러운 방법이 되지 못했다.

미국 구조언어학에서는 형태음소(morphophonemes)라고 하는 추상적인 중간 단위를 썼다. 형태음소는 분류 단위로서의 음소는 그대로 남겨 두면서, 동시에 문법적으로 관련된 형태 사이의 관계를 설명해 주는 (동화, 중화 등) 기본적 음운 교체를 인정하기 위하여 설정된 것이다. 특히 Harris(1951: 14장)는 음성적 동기가 결여된 것까지를 포함하여 교체형이 있는 형태음소는 대문자를 써서 나타내고, 교체형이 없는 것은 소문자로만 표시하였다.

    예: {θiF} thief/thieves
        {čif} chief/chiefs

여기서 단지 교체를 보이는 음소를 나타내는 커버 심볼인 형태음소를 원음소와 혼동해서는 안 된다. 왜냐하면 형태음소는 반드시 일원적 음소 내용을 갖는 것이 아니기 때문이다. 반면에 원음소는 어떤 실제 음소 내용을 갖는 것으로 규정되어 있다.

형태음운 교체를 다루면서 지금까지 암묵적으로 인정해 온 것이 있다. 그것은 한 형태소의 교체형들, 곧 이형태들을 똑같은 자격으로 취급하지 않고 그 중 어느 하나를 기본형(base form)으로 부른 것이다. 앞에서처럼 단순한 교체형의 묶음이 아니라, '기저의'(underlying) 단위를 설정하고 나머지는 규칙에 의해 그 기저 단위로부터 도출되어야 한다. 이것이 바로 항목-과정(IP) 모델에서의 형태음소론이다. 음운 교체를 기술하는 이 방법은 바로 구조주의의 몰락과 함께 등장한 생성음운론(generative phonology)의 기본 골격이 되었음은 물론이다.

■ 물음 3 ■

Give the morphophonemic analyses of the following stems:

1. critic/criticism _____
2. simple/simply _____
3. wife/wives _____
4. hymn/hymnal _____
5. myth/myths _____
6. wolf/wolves _____
7. iamb/iambic _____
8. black/blackism _____

13.3 두 종류의 규칙

이형태 사이의 교체를 설명해 주는 규칙을 형태음소 규칙(morphophonemic rules)이라고 부른다. 이 규칙은 적어도 두 가지 점에서 이음 규칙(allophonic rules)과 다르다. 이음 규칙은 적정 환경에 든 모든 형태에 예외 없이 적용된다. 아래 예에서 확인할 수 있듯이, 영어에서 음절초에 오는 파열음(plosives)은 기음(aspirated)으로 발음된다. 아래 문장에서 p, t, k의 발음에 주목하라.

Peter   told   Keith   to   stop   the   car
[pʰíDɹ tʰówld kʰíθ   tʰə   stáp̚   ðə   kʰár]

이 현상을 기음화(aspiration)라고 부르는데, 이와 같은 규칙에는 예외가 없다. 그 밖의 이음 규칙으로는 공명음 무성음화(sonorant devoicing), (유성자음 앞) 장모음화(vowel lengthening), 비모음화(vowel nasalization) 등이 눈에 띈다. 이 규칙들을 몇 가지 예와 함께 적어보면 아래와 같다.

(1) 공명음 무성음화: 유음(r, l)과 전이음(y, w)은 무성 파열음 다음에서 무성음이 된다 (무성음은 음성 부호 아래 ͐로 나타낸다.)

plot	[pl̥ɔt]	blot	[blɔt]
trip	[tr̥ɪp]	drip	[drɪp]
clean	[kl̥in]	glean	[glin]
twin	[tw̥In]	dwin(dle)	[dwɪn...]

(2) 장모음화: 유성 자음 앞에서 모음은 약간 길게 발음되는 경향이 있다.

cub	[kʌˑb]	cup	[kʌp]
bad	[bæˑd]	bat	[bæt]
tag	[tæˑg]	tack	[tæk]
Abe	[eˑyb]	ape	[eyp]
phase	[feˑyz]	face	[feys]

(3) 비모음화: 비음 m, n, ŋ 앞에서 모든 모음은 비음으로 된다.

bend	[bẽnd]	bed	[bɛd]
hunt	[hʌ̃(n)t]	hut	[hʌt]
camp	[kæ̃mp]	cap	[kæp]
bang	[bæ̃ŋ]	bag	[bæg]
pink	[pĩŋk]	pick	[pɪk]

반면에 형태음소 규칙(morphophonemic rules)에는 예외가 있을 적이 많다. 일례로 영어 복수형에서 f를 v로 바꾸는 규칙은 knife와 thief 같은 단어에는 적용되지만, cliff, bluff, roof, whiff, chief, gulf, safe, strife 등은 규칙의 적용을 받지 않는다. 그리고 형태음소 규칙은 (항상 그렇지는 않아도) 형태소의 결합에 의해 적용 환경이 만들어지는 경우가 많으나 이음 규칙은 그

렇지 않다. 파생 과정에서 한 예를 뽑아 보았다.

   logic   logical   logicism
   electric electrical electricity
   cynic   cynical   cynicism
   romantic   romanticism, romanticist
   critic   critical   criticism, criticize

여기서 (철자에서 c로 쓰기는 했어도) k~s의 교체는 연구개음 연화(velar softening) 규칙으로 설명한다(cf. Chomsky/Halle 1968). 이 규칙은 -ism, -ity, -ist, -ize에서처럼 모음 /ɪ/(또는 /i/)로 시작하는 접미사 앞에서만 적용된다.

■ 물음 4 ■

Listen carefully as you pronounce the following words, and then answer the questions below.

    time cat mitten butter stew

1. How many different ways do you hear the /t/ articulated? Describe them as completely as you can.
2. Describe the phonetic environment in which each allophone of /t/ occurs.

                (Murry 1995: 79)

13.4 형태음소 변화의 유형

이 절에서는 가장 자주 보이는 형태음소 변화의 몇 가지를 전통적으로 주어진 이름과 함께 잠시 살펴보기로 한다.

13.4.1 동화

한 소리가 이웃하는 소리와 닮거나 같아지는 것을 가리켜 동화(assimilation)라고 한다. 동화는 무릇 연속하는 분절음 사이의 음성적 거리를 극소화하려는 생리적 원리, 즉 조음의 용이성(ease of articulation)을 반영하는 것으로 언어에서 가장 흔하게 발견되는 형태음소 변화 중의 하나이다.

먼저 동화는 성 동화(voicing assimilation), 조음점 동화(place assimilation), 그리고 조음방식 동화(manner assimilation)로 나뉠 수 있다. 앞의 소리에 따라 복수 접미사가 정해지는 cat[s], dog[z]같은 예는 성 동화이고, e[m]bitter, i[ŋ]come 따위의 비음 동화(nasal assimilation)와 아래 예시한 마찰음화(spirantization)는 각각 조음점 동화와 조음 방식 동화의 좋은 예가 된다.

    t → s :   president/presidency   accurate/accuracy
    d → z :   invade/invasion   deride/derision

(위의 invasion, derision에서 /z/가 아닌 /ž/가 나타나는 것은 마찰음화에 이어 구개음화가 적용된 때문이다.)

어떤 소리가 조건음(conditioning sound)과 완전히 같아지는 경우를 완전 동화(total/complete assimilation)라고 하여, 예를 들어 ten bikes가 대화체에서 n → m으로 발음되는 식의 부분 동화(partial assimilation)와 구분된다. 영어에서 '동화'를 의미하는 assimilation(<Latin *ad-* 'to' *similis* 'similar')에서 (*ad-*의) d → s라든가 빠른 말속에 종종 튀어나오는 give me /gɪmmi/ 따위는 완전 동화의 좋은 예이다.

전통적으로 동화는 그 방향에 따라 적어도 세 가지로 구분된다. 피동화음(assimilated sound)이 조건음에 선행하는 것은 역행 동화(regressive/anticipatory assimilation)라 하며, embitter, empower는 물론 부정 접두사 in-의 이형태 등 그 밖의 많은 예들이 여기에 해당한다. 반대로 bacon [beykn̩], happen[hæpm̩]이나 영어의 복수, 또는 3인칭 단수 현재형 어미 -s, 과거형 어미 -ed의 발음에서처럼 동화음이 조건음에 후행하는 경우는 순행 동화(progressive assimilation)이다. 그리고 상호 동화(reciprocal assimilation)는 융합(coalescence)이라고도 불리는 것으로서 역행과 순행의 두 동화가 동시에 일어나는 것을 지칭할 때 쓰는 이름이다.

대개의 경우에 동화는 조건음이 바로 인접해 있을 때 일어나는 것인데, 비인접 환경에서도 동화가 일어날 수 있다. 비근접 또는 원거리 동화(non-contiguous/long-distance assimilation)에서 빼놓을 수 없는 것은 모음조화(vowel harmony)와 움라우트(umlaut)이다. 그러나 영어에서 모음조화의 예는 찾기 어렵고, 다만 (역사적으로 고대영어에서) 복수 어미 -i에 의한 움라이트의 잔재가 goose-geese, mouse-mice 등에 남아 있을 뿐이다(cf. *mooses, houses*).

■ 물음 5 ■

Answer the following questions:

1. In Webster's *Third New International Dictionary* we find thevariant verb forms *enplane* and *emplane*. Which do you believe will survive?
2. The Latin *cum*, meaning 'with,' became *con-* in many words. The *n* of *con-* represents either /n/ or /ŋ/. Which is in these words: *condemn, congress*?

(Stageberg 1981: 32)

■ 물음 6 ■

The following is a passage quoted from Francis 1958 (211). Read this carefully and argue for or against the *n*-drop analysis.

> ... we may properly call /In-/ the normal allomorph of the negative prefix {in-}; it appears in combination with allomorphs beginning with vowels or with consonants /t, d, k, g, f, v, s, ǰ, h/. Some examples are *inert, intemperate, indirect incorrect, ingratitude, infelicity, invisible, insecure, injudicious, inhospitable*. But before morphemes beginning with /m, r, l/ and usually /n/, another allomorph, simple /-ɪ/ appears, as in *immodest, irreligious, illegal, innoxious*. We can then say that the /n/ of the normal form is dropped before /m, r, l/ and usually /n/.

> ■ 물음 7 ■
>
> Explain the following phenomena:
>
> 1. The final /s/ of *horse* often appears to disappear in the normal pronunciation of *horseshoe* in /hɔršu/.
> 2. Chinese *san pan*, meaning 'three planks,' appears in English as *sampan*.
> 3. Old English *hæfde* /hævdə/ (=had) developed into Middle English *hadde*.
> 4. A sentence like "She was *writing* this morning." is sometimes misunderstood as "She was *riding* this morning."
>
> (Stageberg 1981: 32-33)

13.4.2 이화

동화와는 반대로 이웃하는 소리들이 보다 달라지게 변하는 것을 이화(dissimilation)라고 말한다. 영어에서는 드물게 보이는 것인데, 일부 방언에서 chimney를 [čɪmlɪ]로 발음한다든가 fifths를 [fɪfts], diphthong을 [dɪpθɔŋ]으로 발음하는 것은 분명한 이화 현상이다. 그리고 현대영어에서 두 개의 r 소리 중 하나를 생략하여 발음하는 것 또한 이화로 보인다.

surprise   [səprayz]
Southerner   [sʌðənər]
caterpillar [kætəpɪlər]
Canterbury   [kæntəbɛrɪ]
reservoir   [rɛzəvwar]

역사적으로는 라틴어에서 온 것이라고는 하나 /n/으로 시작하는 몇몇 형태소 앞에서 /ɪn-/을 대치하는 이형태 /ɪg-/(*ignoble, ignominious*)는 아주 좋은 예이고, pilgrim(<Latin *peregrinus*), turtle(<Latin *turtur*), purple(<ME *purpre*) 등도 기억해 둘 만하다(Bolinger/Sears 1981: 239).

■ 물음 8 ■

A classic example of dissimilation occurred in Latin and the results of this process show up in Present-day English.

There was a derivational suffix *-alis* in Latin that was added to nouns to form adjectives. When the suffix was added to a noun which contained the liquid /l/ the suffix was changed to *-aris*, that is, the liquid /l/ was changed to the liquid /r/. These words came into English as adjectives ending in *-al* or in its dissimilated form *-ar* as shown in the following examples:

-al	*-ar*
anecdot-al	angul-ar
annu-al	annul-ar
ment-al	column-ar
pen-al	perpendicul-ar
spiritu-al	simil-ar
ven-al	vel-ar

> 1. Find more of the English examples in *-al* and *-ar*.
> 2. Is dissimilation triggered only when the immediately preceding consonant is /l/? Explain why or why not.
>
> (Fromkin & Rodman 1993: 247)

13.4.3 삽입

형태음소 과정의 세 번째 유형은 삽입(insertion, epenthesis)이다. 모음이 삽입되는 경우에는 Greek에서 온 epenthesis를 써서 지칭하는 것이 보통이다. 역사 언어학의 관점에서는 첨가(addition)란 술어를 쓰기도 한다. 이것은 athlete를 말할 때 [ə]를 넣어 [æθəlit]로 하거나 어간이 치찰음으로 끝나는 복수 명사(*roses, bushes*)에서 [ɪ](또는 [ə])를 삽입하는데에서 볼 수 있는데, 이처럼 짧은 모음의 삽입을 anaptyxis라고 부르기도 한다. 어두음 삽입은 prothesis라고 한다. 이것은 일부 Romance어에서 s + 자음으로 시작하는 Latin어 단어에 e를 붙였던 것이 가장 널리 알려진 예일 성싶고(예: Latin *schola* > Spanish *escuéla*, French *école* (*s*의 상실과 함께)), 현대영어의 squeeze(<ME *queisen*, OE *cwýsan*)는 어두 자음첨가의 예이다.

자음의 삽입도 epenthesis, 혹은 excrescence라 부를 수 있다. 만일 prince를 prints와 구별이 안 되게 [prInts]로 발음한다면 그것은 '잉음의'(excrescent) t때문이다. 역사적으로 OE þýmel > ME thymbyl, OE æmtig > ME emti, empti(>ModE empty) 따위는 b, p가 첨가된 사례이다. 어말 자음첨가 (epithesis)는 단어 끝에 여분의 자음을 더하는 현상으로 중세영어의 어말 n, s 다음에서 일어났다(ME soun > ModE sound; ME ageines > ModE against).

■ 물음 9 ■

Answer the following questions:

1. What variant spellings do *Samson* and *Thomson* have?
2. Which of these words may be heard with an excrescent /p/: *comfort, combat, warmth, warmly, Tomkins, Tomlin, dreamt?*

(Stageberg 1981: 34)

■ 물음 10 ■

Look up the etymology of the following words to determine the source of the final sound: *lend, bound* (Adj.), *midst, amongst.*

(Stageberg 1981: 35)

13.4.4 탈락

탈락(deletion, elision)이란 말 그대로 본래 있었던 자음 또는 모음이 떨어져 나가는 것을 이른다. 이 현상 역시 모음의 삽입 비슷하게 조음을 편하게 하기 위한 것으로 그 결과 CV (또는 CVC) 선호 음절(preferred syllables)로 나타날 때가 많다. 다음은 자음의 탈락을 보이는 몇 가지 예들이다.

(a) g-탈락:
  sign   signature
  resign   resignation
  malign   malignant

(b) n-탈락:
  hymn   hymnal
  solemn   solemnity
  damn   damnation
  condemn   condemnation

(c) b-탈락:
  bomb   bombard
  iamb   iambic

모음의 탈락은 모음충돌(hiatus)을 피하기 위해 나타나기도 하는데, 이 경우에 절단(truncation)이란 표현을 쓸 수 있다(예: *Puerto Rico/Puerto Rican; cello/cellist* 등). 강세가 없는 모음 (또는 음절)의 탈락을 가리키는 경우에 그 위치에 따라 특별한 이름이 붙여진다. 어두음 탈락은 aph(a)eresis라 한다. 'round (around)나 'cause (because)같은 것은 그 좋은 예인데, 특별히 'round, 'bout처럼 어두 모음의 탈락을 가리키는 말로는 aphesis가 있다. 한편 어중음 탈락은 syncope(예: *enmity*; cf. *enemy*); Latin *calidus* 'hot' > Italian *caldo*; ME *chapter* > ModE *chapter*)라 하고, apocope는 어말음 탈락을 일컫는 말이다(예: OE *nama* [a] > ME *name* [ə] > ModE *name* [Ø]).

그밖에도 유음 생략 또는 중음 탈락(haplology)이란 것이 있다. 이것은 probably [prɔ́blɪ], temporary [témprɪ]에서처럼 인접하는 소리 또는 음절과 같거나 비슷한 소리 또는 음절이 없어지는 경우이다. 영어에서 (*friendly, lively* 등) -ly로 끝나는 형용사에 부사형을 만들기 위해 다시 -ly를 붙이지 않는 것도 유음 생략으로 이해된다. 역사적으로 humbly(<ME *humblely*), simply(<ME *simplely*), 그리고 England(<OE *Engla* 'angel' + *lond* 'land') 등도 유음 생략을 겪은 것들이다.

■ 물음 11 ■

Linguists use the term 'autodescriptive' for linguistic terms that illustrate themselves. Attempt to make the following terms autodescriptive, by slight distortions if necessary.

Example: svarabhakti (<Sanskrit 'epenthesis') → svarabhak<u>a</u>ti

1. apharesis _____   3. syncope _____
2. apocope _____   4. haplology _____

13.4.5 융합

조금은 특별한 자음 변화의 하나는 융합(coalescence) 또는 융해(fusion)라고 불리는 현상이다. 이것은 형태소 결합에 의해 함께 이웃하게 된 두 자음이 그 어느 것과도 다른 하나의 새로운 음소로 융해되는 현상을 말한다. 예를 들면, (-*ion*, -*ian*, -*ure* 등) 구개음 y로 시작하는 접미사가 s/z 또는 t/d로 끝나는 어기에 붙을 때 두 소리가 서로 결합하여 각각 경구개 치경음 š/ž 또는 č/ǰ가 되는 것이다.

(a) s + y > š   pressure   /prɛs + yər/
     z + y > ž   vision   /vɪz + yən/
     t + y > č   moisture   /mɔyst + yər/
     d + y > ǰ   procedure   /prowsid + yər/
(b) t + y > š   action   /ækt + yən/
     d + y > ž   erosion   /ɪrowd + yən/

(Francis 1958: 215)

다시 보면 (a)의 예들은 구개음화(palatalization)에 이은 y-탈락으로도 해석될 수 있다. 그리고 단순하게 생각하면 (b)의 경우도 같은 것으로 여겨지겠지만, 사실은 이에 앞서 t/d의 마찰음화(spirantization) 등 다른 음운과정을 겪은 것들이다.

13.4.6 중화

중화(neutralization)란 음운 단위 사이의 대립을 없이하는 것으로서, 지금까지 다른 많은 음운과정이 이에 속한다고 할 수 있다. 영어에서 특별히 주목할 것은 모음 약화(vowel reduction)인데, 모든 모음은 (장모음화가 일어나는 어말 위치를 제외한) 비강세 음절에서 약화되어 애매 모음(obscure vowel) 혹은 쭉정 모음(schwa)이라 불리는 /ə/로 중화된다(cf. *proclaim* —

proclamation; telegraph—telegraphy—telegraphic) (방언에 따라서는 물론 비강세 음절에 /ɪ, ə/의 두 모음을 허용하기도 한다). 다음은 강세를 잃는 음절에서의 모음 약화를 보이는 예들이다.

cigar	cigarette	a	>	ə
inspire	inspiration	ay	>	ɪ, ə
marine	mariner	i	>	ɪ, ə
able	ability	ey	>	ə
condole	condolence	ow	>	ə
despair	desperate	ɛ	>	ə
advantage	advantageous	æ	>	ə

(Francis 1958: 218)

13.4.7 음위전환

두 개의 분절음이 엇바뀌어 나타나는 현상을 음위전환(metathesis)이라고 한다. 예를 들어, animal을 aminal로 혹은 spaghetti를 pasketti로 말하는 따위이다. 가장 흔히 듣는 음위전환의 예는 /r/+모음의 상황에서 나타난다. 일례로 pretty의 경우를 보자. 문장 She's a pretty girl에서라면 /prɪti/로 말할 것이지만, That's pretty good에서처럼 pretty에 최소한의 강세가 주어지게 되면 이 단어는 /pərtɪ/가 되는 경향이 있다(Stageberg 1981: 33). 그밖에 prescription, hundred, apron, pronounce나 기타 /r/+(무강세)모음을 갖는 유사한 단어의 발음에서 /ər/가 들린다. 역사적 음위전환의 흔적은 다음의 예를 포함하여 여러 곳에서 보인다.

OE		ME		ModE
duks	>	dusk		
bridd	>	brid	>	bird
worht	>	wrought		
wæps	>	wasp		

오늘날 ask를 aks로 발음하는 일이 있는데, 여기에서 목격되는 음위전환이 옛적에는 그 반대의 전환(OE *aksian* > *askian*)을 거쳤던 것이다. 역사적 변화의 방향이 자못 흥미롭다.

■ 물음 12 ■

In word history, metathesis has been occasionally responsible for changing pronunciations and spellings. As examples, look up the etymology of these words and write the early unmetathesized forms in the blanks.

    1. horse   _____
    2. third   _____
    3. grass   _____
    4. clasp   _____
    5. dirt   _____

(Stageberg 1981: 33)

■ 물음 13 ■

The following is a passage taken from Bolinger & Sears 1981(239-240). Read it carefully and think about the likeliest metathesized forms that fit in the blanks:

    A special kind of metathesis that usually involves coding at a higher level than mere sounds is the *spoonerism*, named after William A. Spooner, an English divine whose slips of the tongue were legendary: (a)_____ for *Is the dean busy?*; (b)_____ for *Let me show you to your seat*. They are among the funniest of lapses because they involve more than an interchange of sounds ⋯ The set phrases and function words, however, are seldom involved in spoonerisms: *Hold my books* would probably never be said as *Mold high books* or *Hold by mooks*.

■ 물음 14 ■

Identify each of the following morphophonemic changes, using specific terms where necessary.

1. Middle English *name*, which in turn derived from Old English *nama*, was pronounced with a word-final schwa.
2. /t/ becomes /k/ in *hot cakes*.
3. /s/ becomes /š/ following /ǰ/, in such phrases as *Goodge Street*.
4. Middle English *brīn ston* and *randon* developed respectively into Modern English *brimstone* and *random*.
5. In American English, *landgrant* is commonly pronounced /lǽngrænt/ rather than */lǽndgrænt/ as both spelling and etymology would suggest.
6. In such phrases as *got you*, /t/ and /y/ fuse to produce /č/.
7. In Greek no word ever has two aspirated stops in successive syllables. Thus, /t^h/ changes to /t/ in *t^{h}rik^{h}os* 'of a hair.'

(based on Gleason 1955)

13.5 조정 규칙

어형성 규칙의 출력형이 음운 규칙을 적용받기에 앞서 부분적인 "재조정"(readjustment)을 거치는 경우가 있을 수 있다(cf. Chomsky/Halle 1968). 조정 규칙(adjustment rules)이란 이때 활용되는 규칙들을 말한다. 조정 규칙이란 이름만 들어도 이제까지 보아온 형태음소 변화와 상당히 다른 느낌을 받을지 모른다. 그러나 재조정의 개념을 부정하지 않는다면, 이것 또한 형태 과정의 하나로 간주하는데 이론상 큰 무리는 없어 보인다(cf. Jensen 1990: 181-182). 이 절에서는 Aronoff(1976: 5장)의 제안을 중심으로 그 내용을 간단하게 알아보기로 한다.

Aronoff(1976: 5장)가 제안한 조정 규칙에는 절단 규칙(truncation rules)과 이형태 규칙(allomorphy rules)의 두 종류가 있다. 절단 규칙은 접사의 안쪽에 들어 있는 형태소를 삭제하는 것으로서, 다음과 같은 일반적인 식형(schema)을 갖는다.

절단 규칙 (Aronoff 1976: 88):
[[root + A]$_X$ + B]$_Y$
   1   2   3 → 1 Ø 3
단, X와 Y는 대어휘 범주(N, A, V)임.

예를 들어, 영어의 -ee 첨가에 있어 employee, payee는 그대로 더 이상 손질을 하지 않아도 적형이 되지만, nominate/nominee, evacuate/evacuee와 같은 예는 [[nomin + At]$_V$ + ee]$_N$, [[evacu + At]$_V$ + ee]$_N$에서 +At를 없애야 한다. 이 일을 떠맡은 것이 바로 조정 규칙이다.

이형태 규칙은 어떤 특정한 형태소에서 목격되는 교체를 음운 규칙으로 설명할 길이 없는 경우에 적용되는 규칙이다. Aronoff는 -Ation과 그 변이형의 경우를 그 한 예로 들고 있다. 이 동사 파생 접미사는 그것을 첨가하는 데 아무 조건이 없어서, 순음(labial), 설정음(coronal), 연구개음(velar) 그 어느 것으로 끝나는 단어에나 붙일 수 있다.

순음	설정음		연구개음
perturbation	cessation	deportation	evocation
formation	degradation	manifestation	purgation
exhumation	elicitation	consultation	prolongation
usurpation	revelation	declaration	
confirmation	accusation	examination	

(Aronoff 1976: 100)

한편 -ion은 특히 설정음 어근에, -tion은 비설정음 어근에 붙는다.

    rebel/rebellion   absorb/absorption
    decide/decision   consume/consumption
    insert/insertion   conceive/conception

이 같은 사실을 설명하기 위하여 Aronoff는 다음과 같은 모양의 이형태 규칙을 제안한다.

-ion의 이형태 (Aronoff 1976: 104):

$$+ \text{Ation} \rightarrow \begin{Bmatrix} +\text{ion} \\ +\text{tion} \end{Bmatrix} / X \begin{Bmatrix} +\text{cor} \\ -\text{cor} \end{Bmatrix}$$

단, Xαcor은 명시된 라틴어계 어근 중의 하나임.

즉 -ation은 지정된 라틴어계 어근에 붙게 되는데, 그 끝자음이 설정음이냐 아니냐에 따라 -ion 또는 -tion이 된다는 뜻이다. 이형태 선택과 관련하여 Lieber(1980)가 제안한 형태어휘 규칙(morpholexical rules)도 있다. 형태어휘 규칙은 비록 Aronoff류의 이형태 규칙과 형식은 달라도 그 기본 내용은 비슷한 점이 많다.

14장 접어

14.1 형태론 영역의 확장

이미 1장에서도 언급했듯이, 지금까지 형태론의 가장 큰 관심은 어형성(word-formation)에 있었다. 굴절에 대해서는 학자들 사이에 상당한 입장 차이가 보이기는 하지만, 그것을 형태론 영역 속에 넣는 데 크게 주저할 것이 없다. 이 장에서 다루고자 하는 것은 접어(clitics)와 접어화(cliticization)인데, 이것은 또 다른 의미에서 형태론이 차지할 영역의 확장으로 보인다.

비록 접어의 존재가 전통적으로 인식되었긴 하지만(cf. Bloomfield 1933; Matthews 1974), 접어란 이름으로 불리던 모든 항목들이 종류가 비슷한지도 분명치 않고 따라서 그것들을 문법 기술의 어느 단계에서 다뤄야 하는지도 불분명하다. 그래서 Aronoff(1976: 3-4)도 두 유형의 형태적 현상으로 파생과 굴절을 다루고 나서, 접어화를 형태론의 영역에 포함시켜야 할 "기타 형태론의 유형"(other types of morphology)으로 간단히 언급하는 데 그치고 있다. 여기서 그는 굴절과 접어화의 유사성을 인식하면서도 접어화를 굴절 아래 포함시킬 수 없는 하나의 "문법적" 형태 과정으로 기술하고 있다.

14.2 접어의 종류

형태소 가운데는 조금은 접사 같기도 하고 조금은 어근 같기도 하고, 또 조금은 독립어 같기도 하면서 그 어느 것도 아닌 것이 있다. 접사가 아니면서도 단어의 일부로 나타나는 그러한 형태소를 접어(clitics)라 부른다(Zwicky 1977). ('접어'로 번역되는 clitic이란 말은 'learning'을 뜻하는 그리스말에서 온 것이다.) 접어가 (접두사 비슷하게) 음운적으로 뒤의 형태에 매이면 후접어(proclitics), (접미사 비슷하게) 앞의 형태에 매이면 전접어(enclitics)라 한다. 프랑스어 *l'homme* (< *le* 'the', *homme* 'man') 가 전자의 예라면, I *saw him* [sɔɪm]은 후자의 예이다(Bloomfield 1933: 187). (이 두 용어의 번역은 뒤바뀌어 생각되기 쉬우니 주의해야 한다.) 접어는 상등하는 완전형이 있느냐에 따라 단순 접어(simple clitics)와 특수 접어(special clitics)로 나누기도 하는데, 이 둘의 구별은 14.5절로 미룬다.

14.3 접어화

위의 예도 그렇듯이, 모든 접어가 갖는 공통점은 (항상 모음이 없는 것도 아닌데) 독립어로 쓰이기에는 음운적으로 부실하다는 것이다(cf. Katamba 1994: 161). 그래서 그것을 챙겨 줄 어떤 주인이 필요하다. 어떤 단어에 갖다 붙여야 발음이 될 수 있는데, 접어가 붙는 단어를 (Zwicky를 따라) 호스트(host)라 부르고 접어를 붙이는 과정을 일컬어 접어화(cliticization)라고 한다. 접어군(clitic groups)은 접어화를 거쳐 나온 형태를 가리킬 때 쓴다.

그러면 접어는 어떻게 연결되는가? 만약 접어가 통사적으로 어떤 호스트와 연관된다면, 음운적 첨가의 호스트 또한 같다고 하는 것이 일반적인 가정인 듯하다. 이 생각을 도식화하여 보인 것이 아래 그림이다(Klavans 1985: 97 참조).

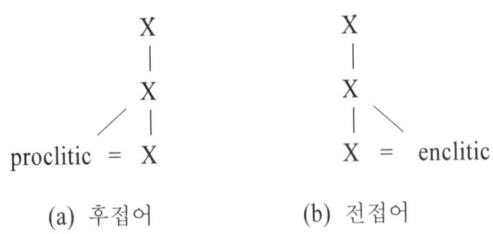

    (a) 후접어   (b) 전접어

그러나 이 모델이 틀린 것임은 곧 드러나게 된다. 접어 이론은 통사적 연결과 음운적 연결의 방향을 구별할 수 있어야 한다. 즉 접어는 통사적으로 어느 특정 성분에 붙을 수 있으나 그렇다고 해서 음운적으로도 동일한 성분에 접어화될 필요는 없는 것이다. 다음 그림을 보라(Klavans 1985: 97 참조).

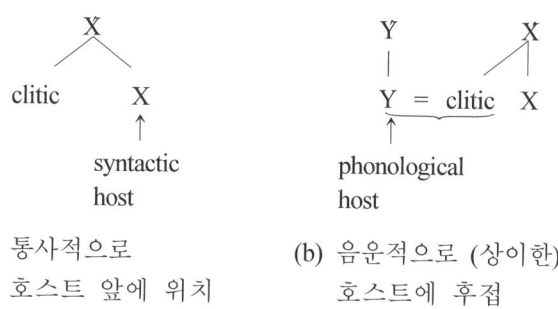

(a) 통사적으로 호스트 앞에 위치

(b) 음운적으로 (상이한) 호스트에 후접

위의 그림은 음운적 호스트 Y가 구조상의 호스트 X와 다름을 보여준다. 다시 말하면, 접어는 (Klavans 1985의 표현을 빌리면) "이중 공민권"(dual citizenship)을 가질 수 있다는 것이다. Klavans가 강조하듯이 접어는 구절 접사(phrasal affix)이다. 그러므로 접어화는 실제로 구절 단계(phrase level)에서 일어나는 접사 첨가인 것이다.

14.4 접어의 특성

구와 합성어의 구별이 가끔 어려운 적이 있는 것처럼, 접사와 접어, 그리고 단어를 구별짓기도 쉽지 않다. 한 가지 잣대로 어떻게 할 방법은 없어도 아래 몇 가지 힌트를 함께 고려할 수는 있을 것이다(cf. Elson/Pickett 1983: 141-143).

단어를 정의하면서 발화 속에서 단독으로 쓰일 수 있는지를 고려했었지만(cf. Bloomfield 1933), 접사는 말할 것도 없고 접어 역시 혼자서 쓰이지 못한다. 접어는 이 점에서 단어와 구별된다. 접어는 의존형이라는 점에서 접사와 같게 느껴지지만, 접사의 경우와는 대조적으로 접어와 그것이 문법적으로 연결된 단어 사이에는 다른 단어가 들어 갈 수 있다. 예를 들어, 보통은 영어의 관사 a/an, the가 혼자 쓰이는 일은 없으나 (*a big black bear*에서처럼) 그것이 수식하는 명사로부터 분리될 수 있다. 이 분리 가능성 (separability)의 기준만 보면 접어는 접사보다 단어에 보다 가깝다.

그리고 접어는 문법적 기능에 있어서 다시 접사보다는 오히려 어근 또는 독립어와 흡사한 점이 있다. 좋은 예는 the Queen's castle과 the Queen of England's castle에서의 소유격 -'s이다. 물론 두 경우에 성을 소유하는 이는 여왕이지만, 소유격 -'s가 반드시 Queen에 붙어야 하는 것은 아니다. 접미사와는 다르게 접어는 이처럼 통사·의미상의 호스트가 아닌 것에 붙을 수가 있다.

■ 물음 1 ■

Identify the phonological host and the syntactic host of -'s in the following examples:

(a) The boy you stayed with's granny
(b) The boy that he robbed's sister
(c) The boy I saw yesterday's jacket

(based on Katamba 1993 & Robins 1967)

끝으로 접어의 남은 특징은 강세를 지니지 않는다는 것이다. 사실 접어들 가운데는 완전한 독립형이 강세를 잃고 약형으로 단축된 형태인 것이 많다. 다음 예들이 바로 그러한 경우이다.

/m/   *I'm* done. (< I am)
/z/   *He's* gone. (< He is/has)
/v/   *They've* left. (< They have)
/l/   *She'll* stay. (< She will)
/d/   *I'd* like to do it. (< I would)

지금까지 논의를 통하여 단어와 접어의 닮은 면을 보았고 그 차이점도 알았다. 접어와 접사는 둘 다 독립적으로 쓰이지 못하는 의존 형태소이고 통사적 기능을 갖는 것까지 비슷하다. 그러나 우리는 아직 가령 복수 접미사 -s와 소유격 -'s의 차이가 어디에 있는지도 모른다. 이 부분은 절을 바꾸어 알아보기로 하자.

14.5 단순 접어와 특수 접어

접어화 분야에서 가장 이름난 학자는 Arnold Zwicky이다. 그에 따르면, 접어는 다시 단순 접어(simple clitics)와 특수 접어(special clitics)로 나누어 볼 수 있다(Zwicky 1977; Zwicky/Pullum 1988). 단순 접어란 (*is, has, have* 등) 완전형(full forms)의 수의적 형태로서 문장 속에서 상응하는 완전형과 같은 위치에 나타나는 것들이다.

She*'s* gone (= She is/has gone)
The bag*'s* empty (= The bag is empty)
I*'ve* seen this movie (= I have seen this movie)

특수 접어는 그 밖의 모든 접어들을 말하는 것으로 영어의 소유격 -'s처럼 상응하는 완전형이 없거나 아니면 상응하는 완전형과 같은 분포를 보이지 않는 것이다.

14.5.1 접어와 굴절 접사의 분리 기준

통사적 역할을 갖는 의존 형태소에 (접어와 굴절 접사의) 두 가지 유형이 있다고 하면, 그것들을 구별할 수 있어야 할 것이다. Zwicky/ Pullum (1988)는 영어의 n't의 접사적 성질과 특별히 관련지으며 굴절 접사를 접어와 가르는 다음의 여섯 개 기준을 제안했다.

    기준 A 접어는 그 호스트에 대해 낮은 선별도를 보이는 데 비하여 접사는 그 어간에 대해 높은 선별도를 보인다.

일반적으로 접사는 어떤 특정 품사에 속하는 어간에만 붙는다. 예를 들면, 복수 -s는 명사에만 붙고, -est는 형용사/부사에, -ing는 동사에 붙는 등 어간에 대해 아주 선별적이다. 이 점에 있어서 접어는 상대적으로 덜 까다롭다는 말이다. 예를 들어 be동사나 조동사의 축약형은 (구어에서) 주어인 명사와 대명사 말고도 전치사, 동사, 형용사와 부사에마저 접어로 붙일 수 있다.

    (a) 전치사
        The house Marie was born *in's* been demolished.
    (b) 동사
        The jug she *sent's* lovely.
    (c) 형용사
        Any minister that is *corrupt's* going to be sacked.
    (d) 부사
        All the drivers who are paid *weekly've* been given a pay rise.
                                        (Katamba 1993: 247)

기준 B 결합에 있어서 임의적 공백은 접어군보다는 접사가 첨가된 단어의 특성이다.

접어화는 주어진 영역 안에서 거의 자동적이지만, 접사 첨가는 설명할 수 없는 공백이 있다. 복수 접미사가 명사 어간과 결합하는 것만 보아도, 예컨대 sheep과 deer에는 수를 나타내는 뚜렷한 굴절 접사가 없다.

기준 C 형태적 특이성은 접어군보다는 접사가 첨가된 단어의 특성이다.

형태적인 면에서 굴절 접사 첨가는 (명사, 동사, 형용사 모두에서) 예외적인 변화의 여지를 인정하지만, 접어는 일반적 규칙에 따른다.

기준 D 의미적 특이성은 접어군보다는 접사가 첨가된 단어의 특성이다.

예를 들어, (*I've met her in person*에서처럼) 축약된 -'ve를 포함한 접어군은 의미에 있어서 완전형 have를 갖는 구조와 항상 동일하다. 이와 대조적으로 굴절은 이따금 특이한 면을 보일 때가 있다. 그래서 best는 (*the best man for the job*에서와 같이) good의 최상급으로 쓰이는 것이 보통이겠으나, 문장 He was the best man at the wedding에서 최상급 best에는 그런 의미가 없다. 후자의 경우에 'best man'이란 표현은 '신랑 들러리'(=groomsman at a wedding)라고 하는 특별한 의미를 지닌다.

기준 E 통사 규칙은 접사가 첨가된 단어에 영향을 미칠 수 있지만, 접어군에는 영향을 미치지 못한다.

예를 들어, 주어-조동사 도치(Subject-Aux Inversion)가 조동사의 축약형이 들어 있는 아래 문장에 적용되지 못한다.

You *could've* been there.
***Could've* you been there?

기준 F 접어는 이미 접어를 포함한 형태에 붙을 수 있지만, 접사는 그럴 수 없다.

아래 문장에서 've가 이미 접어 'd(<would)가 붙은 형태에 붙어도 문법적인 문장이 된다.

I*'d've* done it if you'd asked me.

그렇지만 굴절 접사 -s에 이어 접어가 나오는 *Kids're* coming 같은 예를 찾을 수는 있어도 그 반대 순서로 된 것은 한 예도 보이지 않는다.

■ 물음 2 ■

On the basis of their criteria, especially E and F, Zwicky & Pullum (1983) conclude that unlike English contracted auxiliaries, the English contracted negative *n't* is an inflectional affix. Give appropriate examples, if any, in support of their claim.

14.5.2 소유격 's

지금까지 그 분포가 통사적으로 결정되는 두 종류의 의존 형태소를 구별했다. 접어를 굴절 접사로부터 분리하는 기준을 돌아보면, 그 동안 오해가 많았던 영어의 소유격 접미사 's를 왜 굴절 접사에서 따로 떼어내어야 했는지도 수긍이 갔을 것이다. 복수를 나타내는 -s는 여전히 굴절 접미사이지만, 소유격의 's는 특수 접어이고 is/has의 줄임형인 's는 단순 접어이다.

다음 그림은 소유격의 's의 접어화 영역이 NP임을 보인 것이다.

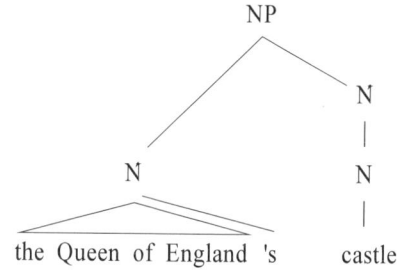

다시 되풀이하자면, 위의 예에서 's의 음운적 호스트는 England이고 구조상의 호스트는 명사구 N가 된다.

참고로 Klavans(1985)가 특수 접어의 경우 접어화 규칙에서 명시할 내용을 적은 것을 간추려 보았다.

- (a) 접어가 붙는 구 (예: NP, VP)
- (b) 구절 영역 안에서 접어가 붙는 호스트의 위치 (예: NP내 첫/마지막 N)
- (c) 호스트에 대한 접어의 선행(후접)/후행(전접)
- (d) 접어의 통사적 호스트와 음운적 호스트가 같은지 여부

■ 물음 3 ■

Given the above line of research as of Klavans 1985, what should the grammar specify in the case of possessive *'s*?

■ 물음 4 ■

How many items can you identify as clitics in the passages below? What type of clitic is each item an example of?

1. I'd like to have kids. I get those maternal feelings. Like when I'm lying on the couch and I can't reach the remote control.
— Kathleen Madigan

2. "He'll be OK," said the young doctor.
"There's no need for you to hang about any longer."
James's mother jumped to her feet with a little cry. "He's really all right?"
"Perfectly, as far as I can tell. The stomach contents are being analyzed. We'll keep him in for tonight, though, just to be on the safe side."
— Adapted from "Thornapple" by Ruth Rendell

15장   어휘화 과정

15.1 서언

 어휘화(lexicalization)란 어떤 개념들이 한 언어의 단어로써 기호화되는 과정을 이르는데, 그 동안 형태론 분야에서 상대적으로 소홀히 다루었던 부분이다. 이 장에서는 Bauer(1983: 3장)의 논의를 바탕으로 지금까지 밝혀진 내용을 돌아보고자 한다.
 어떤 단어가 한 언어에 처음 나타날 때에는 그것이 차용어(loan)나 차용번역어(calque) 혹은 임시어(nonce word) 그 어느 것이든 간에 그것의 새로움을 화자들은 아는 것 같다. 이 새로운 용어가 통용되고 안 되고는 여러 요인에 달려있다. 그 가운데 하나는 그 말을 사용한 사람의 지위이다. Adams(1973:2)는 'triphibian'의 예를 들며 이것이 널리 쓰이게 된 데에는 그것이 Winston Churchill에 의해 처음 사용되었다는 사실도 한 몫 했다고 적고 있다. 그리고 'morpheme'이란 술어는 1881년 이전에 Baudouin de Courtenay가 최소의 의미있는 형태를 가리키기 위해 처음 만든 것이라고 하는데(Aronoff 1994: 18), Bloomfield가 이 술어를 채용하면서 심리적 태도를 배격한 새로운 정의를 부여한 것이다.
 그러나 어느 단어가 받아들여지는 것은 종종 사회 전체가 그 단어에 대해 나타내는 태도에 달린 듯 싶다. 그것이 이름을 필요로 하는 어느 새로운 물건일 수도 있고, 지금껏 쓰이지 않던 개념을 일컫는 것일 수도 있다. 문제는 새로운 단어가 사회에서 필요하다고 느끼는 지가 중요하며, 비록 분명히 어떤 필요가 있다 하더라도 사회에서는 이런 저런 이유로 선뜻 용인하려 들지 않는다는 것이다(Adams 1973: 2; Quirk 1968: 120-122 참조). Bauer는 어휘화 과정을 임시어 형성(nonce formation), 제도화(institutionalization),

그리고 어휘화(lexicalization)의 세 단계로 나누고 있다. Bauer에게 있어서 어휘화는 본질적으로 통시적 과정인 것이다. 그러나 그것이 어휘화한 항목 속에 남긴 자취는 공시적으로 다루어 져야 한다. 그는 다섯 유형 즉 음운적, 형태적, 의미적, 통사적, 그리고 혼합된 어휘화를 구분한다. 그것들은 다같이 예측할 수 없는 특이점을 갖고 있다. Lipka(1994)는 이것을 동기 상실 (demotivization)이라고 부른다.

15.2 임시어 형성

임시어(nonce words)란 어떤 즉각적 필요를 위해 화자/필자가 순간적 충동으로 만들어 낸 새로운 복합어(파생어, 합성어)로 정의할 수 있다. ('nonce'란 표현은 중세영어 for then ones에서 then의 n을 잘못하여 ones에 붙인 것이다.) Jespersen(1942: 139)이 보여주는 다음 예는 임시어 형성 (nonce formation)의 순간을 짐작케 한다.

> I was enthusiastically received by the landlady and by the whole of the land-family. (같은 자료에 ... landlady ... landlord ... and two land-children도 적혀 있다.)

landlady, landlord는 이미 영어에 있는 합성어이지만, land-family나 landchildren같은 말은 순간적 충동에 의한 임시어의 예가 된다.

같은 형태가 시기를 달리하여 또는 엇비슷한 시기에 다른 화자들에 의해 만들어질 수 있음은 얼마든지 생각해 볼 수 있다. 그렇지만 그 항목이 임시어인 것에는 변함이 없다. 한 형태는 그것을 들은 적이 있는 다른 화자에 의해 거듭 사용될 때 임시어 딱지를 뗀다고 말할 수 있다.

임시어의 특징적인 점으로 지적해 둘 것은 그것이 몇 가지 다른 해석의 여지가 있다는 것이다. Bauer(1983: 47)는 condemnation을 예로 들면서, 이것은 다음 두 문장에서 보듯이 (적어도) 두 가지 뜻 '비난 행위'(=the act of condemning)와 '비난 사실'(=the fact of condemning)이 있다고 말한다.

(a) His *condemnation* of the government lasted hours. (행위)
(b) His *condemnation* was a bitter blow for the government. (사실)

이러한 중의성은 기형성된 합성어에서도 예를 찾을 수 있다. Lyons (1977: 538)는 London train의 중의성을 지적한다.

Has the *London train* left yet?
Has the *London train* arrived yet?

그는 위의 예 London train을 London taxi와 대비하여 후자에는 '런던행 택시'(=a taxi bounded for London)나 '런던에서 나오는 택시'(=a taxi coming out of London)의 의미보다는 '런던에서 운행하는 택시'(=a taxi which operates in London)의 의미가 있을 뿐이라고 말한다.

15.3 제도화

임시어가 이따금 사회에 의해 받아 들여지게 되기도 하는데, 그 경우에 그것은 이미 ("임시로" 쓰이는 형태) 'nonce'가 아니다. 새 단어들이 표준 영어 속에 받아들여질 것인가 아닌가, 구태여 따옴표를 쓰지 않고도 쓰이게 되는가는 물론 어느 누구에 의해 결정되는 것이 아니다. Matthews(1921: 102-103)는 Henry Bradley의 말을 인용하며 단어의 수용 여부는 구조의 규칙성 또는 계통의 정통성보다는 (그 언어의 필요를 충족시킨다는 뜻에서) '유용성'(utility)에 달려있다고 강조한다. 다시 말해서, 만일 어느 새로운 단어가 우리가 말하고 싶은 어떤 것을 말하는 보다 쉽고 효율적인 방법을 제공하는 것으로 인식된다면, 그것의 미래는 보장된 것이고 그것에 대해 아무리 발을 구르며 반대해도 소용없는 일이다.

이 단계의 전형적 특징은 (특히 합성어의 경우에) 잠재적 중의성이 무시되고(cf. Lees 1960: 116), 그 형태가 갖는 가능한 의미 가운데 오직 일부(때로는 오직 하나)의 의미로만 사용된다는 것이다. 예를 들어, flower bed는 ('꽃침대'가 못 될 까닭이 없는데도) '꽃밭'의 의미로 이해되고, telephone box에 '전화처럼 생긴 박스' 등등 여러 의미가 있을 수 있지만, 화자/청자가 그것이 '공중전화 박스'(=telephone kiosk)와 같은 뜻임을 아는 것은 그 물건이 눈에 익기 때문이다(Bauer 1983: 48). 이것으로써 이 단어들은 사회에 의해 받아들여진 것이고 이것을 다른 말로 수용(acceptance) 또는 제도화(institutionalization)라 한다.

Jespersen(1942: 137)도 많은 합성어들은 어떤 사물에 대한 전통적인 이름이 됨으로써 그것들이 가질 수 있을 다른 가능한 의미들을 버리기 때문에, gold fish, gold-digger, gold-smith의 의미에 중의성은 생각할 수 없다고 말한다. 그는 이어서 home-sickness는 고향을 떠나 있기에 생기는 병이지만, sea-sickness는 바다의 동요에 기인하는 것이어서, 무슨 재담 속이 아니고서는 어느 선원이 바다를 동경하는 심정을 그리기 위해 sea-sickness를 쓰지 못한다고 덧붙인다.

Lipka(1994)도 지적했지만, 제도화된 단어들은 그 언어의 규범에 들면서 어떤 언어 공동체(speech community)의 구성원들에게 다소 친숙한 것들이다. 최소한의 항목 친숙도는 제도화의 필요 요건이다. 이것은 단어의 명명 기능과 그리고 사회의 필요와 연결된다.

feminist, male chauvinist, chairperson같은 단어들과 Ms와 같은 호칭은 최근에 제도화된 것들이다. 변화하는 세계에서 새로운 대상물은 기술 분야에서 새로운 단어를 요구하게 된다. (은유적인 의미로) 타자기에 쓰는 daisy wheel, golf ball, PC분야에서 laptop, laser printer 등은 이렇게 해서 영어에 들어온 예들이다.

▪ **물음 1** ▪

Some proponents of gender equality have claimed that English is a very sexist language and not least in its morphology. They suggest, for example, that words containing *man* (*mailman, businessman, manhole*, etc.) ought to be replaced with more gender-neutral terms (such as, for the examples cited, *letter carrier, member of the business community*, and *utility access hole*). Discuss the necessity for such reform as well as the pros and cons associated with it. Is it likely to occur? Why or why not?

(Murry 1995: 194)

15.4 어휘화

어휘화 과정의 마지막 단계인 어휘화(lexicalization)는 Lyons(1977: 547)가 화석화(fossilization)라고 표현한 단계로서, 언어체계의 어떤 변화 때문에 문제의 단어가 생산적 규칙의 적용을 받지 못하게 된 경우이다.

어휘화는 언어분석의 모든 단계에서 일어날 수 있다. 이따금 항목들을 음운적(phonological), 형태적(morphological), 혹은 의미적 어휘화(semantic lexicalization)로 나누어 생각하는 것이 편리한 것은 이 까닭에서이다.

15.4.1 음운적 어휘화

음운적으로는 대략 운율 자질과 분절음 자질의 두 가지 면으로 나누어 생각하는 것이 편리하다.

15.4.1.1 운율 자질

어휘화를 보이는 가장 흔한 운율 자질(prosodic features)은 강세(stress)이다. 특정 복합어의 강세형이 단일어와 다른 것은 그렇다 하더라도, 일단 제도화된 형태는 자유로이 강세 변화를 겪어 여타 생산적으로 형성된 항목에서는 있을 것 같지 않은 모습일 수 있다. 예를 들어, -ic/ -ics로 끝난 영어 단어는 보통 (*fanátic, phonétics*)처럼 그 접사의 앞 음절에 강세가 오지만, 한 음절을 건너 강세가 주어지는 예가 있다.

    Árabic lúnatic cátholic chívalric
    chóleric rhétoric aríthmetic pólitics

15.4.1.2 분절음 자질

분절음 자질(segmental features)의 어휘화를 가져오는 요소에는 적어도 두 가지가 있다. 그 중 가장 명백한 것은 어떤 이유에서든 시간이 지나면서 형태에 영향을 주는 음변화(sound change)이다. 두 번째는 어떤 특정 환경에서 형태에 변화를 가져오는 운율 자질(prosodic features)이다. 강세의 영향으로 요일 끝에 오는 -day를 /-dɪ/로 발음하는 따위이다. Jespersen(1942: 141)은 (영국영어의 경우에) "/-dey/ 소리가 가끔 들리기도 하는데 그것은 예컨대 Sunday가 weekday와 대조되는 때이다"라고 말한다. 일반적인 경우라면, /ey/는 (*payday*에서처럼) 약화하지 않거나 (*infamous*에서처럼) /ə/로 약화한다. 그러므로 /ɪ/로의 약화는 예외적인 모습이다.

음변화에 의한 고립형의 예로 husband가 있다. 이것은 고대영어 hūs-bonda '가장'(=house master)에서 왔는데, hūs 부분이 대모음전이(Great Vowel Shift)에 의해서 자립형 house로부터 고립된 것이다. 합성 요소가 거의 인식하기 어려울 정도로 달라진 다른 예로는 lammas (<OE *hlāf-mæsse* 'loaf-mass'), goshawk(<OE *gōshafoc* 'goose-hawk')가 있다. 그 밖에도 boatswain[bowsn], forecastle[fowksl], blackguard[blægard], forehead[fɔrɪd], breakfast[brɛkfəst], twopence[tʌpəns], halfpenny[heyp(ə)nɪ] 등을 생각할 수 있다.

이와 같은 급진적인 변화에 대한 반발도 자주 생겨서 합성어가 되살아나거나 합성 요소의 느낌을 새롭게 한다. 극단적인 예는 고대영어 huswīf이다. 이것은 한 단위로 '반짇고리'(=needle-case), '말괄량이'(=bad woman) 등 여러 의미로 쓰여 hussif, hussy[hʌzi, hʌsi]가 되었는데, 합성어가 housewife로 다시 형성되었다. 이와 더불어 Jespersen은 특히 최근에 들어와서 철자 발음의 영향을 언급하면서 "40년 전에는 예외 없이 [wɛskət]로 발음했던 waistcoat를 [weys(t)kowt]로 발음하는 것이 점점 일반적이 되고 있다"고 덧붙이고 있다. boatswain을 [bowsn] 대신에 [bowtsweyn]으로 발음하는 것도 같은 현상이다. 그러나 많은 경우에 합성 요소가 희미해진 때에도 가령 postman, statesman 등의 -man[-mən]은 여전히 'man'에 속하는 것으로 느껴진다.

15.4.2 형태적 어휘화

형태적으로는 어근의 어휘화와 접사의 어휘화가 있다. 어근의 경우에 어휘화 속도가 빠른 것은 역시 고유 어간(native stems)보다는 외래 어간(foreign stems)이다.

15.4.2.1 어근

영어에는 Greek와 Latin 등 인구어의 다른 갈래에 속하는 언어에 기초한 다수의 유식한 어휘가 있다. 그리고 단어의 차용이 자유로운 까닭에 의미상 또 어쩌면 어원적으로도 가깝게 관계가 있으면서 어근(roots)을 달리하는 파생어의 예가 무수히 많다.

eat	edible	
drink	potable	
legal	loyal ('법률의'의 뜻에서)	
right	rectitude	
sound	sonar	sonic

이러한 어근들은 많은 경우에 그 중 하나만 계속 생산성을 유지한다. 그러나 Bauer(1983: 48)의 지적처럼, 화자에 따라서는 eatable과 edible을 의미상 구분짓기도 한다.

> All food is by definition *edible*, though if it has been burnt it may no longer be *eatable*.

15.4.2.2 접사

어근이 생산적이지 않게 되는 것과 꼭 마찬가지로 접사(affixes) 또한 그럴 수 있다. 예를 들어, 동사 파생 명사를 만들던 -ment(예: *achievement, assignment*)는 이제 죽었든가 아니면 적어도 생명이 거의 다한 접사이다. 이 말은 -ment로 된 형은 모두 어휘화된 것임을 의미한다. 비슷하게 -th로 끝나는 형용사에서 나온 명사(예: *warmth, length, dearth, width*)는 이제 어휘화된 것들이다. 그리고 그것들 대부분은 비생산적 어근 형태를 갖고 있다.

15.4.3 의미적 어휘화

이것은 단일화된 현상이 아니어서 분류하기가 쉽지 않다. Leech (1973)와 Lyons(1977) 등의 학자들은 어휘화를 의미정보의 추가(addition)의 결과인 것과 의미정보의 상실(loss)의 결과인 것으로 나눈다. 예를 들어, 현대영어의 understand에는 under와 stand의 의미 어느 것도 들어있지 않으므로 의미정보의 상실로 인한 어휘화의 좋은 예가 된다. 반대로 wheel chair는 의미정보의 첨가에 기인한 어휘화의 예이다. 손으로 밀 수 있다는 점에서는 (유아용) push chair와 비슷하면서도 실제로 이 둘이 구별되는 것은 wheel chair에 '환자용'(=for invalids)이라는 가외의 의미 표지가 붙은 것으로 보인다 (Bauer 1983: 56).

위의 분류가 일견 그럴듯해 보이기는 하지만, 거기에는 적지 않은 문제가 있어 보인다. 의미의 추가와 상실을 각 예마다 확연히 구분짓는다는 것이 실제로 불가능해 보이기 때문이다.

■ 물음 2 ■

Consider, for example, a word like *bedstead*. The *stead* element is etymologically related to the *stead* in *homestead*, *in his stead*, etc., but none of these is helpful in interpreting *bedstead*. Should it be said that *bedstead* is a case of loss of semantic information because it has lost all the information about 'place' that is normally in *stead*, or should it be said that it is a case of the addition of semantic information, because the meaning 'frame' has been added?

(based on Bauer 1983: 56-57)

이처럼 의미적 어휘화의 분류는 아직 만족스러운 결과에 이르지 못하였다. 그럼에도 불구하고 의미적 어휘화라고 하는 개념은 분명하게 확립된 듯하다.

그 동안 이 문제는 의미적 합성(semantic compositionality)의 결여로써 자주 언급된 바 있다(Aronoff 1976 등). 의미적 합성이란 전체 의미가 부분의 의미로부터 예측될 수 있음을 말하며, 의미적 어휘화는 물론 그렇지 못한 경우를 지칭하는 것이다. Jackendoff(1975: 657)가 redhead(사람)와 blackhead(여드름)를 예로 제시하며 어휘부에 따로 등재하여 마땅하다고 한 외심 합성어(exocentric compounds)가 바로 여기에 들 것이다. 그런 의미에서 blackmail, butterfly, mincemeat는 어휘화된 예로 보아야 한다.

고대영어 gōd spell '희소식'(=good news)에서 온 gospel은 그 극단적인 경우로서 지금은 어휘화 과정을 지나 단일어로 취급되어야 할 것 같다.

15.4.4 혼합된 어휘화

지금까지 어떤 단어에서 일어날 수 있는 어휘화는 어느 한 유형에만 속하는 듯이 취급했지만, 사실은 둘 이상의 어휘화를 보이는 예도 드물지 않다. 예를 들어, length와 width같은 단어들은 비생산적인 접사를 가졌기 때문만 아니라 이들 형태에 나타나는 어근이 비생산적이기 때문에 어휘화된 것이다.

이 같은 혼합형(mixed type)을 결코 예외라고 생각해서는 안 된다. 사실은 일단 어떤 형태가 어느 한 방식으로 어휘화가 되면 그것은 다른 방면에서도 보다 쉽게 어휘화될 가능성이 있는 듯하다. 이렇게 해서 결국 어떤 형태의 완전한 동기 상실로 이어져 결국 단일 어휘소로 취급될 수 있다. Bauer(1983: 61)가 주목한 gospel(< OE *gōd spell* 'good news')이나 nice(< Latin *nescius* 'not know') 같은 예가 바로 그러한 경우일 것 같다.

■ 물음 3 ■

Identify the type of lexicalization for each of the following examples.

1. dissolve [dɪzɔlv] _____
2. ladykiller [leydɪkɪlər] _____
3. goshawk [gɔshɔk] _____
4. cupboard [kʌbərd] _____
5. blackguard [blægard] _____
6. holiday [hɔlɪdɪ] _____
7. exemplary [ɪgzɛmpləri] _____
8. saddler [sædlər] _____
9. victuals [vɪtlz] _____
10. writer [raytər] _____

(based on Jespersen 1942 & Bauer 1983)

『물음』의 힌트와 모범답

문제를 깊이 생각하지도 않고 해답을 먼저 보려고 하는 것은 결코 바람직한 학습 태도가 못 된다. 먼저 생각하라. "언어학을 한다"고 하는 것은 물음에 접근하는 사고 능력, 즉 "생각하는 힘"을 키우는 것이다. 만약 방향이 잘 잡히지 않으면, 우선 힌트나 참고 부분만 읽어보라. 그리고 다시 생각하라. 여기에 제시된 모범답은 학습 성취를 돕기 위한 보조 자료일 뿐이다.

2장 단어

물음 1   언어를 '임의의 음성 체계'(an arbitrary system of articulated sounds)라고 정의한다면, 글은 그 말소리[언어음]을 언어 외적인 문자 체계로 나타낸 것에 지나지 않는다. 따라서 언어학자는 말(speech)과 글(writing)을 혼동하는 오류에 빠지지 않도록 해야 하며, 쓰여진 자료를 다룰 때 그가 언어 자체를 다루는 것이 아니라는 점을 잊어서는 안 된다.

물음 2   **힌트** 일반적으로 softball과 같은 합성어는 한 단어로 취급한다.

물음 3   Hockett의 기준에서 볼 때 outside는 out와 side로 나뉠 수 있는 까닭에 독자적으로 쓰일 수 있는 최소의 의미 단위가 아니라고 해서 모두 단어라고 단정한다면, 여기에는 적어도 두 가지의 문제점이 있다. 첫째, "Did you mean inflammable or nonflammable?" — "*Non*."과 같은 식의 대화 속에서는 어떤 크기의 요소도 그 대답으로 언급될 수 있기 때문에 이런 경우는 제외되어야 한다.

둘째, 만약 the, and, though 따위도 단어로 인식되어야 한다면, 이 기준은 마땅히 보완되어야 한다. 사실 flower나 sings까지도 혼자서 쓰일 것 같지 않다. "What did she give you?"에 대한 대답은 "A flower"나 "Flowers"일 수는 있어도 "Flower"는 아니다. "What does he do for a living?"에 대해 "Sing"이나 "He sings"라고는 대답하지만 "Sings"는 안 된다.

물음 4 **참고** 아래와 같이 정리해 보았을 때, 가령 어형 shoot, shot, shoots, shooting은 어휘소 SHOOT의 실현이라고 이해하도록 한다.

실제 어형(word-forms)	어휘소(lexeme)
shoot, shot, shoots, shooting	SHOOT
woman, women	WOMAN
flies, flew, flying, flown	FLY
die, dies, died	DIE
(이하 생략)	

물음 6 **참고** '의미적 합성'(semantic compositionality)이란 언어학적 단위(단어, 구, 문장 등)는 그것을 구성하는 요소들의 의미에 의해 전체 의미가 결정된다는 말이다.

물음 7 어휘부(lexicon)가 법칙없는 어휘소의 저장고라 하더라도 그것은 나름대로 가치를 인정받아야 할 부문이다. 아이가 부모들이 사용하는 단어를 듣고 그 때부터 그 단어를 어떻게 기억 속에 지니게 되는지 생각해 보라. 어휘부의 두드러진 특징 하나는 순전한 기억 능력이다. 보통 사람이라면 몇 개의 단어를 알고 있다고 생각하는가? 만약 흔히 생각하듯이 듣거나 읽은 단어의 수에 근거하여 의견을 말한다면, 교육을 받지 못한 이들은 몇 백개, 글눈이 트인 이들은 몇 천 개, 그리고 Shakespeare 같은 문장가라면 적어도 15,000개로 짐작할 것이다. 그러나 이것은 정말 답과는 거리가 멀다. 사람들은 어떤 정해진 시간과 공간에서 실제로 사용할 기회가 있는 것보다 훨씬 더 많은 단어를 인식할 수 있다. 다분히 언어 심리적인 측면을 반영하는 것이긴 해도 단어를 배우는 단순한 행위가 그저 놀랍다 아니 할 수 없다.

오늘날 대부분의 문법가들은 어휘부가 단순히 불규칙성의 목록에 지나지 않는다는 견해를 배격한다(6.3.1.2절 참조).

물음 8 | 가령 lovelier와 more lovely, 그리고 oculist와 eye doctor같은 쌍은 그 어휘적 의미가 실제로 동일함에도 불구하고 형식상 각각 한 단어와 두 단어로 간주되기 때문이다.

물음 9 | **힌트** 정의 속에서 다룰 필요가 있을 질문은 다음과 같은 것들이다. (a) 숙어와 연어(또는 낱말 배치)는 문자 그대로의 의미를 갖는가? 그리고 (b) 여기에 다른 단어를 더해도 되는가?

숙어(idiom)란 전체의 의미가 개별 형태소들의 의미의 합과 동일하지 않은 굳어진 어구로 정의할 수 있다. (여기서 '굳어진'은 뜻이 달라지지 않고는 단어를 더하거나 빼지 못한다는 것을 의미한다.) 반면에 연어(collocation)는 전체의 의미가 개별 형태소들의 합과 동일하지만, 관습적으로 형태소들이 어떤 특정한 순서로 놓이는 (그러나 필요에 따라 cheese and macaroni처럼 배열 순서를 바꾸거나 단어를 넣어 늘릴 가능성도 있는) 어구이다.

물음 10 | **참고** 비속어 삽입에 대한 모국어 화자들의 직관은 다소 차이를 보인다. 여기서 고려하는 것은 어떤 뚜렷한 경향에 지나지 않는다. 그리고 접두사가 있는 경우에도 특별히 다른 것은

없다(cf. unbe-fuckin'-lievable; im-fuckin'-possible).

Aronoff(1976: 69-70)에 의하면, 접요사는 [3-1] 강세형을 갖는 어간에 국한되고, 게다가 1강세 바로 앞에 나와야 된다. 이 관찰을 뒷받침하듯 Bauer(1983: 90)도 handi-bloody-cap, dim-fucking-wit와 atmos-fucking-phere는 다소 이상하다고 하면서 그 까닭이 어기의 첫 음절에 있던 강세를 끝음절로 옮기게 되기 때문인 것으로 해석한다. fucking과 같은 비속어의 삽입은 단어 안에서의 강세 위치 외에 음절형에 의해서도 제한을 받는다. 그것이 접요사이므로 나타날 수 있는 최소형은 둘째 음절에 강세가 있는 2음절어이다(예: ur-fucking-bane). 그러나 이 접요사가 가장 흔하게 보이는 것은 3음절 이상의 단어에서이다.

1. fan-fuckin'-tastic
2. Santa-fuckin'-Cruz
3. Mononga-fuckin'-hela
4. propa-fuckin'-ganda
5. lickety-fuckin'-split

물음 11 1. open 2. closed 3. closed 4. open
5. closed 6. open 7. closed 8. open

물음 12 1. S 2. C 3. S 4. C 5. C 6. S

물음 13 **힌트** 일차 파생어(primary derivatives)는 (i) 의존 어간 + 파생 접미사, (ii) 접두사 + 의존 어간의 형태임을 기억하라.

(a) 일차 파생어 placate, rupture, legible, uncouth, corrupt, inert, untoward (여기서 toward는 전치사가 아님), circumvent, uncanny

(b) 이차 파생어 pliable, manly, displace, easy, ringer, untie, intramural

물음 14 | 어느 단어의 형태가 원형(=어간), 3인칭 단수 현재 -s, 현재분사 -ing, 과거 시제 -ed, 과거 분사 -en 중 셋 이상의 굴절형을 갖거나 파생 접미사 -en(*ripen, soften*), -ize(*liberalize, idolize*), -ify(*personify, solidify*) 등 으로 끝나는 것은 동사, 그리고 비교의 -er/ -est를 취하면서 -ly를 붙여 부사를 만들거나 -ness를 붙여 명사를 만들 수 있든가, 아니면 -ish, -able, -ive, -less, -ous 등의 파생 접미사로 끝난 것이면 형용 파생접미사 -ly(*fortunately*), -wise(*moneywise*), -ward(*northward*), -s(*nights*), -like(*casual-like*)로 끝난 것이면 부사이다.

물음 15 | 1. UW 2. N 3. N 4. N 5. Adj
6. Adv 7. Adj 8. UW 9. Adj 10. Adv

물음 16 | **힌트** 단어나 구를 가릴 것 없이 문장 내 위치에 따른 문법기능에 주목한다.

1. nominal   2. nominal   3. adverbial
4. verbal   5. nominal   6. adverbial
7. nominal   8. adverbial 9. adjectival
10. nominal   11. nominal   12. adverbial

물음 17 | 1. D   2. Q   3. D   4. Q   5. D
6. NS   7. D   8. Q   9. D   10. NS

물음 18 | **힌트** 한정사 중에서도 특히 관사를 생략함으로써 의미가 모호해 지는 경우를 문제로 구성한 것이다.

1. Police raid a gathering
2. Complete the faculty at State/A complete faculty at State
3. Rule the book not obscene/The rule book not obscene
4. A clean model house/Clean the model house

3장 형태소

물음 1
1. one who (agent)
2. again
3. like
4. not
5. before
6. make (causative)
7. marked by
8. bad(ly)
9. under
10. most

물음 3
1. 3   2. 3   3. 2   4. 2   5. 3   6. 3
7. 2   8. 2   9. 4   10. 3   11. 4   12. 3

물음 4
참고 오직 의존 형태소만으로 구성된 단어도 물론 있을 수 있다.

1. amoral
2. inter sect
3. remake
4. unload
5. darken
6. idolize
7. friendship
8. kingdom

물음 5
힌트 어휘 형태소와 문법 형태소의 구분이 명확하지 않은 경우가 존재한다고 말했지만, 일단 위에 정리한 표에 따라 문제의 답을 생각하도록 한다.

물음 7
1. sex   2. fame   3. plac(ate)   4. mean
5. Christ   6. lead   7. take   8. center
9. war   10. holy   11. infant   12. heat

물음 8
1. run current
2. flesh carnage
3. marriage polygamy
4. life biochemistry
5. look spectacles
6. carry report
7. gnaw erode
8. lover Francophile
9. breathe respire
10. earth geology

물음 9 | whiter의 -er과 writer의 -er은 비록 철자와 발음이 같다고 하더라도 두 개의 다른 형태소인 것이 분명하다. whiter에서 -er은 '보다 더'(=more than)의 비교급 의미를 나타내는 데 반하여 writer의 -er은 '행위자'(=one who)를 의미한다. 하나의 동일한 형태소가 되기 위해서는 먼저 의미(meaning)가 같아야 하는데, 여기서 두 -er은 이 요건을 만족시키지 못한다.

물음 10 | 아니다. 이 두 형태소는 완전히 다른 의미를 표시한다.

물음 11 | 두 형태 a/an은 의미(meaning)가 같고, (a는 자음 앞에, an은 모음 앞에 나타나므로) 상보적 분포(complementary distribution)를 이룬다.

물음 12 | 단어 lawyer에는 {law}와 {-yer}의 두 형태소가 들어 있다. 형태소 {law}는 분명한 의미를 가지고 접미사 {-er}은 행위자(agent)를 나타낸다. 문제는 y를 어떻게 처리하는냐 하는 것인데, 그것이 자체로 어떤 의미를 지니는 것은 아니기 때문에 형태소 {-er}의 한 이형태로 나타나는 /-yer/의 일부로 분석하는 것이 가장 낫다. 이 결정을 뒷받침하는 예는 savior와 collier같은 단어에 보인다.

물음 13 | 여기서 과거 시제 형태소는 제로 /∅/ 이형태로 실현된다.

물음 14 | 1. {wide} = /wayd/ ~ /wɪd-/
2. {louse} = /laws/ ~ /lawz-/
3. {fame} = /feym/ ~ /-fəm-/
4. {broad} = /brɔd/ ~ /brɛd-/
(이하 생략)

물음 15 | **힌트** 새 단어가 언어에 들어 올 경우 그 단어의 굴절은 일반형(general pattern)을 따르기가 쉽다.

물음 16 | **힌트** 먼저 단수형을 써넣고 그것을 복수형과 비교하라. 여기에서 단수형은 -on, -us, -a로 끝난 외래 명사들이다.

물음 17 형태(morph)란 전적으로 음소 혹은 (제한적인 경우로) 전혀 음소 내용이 없는 Ø로 구성되는 것이다. 그런데 예를 들어, took를 take와 대체 이형태 /ʊ ← ey/를 더한 것이라고 할 때, /ʊ ← ey/같은 것은 어떻게 생각하더라도 음소로 구성된 것이 아니기 때문이다(Hockett 1954 참조).

물음 18 **참고** 대체 이형태를 표기하는 방법은 학자에 따라 조금씩 다를 수 있다. Hockett는 /U/ ← /ey/처럼 쓰고, Stageberg는 /ey > U/로 나타낸다.

1. /sɔ/ = /si/ + /ɔ ← i/
2. /rowd/ = /rayd/ + /ow ← ay/
3. /bɪgæn/ = /bɪgɪn/ + /æ ← ɪ/
4. /grawnd/ = /graynd/ + /aw ← ay/
5. /bɪt/ = /bayt/ + /ɪ ← ay/

물음 19 *luke*warm, *rasp*berry, *cray*fish, 요일 이름의 첫음절(단, *sun*은 제외하고), *kith* (and kin), *vim* (and vigor), (to and) *fro*, *lunk*head, *mul*berry, new-*fangled* 등

물음 20 X-*mit*: permit, remit, commit, demit, submit, admit, transmit
per-X: permit, perceive, persuade, pervade, perplex, pervert

물음 21 다음은 의존 어간의 예(일부)이다. 이제 이것들이 들어 있는 적절한 예를 적어보라.
-fer, -ceive, -sume, -duce, -pel, -suade, -vene, -dict, -vert,
-fine, -gress, -ject, -scribe, -side, -spect, -spire, -tect, -vade

물음 22 **힌트** 각 단어의 명사 또는 형용사형을 생각해 보라.

이와 같은 라틴어계 어간들을 형태소로 간주하는 근거는 위의 -mit와 비슷하다. 강세에 대해서는 다시 반복할 필요가 없을 것 같지만, 가령 -ceive가 나타나는 모든 결합에서 명사형은 동일한

이형태 -cep-을 가진다(예: *reception, deception, conception*). 비슷하게 -pel은 -puls-(*repulsion, compulsion, impulsion*), -sume은 -sump-*resumption, consumption*), 그리고 -duce는 -duct- (*reduction, conduction, induction, deduction*)를 갖는다.

물음 23 **힌트** 의존형인 pec-와 mut-가 영어에서 형태소로 분석될 수 있는가에 대해서는 각자 생각이 다를 수 있다. 문제는 대답이 어느 쪽이든 그 근거를 제시할 수 있어야 한다.

물음 24 **힌트** 각 단어의 의미를 보고 각 유어공통음에 부여할 의미를 짐작해 보라.

1. unmoving light 2. point 3. smoothly wet
4. breath-noise 5. repetition 6. big light or noise

물음 25 **힌트** 모음의 음성 상징(sound symbolism)의 각도에서 bimmelin과 bummelum을 비교해 보라.

물음 26
1. pear, pair, pare   4. doe, dough
2. bough, bow   5. rain, rein, reign
3. right, write, wright, rite   6. you, ewe, yew

물음 27 1. (a) 2. (b) 3. (b) 4. (a) 5. (b) 6. (a)

물음 28 1. V 2. A 3. V 4. V 5. A 6. A
7. V 8. A 9. V

물음 29 1. V 2. N 3. A 4. V 5. A 6. A
7. A 8. V 9. A 10. V

4장 파생과 굴절

물음 1
-*en*: ripen, widen, deafen, sadden, soften, harden, whiten, deepen, lengthen, heighten, redden
-*ify*: simplify, amplify, diversify, codify, beautify, glorify, nullify
-*ful*: useful, delightful, pitiful, helpful, careful, awful, sinful, cheerful, hopeful, meaningful
-*ish*: snobbish, selfish, foolish, sheepish, Jewish, Swedish, childish, boorish, slavish, bookish, heathenish,
-*able*: acceptable, readable, commendable, refutable, fixable, understandable arguable
-*(at)ion*: exploration, restoration, occupation, civilization, derivation, organization

물음 2
영어 명사는 두가지 형태로 나타나고(*duck, ducks/duck's*), 형용사는 셋(*loud, louder, loudest*), 동사는 넷이 보통이다(*quack, quacks, quacked, quacking*).

물음 3
1. falsifiable, falsification, falsifier
2. reasonableness, reasonably
3. industrialize, industrialism, industrialist, industrially
4. puristic
5. activate, activity, activeness, activism, activist, actively

물음 4
1. renewal   2. kinship   3. complaint
4. paganism   5. adornment   6. truth, truism, trueness
7. recovery   8. supremacy, supremeness

물음 5
V-*able*은 'capable of being V-en,' N-*able*은 'characterized by N'의 의미로 풀이될 수 있다.

물음 6　**참고** *kamikaze* pilots는 2차 세계대전 당시에 연합군 전투기에 대항하던 일본 자살 특공대를 말한다.

물음 7　문제에 대한 답은 다음과 같이 정리할 수 있을 것 같다.

	접미사 (Suffix)	어기 (Base)	결과형 (Result)	비고 (Remarks)
굴절:	-ed	V	V	과거 표시(*duck-ed*)
	-s	N	N	복수 표시(*(two) duck-s, duckling-s*)
	-s	V	V	3인칭 단수 현재 표시 (*(he) duck-s*)
	-ing	V	V	진행 표시(*duck-ing*)
파생:	-ling	N	N	의미를 '작은 (오리)' (=small (duck))로 바꿈
	-ish	N	A	품사 외에 의미를 '(양) 같은' (=like (a sheep))으로 바꿈
	-less	N	A	품사 외에 의미를 '(유머가) 결여된'(=lacking (humor))로 바꿈

물음 9　**힌트** 영어의 불규칙 복수형 가운데서 문제 속의 각 예와 비슷한 변화를 보이는 것을 생각해 보라. 그리고 동사 변화에서 teach―taught/preach―*praught, sink―sank/wink―*wank류의 예를 찾아보는 것도 재미있을 것이다.

물음 10　**힌트** 소유격의 의미가 여럿인 만큼 답이 반드시 하나라고 생각할 필요는 없다. 둘 이상의 의미로 해석된다고 하는 것은 물론 그 문장이 중의적임을 말한다.

1. (2)　　2. (1), (2)　　3. (3), (5)
4. (5)　　5. (4)　　　　6. (1), (6)

물음 11 │ **힌트** 점선은 아무 변화가 없었음을 나타낸다. 약 1400년경에 시작된 대모음전이(Great Vowel Shift)의 결과 [ū]는 [aw], [ō]는 [ū]로 바뀌었다.

물음 12 │ 간단히 말해서 이 단어들 각각에 두 개의 복수 형태가 있는 까닭은 그 단어들이 라틴어에서 온 것이기 때문이다. 그 단어들이 영어로 차용될 때 당연히 본래의 복수형(*matrices, cherubim, strata, morae*)도 함께 들어왔다. 그러나 모든 차용어들이 차용하는 언어에 보다 가까워지려는 경향 때문에 영어 고유의 복수형(*matrixes, cherubs, stratums, moras*)도 나타났던 것이다.

물음 13 │ **힌트** 사전을 펴놓고서 rise, freeze, shrink, bear, give, know 등 모음만 달라지면서 과거형이 만들어지는 예를 유형별로 적어보라.

물음 14 │ **참고** Bloomfield(1933: 215)에 의하면, (*burnt, learnt*처럼) [-d] 대신에 [-t]를 쓰는 것들은 "고풍스런 풍미가 있는" (archaic flavored) 변이형들이다.

물음 15 │ **참고** 화자에 따라 그리고 방언에 따라 조금씩 차이가 있을 수 있다. 아래에서 답란을 비워 놓은 것은 -er/-est를 취하지 못하고, more/most를 쓰는 경우이다.

1. dirtier	dirtiest	7. remoter	remotest
2.	bitterest	8.	severest
3. commoner	commonest	9.	solidest
4.		10. nobler	noblest
5. worse	worst	11. livelier	liveliest
6.	stupidest	12. pleasanter	pleasantest

물음 16 │ **힌트** 괄호 묶기(bracketing)와 관련한 의미의 차이에 주목하라. [un [happy er]A]A의 괄호 묶기는 (a)에 보인 것처럼

unhappier 의 그릇된 의미 분석을 지시하는 것이다.
unhappier의 정확한 의미는 'more not happy'이다. 옳은 의미가 나오도록 하기 위해서는 괄호 묶기가 달라져야 한다. 다음을 비교해 보라.

(a) [un [happy er]ᴀ]ᴀ
    [not [more happy]]
(b) [[un happy]ᴀ er]ᴀ
    [[not happy] more]

여기서의 역설(paradox)은 괄호 묶기 (b)가 의미 해석을 위해서는 잘 들어맞지만 -er은 3음절이 넘는 어기에는 붙지 않는다는 음운적 일반화에 어긋난다는 데 있다.

물음 18 | **힌트** 명사의 단수/복수(예: *sheep, deer* 등) 또는 동사의 어형 변화를 생각해 보라.

5장 형태소 분석

물음 1 | water, milk, man, boy 등은 모두 사물/사람의 이름이고, watery, manly, boyish 등은 모두 ('~같은'의 뜻으로) 묘사해 주는 말이다. -y, -ly, -ish의 세 접미사 가운데 가령 water 다음에 쓸 수 있는 것은 -y정도이고, -ly나 -ish는 거의 쓰이지 않는다. 그 까닭에 최소 대립쌍(minimal pairs)을 찾기가 용이하지는 않지만, 사실 manly/mannish같은 대립쌍이 영어에 존재한다. manly와 mannish는 의미상 확연히 대립한다.

manly는 '칭찬의'(complimentary) 말이 되는 데 비해 mannish는 때때로 다소 '경멸적'(derogatory)이다(Nida 1949: 7-8). 마찬가지로 어떤 여자를 homely라고 부르는 것과 homey라고 부르는 것 사이에는 상당한 차이가 있다. spookish와 spooky사이의 차이는 거의 없는 듯하나, "spookish는 spooky만큼 으스스하지는 않다"고 Hockett (1958: 134)는 말한다. 따라서 -ly, -y, 그리고 -ish는 별개의 형태소로 인정해야 한다.

물음 2 **힌트** mn의 발음에 주목하여 어느 쪽을 기본형으로 삼아야 하는지 생각해 보라.

물음 3 **힌트** -(e)s의 경우에는 복수를 나타내는 것과 3인칭 단수 현재를 나타내는 것이 있음에 주의한다.

물음 5 **힌트** 어간이 단독으로 또는 어떤 다른 형태소와 결합하여 나올 수 있는지 따져보라. 이때 분리 가능성을 결정하기 위해 동일 접두사나 접미사가 들어 있는 다른 단어를 고려할 필요는 없다.

물음 6 원칙 6이 특별히 여기서 원칙 1과 상충된다. 비록 sl-이나 fl-이 원칙 1에 의해서 형태소로 분리될 수 있다고 해도, 원칙 6은 문제의 단어의 나머지 부분이 형태소가 아니라는 이유로 이 같은 분석을 용납치 않는다. 다시 말해서, 한 단어에서 형태소를 분리시킬 때 나머지가 형태소 내용이 없게 되면 안 되는 것이다.

물음 7 **힌트** 다시 한번 Nida의 여섯 원칙을 훑어보고서, 직접 성분의 개념이 들어있는 것 하나를 찾아라.

물음 8 **힌트** 특별히 정해진 기준 같은 것은 없다. 의미적 측면, 또는 접사 첨가의 어기 등 IC분석 과정에서 고려한 내용을 간략히 정리해 보라.

물음 9 | 1. | taper | ing | | 5. | dis | en | throne |

| 2. | un | desir | able | | 6. | favor | it | ism |

| 3. | glue | y | ness | | 7. | un | touch | able | s |

| 4. | color | blind | ness |

(이하 생략)

물음 10 　힌트　앞에서도 언급했듯이, gooseberry의 goose는 본래 grose였다고 한다.

처음 두 형태는 (gosling에서) [gɔz-]를 goose의 음성적 변형이라는 의미에서 형태적으로 연관이 있다고 말해도 좋다. 그렇지만 goose-berry에서 [guz-]는 의미가 맞지 않고, 반면에 goose와 gander는 실제의미의 연관에도 불구하고 형태상의 유사성이 너무 미미하다. (goose/gander에서 느끼는 어려움은 duck/drake의 쌍에서도 나타난다.) 역사적으로 수세기 전에는 gooseberry가 *grose-berry이었고 goose와는 아무 관계도 없었던 모양이지만, 이 같은 사실들은 우리가 언어의 현 상태를 이해하는 데 아무 도움이 되지 않는다.

물음 11 문제는 aphelion에 있다. 그것의 음운 구조와 형태 구조가 서로 어긋나기 때문이다. 형태소 {helion}은 (perihelion에도 나타나듯이) /h/로 시작하는 것이 분명한데, 그 단어 속에서 p와 h가 합쳐 /f/로 발음되므로 {helion}의 /h/를 나타내는 흔적은 아무 데도 없다.

물음 12　1. day's eye　　2. little mouse　3. kick　　4. wind eye
　　　　　　5. little donkey　6. the die　　　7. pebble　8. eyebrow
　　　　　　9. goad　　　　　10. pond

6장 단어의 구조

물음 1 **참고** 3번에서 nature를 의존 어간 nat-와 접사 -ure로 분석할 가능성도 배제하지 않는다(cf. *native, innate*).

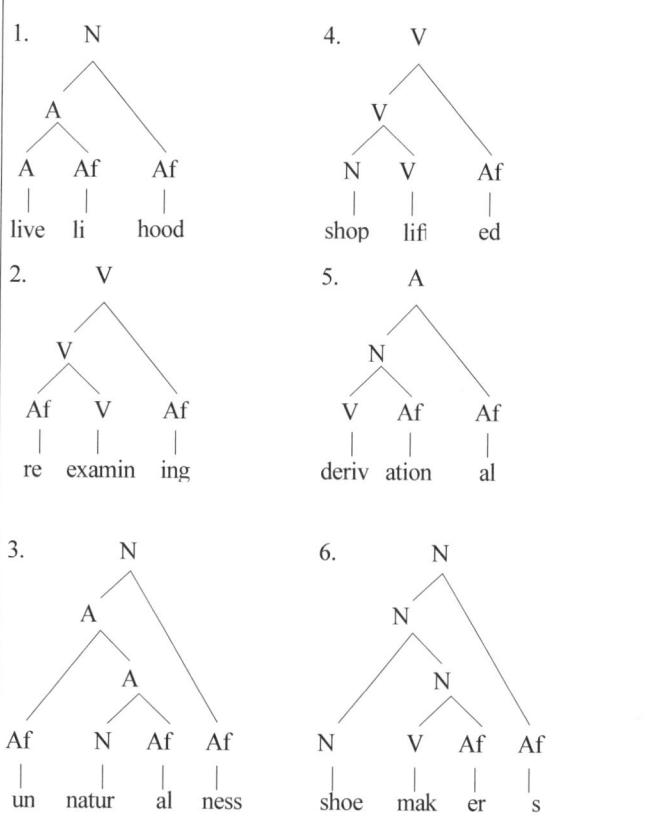

물음 2 **힌트** 표로 표시된 문장에서 동사 put가 요구하는 하위범주화 틀을 짐작할 수 있다.

물음 4 접두사: un- 음운표시　　　: /-ən/
　　　　　　　　의미표시　　　: not
　　　　　　　　하위범주화　　: [　　A]
　　　　　　　　구별부호　　　: 2차 접사

　　　　어 간: slam 음운표시　　　: /slæm/
　　　　　　　　의미표시　　　: close loudly
　　　　　　　　범주/하위범주화 : V /　　NP
　　　　　　　　구별부호　　　: [-Latinate]

물음 5 **참고** 이 부분에 대한 학자들의 견해는 상당히 차이가 있다. 다음은 Chomsky 1970의 견해를 반영한 것이다.

두 단어 prove와 proof를 어휘부에서 (prove는 [+verb], proof는 [+noun]로 표시하는 것을 제외하고) 다 같은 자질들을 써서 표시할 수 있을 것이다.

물음 6 **힌트** ronoff의 이론에서는 접사의 갯수만큼의 어형성 규칙이 있는 것으로 가정한다. 반면에 Selkirk는 접사를 위한 범주 유형 Af를 써서 기본적으로 통사론에서의 구구조 규칙 (phrase structure rules)과 비슷한 어구조 규칙을 쓴다.

물음 7 $A \rightarrow N\ A^{af}$
　　　　$N \rightarrow A\ N^{af}$

물음 8 형태소(문법 표시):　　　REG-　Perfective　2nd　Singular
　　　　　　　　　　　　　　　　↓　　　↓　　　↓　　↓
　　　　형 태(음운 표시):　　　re:k　+　s　+　is　+　ti:

물음 9 영어는 압도적으로 고립어의 경향을 보인다. 이 문장에서 다수를 차지하는 45개 단어가 단일어로서 단지 하나의 형태소로 구성되어 있을 뿐이다. 그러나 영어는 순수한 고립어는 아니다. 즉 year-s, precise-ly, hav-ing, no-thing, 그리고 water-y는 두 개의 형태소로 구성되어 있다. 이 단어들은 얼마만큼 교착성을 보이는 예가 된다. 그 외에도 한 형태가 여러 형태소와 함께 나타내는 단어들도 있어서, me는 1인칭 단수 대격 대명사, my는 1인칭 단수 소유격 대명사, I는 1인칭 단수 주격 대명사이고, 그리고 thought는 THINK + 과거(past), would는 WILL + 과거(past)이다. 이 같은 단어에서 그 단어의 어느 부분을 떼어 그 형태소 중에 하나를 나타내는 형태로 잡으려는 것은 무익한 일이다. 이러한 단어들은 어느 정도 영어가 굴절어도 됨을 보여주는 것이다. 결론적으로 영어는 여러 유형이 혼합된 모습을 보이는 언어라고 말할 수 있을 것 같다.

7장 어형성의 과정

물음 1 | **참고** 이와 같은 라틴어계 차용어는 이탤릭체로 표시하는 경우가 많다. 사전을 펴 놓고 각 예의 쓰임새를 익히도록 하자.
추가 예: per capita, a priori, vice versa, op. cit., ad libitum, vis-à-vis, ceteris paribus, mutatis mutandis

물음 2 | 1. Russian, Sputnik 'travelling companion'
2. Old French, bliaut 'upper garment'
3. Latin, aquaticus < aqua 'water'
4. Am. Indian, seganku
5. Spanish filibustero < Dutch vrijbueter, 'free booter'
(이하 생략)

물음 3 | **힌트** 각 접미사가 붙을 수 있는 어기의 품사를 생각하면서 예를 써보라.

물음 4
1. Edmund Spencer의 *The Fairie Queene*에서
2. Richard Sheridan의 희곡 *The Rivals*에 나오는 인물 Mrs. Malaprop에서
3. John Milton의 수필 "Of Reformation Touching Church Discipline in England"에서
4. Jonathan Swift의 *Gulliver's Travels*에서
5. Horace Walpole의 동화 *The Three Princes of Serendip*에서

물음 5
참고 이러한 단어들은 일반 단어처럼 파생 과정을 겪기도 한다.
예: Waspy/WASPy, NYMBYism.

1. [ræm]   random-access memory
2. [sɔlt]   Strategic Arms Limitation Talks
3. [skyúbə] self-contained underwater breathing apparatus
4. [léyzər] light amplification by stimulated emission of radiation
5. [ówpɛk]   Organization of Petroleum Exporting Countries
6. [wasp]   White Anglo-Saxon Protestant
7. [tɛ́fl]   Teaching English as a Foreign Language
8. [éydz]   acquired immune deficiency syndrome
9. [pɛn]   (International Association of) Poets, Playwrights, Editors, Essayists and novelists
10. [nímbɪ] not in my back yard

물음 6
1. discotheque
2. delicatessen
3. pornographic pornography
4. hypodermic
5. memorandum
6. cucumber
7. chrysanthemum
8. violincello
9. turnpike
10. typographic(al) error
11. vampire
12. curiosity

물음 7
그렇다. 혼성어는 단어들의 발음 뿐 아니라 의미도 결합한다. 예를 들어, liger는 단순히 lion과 tiger의 일부와 소리만 같은 것이 아니고 실제로 lion이면서 tiger라는 사실에 주목하라.

물음 8
1. flunk
2. stagflation
3. dandle
4. blurt
5. dumbfound
6. squawk
7. splatter
8. comsat
9. Paralympics
10. autobus

물음 9
힌트 sidle은 말하자면 grovel, darkle과 비슷한 과정을 겪은 동사이다.

1. typewriter
2. television
3. baby-sitter
4. resurrection
5. cummuter
6. sideling/sidling
7. escalator
8. housekeeper
9. preemption
10. sedative

물음 10
1. inflection
2. derivation
3. clipping
4. back-formation

물음 11
공시적으로 파생형은 peddler이지 전통 문법에서의 설명처럼 보다 최근의 단어인 peddle이 아니다. Marchand의 말대로, 역형성은 통시적으로 볼 때 보다 짧은 단어 peddle에 대해 이전에 보다 긴 단어 peddler가 있었음을 가리키는 데 지나지 않는다. 즉 peddle은 peddler가 파생되는 기반이다.

물음 12
1. Spanish cucaracha
2. French carriole
3. (Latin *femina*>) Old French 단어 femme와 지소형 femmelle을 통해서 영어에 들어왔다.
4. agnail, angnail (*ag-, ang-*는 'painful'의 뜻임)
5. 북미 인디언 언어 Algonquian musquash
6. Welsh rabbit (*Welsh rabbit*에는 '달걀'(=eggs)을 prairie oyster로 '대구'(=codfish)를 Cape Cod turkey라고 하는 것과 비슷한 우스갯말이었던 듯하다.)

7. Dutch *kool* (cabbage) + *sla* (salad)
8. (wizard>) wiz (wh-와 w-의 구별이 없는 지방에서 "He's a wiz (=wizard) at math"를 들었을 때 문제를 푸는 속도가 총알처럼 느껴지면서 철자에 반영된 경우이다 (Bolinger/Sears 1981: 249).
9. helpmeet (*helpmeet*는 창세기(Genesis ii: 18-20)에 나오는 "... an help meet [=fitting] for him."을 잘못 이해하여 만들어진 말이었다.)
10. 북미 인디언 언어 Algonquian otchek

물음 13 참고 Pullet Surprise는 미국의 신문·문학·음악상인 Pulitzer Prize를 어느 학생이 잘못 듣고 쓴 말이다.

finesse (솜씨, 기교) — "a female fish": (어떤 문맥에서 그러하듯이) fin이 fish를 지칭할 수 있다는 것과 접미사 -ess(e)가 종종 (*baroness, princess*처럼) 'female'을 뜻한다는 것을 알고 있다.
polyglot (여러 나라 말로 쓴 (책); 여러 나라 말을 아는 (사람)) — "more than one glot": poly가 'many'의 뜻인 것을 알고 -glot가 가산 명사라고 믿는다.
stalemate (막다른 궁지) — "husband and wife no longer interested": stale의 적어도 한 의미('tedious from familiarity')와 mate의 한 의미('spouse')는 알고 있으나 stalemate가 그 두 단어의 결합이 아니라는 것은 모른다.
meteorology (기상학) — "the study of meteors": -ology가 'the study of'의 의미인 것은 알지만, meteor-를 단어 meteor로 잘못 이해하고 있다.
(이하 생략)

물음 15 1. 19세기말 P. T. Barnum이 미국에 들여와 서커스에서 크게 인기를 얻은 코끼리 이름
2. 공중 곡예가 Jules Leotard

3. German Frankfurter (=of Frankfurt, Germany)
4. 17세기 영국의 음모자 Guy Fawkes. 영국에서 Guy Fawkes Day 에는 괴기하고 맞지도 않는 옷을 입힌 그의 형상(effigy)을 끌고 거리를 돌다가 저녁에 불꽃놀이를 하는 가운데 불태웠다. 그리고 이 때 "guys"라고 불리던 다른 미운 놈들의 형상도 함께 화형식을 치렀다.
5. 체코의 작가 Karel Capek의 희곡 *R. U. R.* (=Rossum's Universal Robots)에 나오는 기계 인간
6. 프랑스어 serge de Nîmes (=serge of Nîmes, France)
7. Kashmir, India
8. '질긴 천'을 의미하는 jean fustian의 단축어. (jean은 그것이 만들어졌던 프랑스의 Gênes (Genoa, Italy)에서 온 것이다.)
9. Bologna, Italy
10. 프랑스의 풍자 작가 François Rabelais의 소설에 나오는 굉장한 식욕을 가졌던 거인의 이름 Gargantua

물음 16
1. D   2. E   3. I   4. I
5. C   6. C   7. E   8. D

물음 17 **힌트** 영어에서 목격되는 중첩 현상을 이해하기 위한 연습문제이다. 혹시 네 가지 의미 기능으로 설명 안 되는 것이 있는지도 보라.

물음 18
1. compounding
2. invention
3. echoism
4. blending (<*blare* + *spurt*)
5. folk etymology (<*carriole*)
6. derivation
7. derivation
8. reduplication
9. clipping (<*caravan*)
10. back-formation(<*greedy*)
11. antonomasia
12. compounding

물음 19 | 1. contractable   5. bubblewrap (동사)
         | 2. Kanorado   6. the Gertrude
         | 3. CLAW   7. Morpho 또는 Morph
         | 4. trimming lawnmower 8. clipperize

물음 20 **힌트** 문제의 자료를 단어들이 어떻게 무리를 짓는지의 관점에서 고려하라. packetarian는 '(연안) 정기선의 선원' (=one of the crew of a packet-boat)을 의미한다.

대부분의 단어들은 2음절 이상이고, 많은 것이 -ity로 끝난 단어와 대응한다. 일부 라틴어에서 온 것 중에 n으로 끝난 것도 보이지만, 대다수는 t로 끝난다. grammarian, agrarian, librarian에 t가 없는 것은 그 구성이 '단음절 + -arian'인 때문이며, 반대로 sect는 음절수는 모자라지만 t로 끝났기 때문에 -arian과 결합한 것이다.

8장 접사 첨가

물음 1 **힌트** Murry(1995: 183)는 문장 That truck is unloadable에 두 가지 의미가 있다고 했다. 이 문장에서의 중의성(ambiguity)은 예컨대 This door is unlockable.에서 발견되는 것과 다르지 않다.

unlockable은 접두사 un-이 갖고 있는 뜻에 따라 'not able to be locked' 와 'able to be unlocked'의 두 가지 의미로 해석된다. 이것을 성분구조로 도식화하면 아래와 같다.

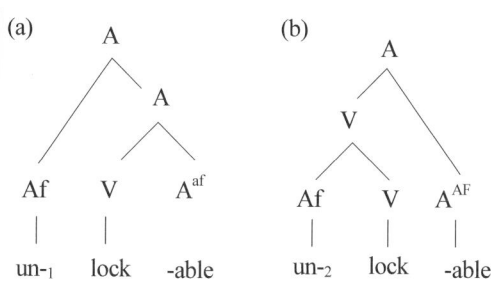

un-1은 '부정'(=not)의 뜻으로 형용사와 결합하는 데 반하여, un-2은 동사와 결합하여 '반대의 동작' (=to reverse action)을 나타낸다.

물음 3
1. against, antimissile
2. with, copilot
3. around, circumference
4. not, disagree
5. between, intercede
6. within, intravenous
7. after, postmortem
8. forward, progress
9. backward, retrogress
10. half, semisoft
11. under, subway
12. over, superabundant

물음 4 **힌트** 이 문제에서 이용할 접두사의 의미 범주는 Number, Time, Place, Degree, Privation, 그리고 Negation 정도이다.

물음 5 **참고** protégé의 여성형 protégée의 발음은 그대로이면서 철자만 바뀐다.

1. Pauline
2. chanteuse
3. protégee
4. czarina
5. songstress
6. executrix
7. duchess
8. heiress
9. comedienne
10. murderess
11. empress
12. trickster

물음 6
1. Bobby
7. duckling

	3. statuette	8. packet
	4. droplet	9. piggy, piggie, piglet, pigling
	5. kitchenette	10. manikin
	6. lambkin	11. birdie
	7. duckling	12. streamlet

물음 7	1. glorify	7. sadden
	2. idealize	8. symbolize
	3. neaten	9. nullify
	4. dampen	10. publicize
	5. ripen	11. amplify
	6. diversify	12. hospitalize

물음 9	1. Mongolianism	5. gangsterdom
	2. moralizers	6. faithfulness
	3. affectionately	7. industrialization
	4. gruesomely	8. innermost

물음 10　-al(A) 1차 접사
　　　　 -al(N) 2차 접사

물음 11　**힌트** 부정 접두사 in-은 1차 접사이다. in-의 어기가 되는 범주와 함께 -ible, -ly, -ive, -ish가 어느 부류에 속하는 접미사인지 따져보라.

물음 13　**힌트** un + happiness나 unhappy + ness 중에서 어느 쪽 분석이 맞는지에 대해 온당한 논거를 제시할 수 있는지를 묻고 있다.

그렇다. 한 단어에 접두사 하나와 접미사 하나가 각각 붙는다고 해도 그 첨가 순서가 있기는 마찬가지다. 예컨대 unhappiness에서는 un-과 happy가 먼저 결합하고 -ness가 나중에 첨가된 것이 틀림없다. un-은 (happy와 같은) 형용사에만 붙고 명사에는 붙지 않기 때문이다.

물음 14　**힌트** 접미사 -ize의 음운적, 형태적 특성을 고려하여 답해야 한다. 참고로 Kiparsky(1983)는 -ize를 1차 접사로 보는 근거로 sátire/sát[ə]rize를 예로 들고 있다.

Siegel(1974: 186-187)은 -ize를 1차 접사로 보아야 하는 논거로 세 가지를 제시하고 있다.
(1) -ize는 단어가 아닌 어간에도 붙는다 (예: catechize, minimize, necrotize, mechanize, baptize, narcotize, feminize). 이 점에서 보통의 2차 접사와 다르다.
(2) 아래 예에서 보는 것처럼 -ize는 강세를 결정짓는다.
　　mísanthròpe　　misánthropize
　　cátholic　　　　cathólicize
　　hýdrogen　　　　hydrógenize
　　díplomàt　　　　diplómatize
　　démocràt　　　　demócratize
(3) 단어 italic, catholic, public 등의 마지막 /k/를 -ize 앞에서 [s]로 바꾼다 (cf. italic/italicize, public/publicize, catholic/ catholicize). 이 연구개음 연화(velar softening)가 -ity와 같은 1차 접미사 앞에서 자주 일어난다 (cf. electric/electricity; logic/logicism).

9장 제로 파생과 전환

물음 1　동사 father는 '자식을 보다'(=to be, become, the father), 동사 mother는 '어머니처럼 돌보다'(=to act in the manner of a mother)의 뜻이다.

물음 2　contact, veto, rival, echo, rescue, control, report, support, exhaust, debate, collapse, advance, surprise, consent

10장 합성

물음 1 | 1. NP   2. C   3. C   4. C
            | 5. NP   6. C   7. C   8. NP

물음 4 sweet potato가 '고구마'를 의미할 때에는 이 표현은 합성어가 되어 나뉘어질 수 없다. 그러나 그것이 '단 감자'의 뜻이면 She loves sweet, fresh potatoes에서처럼 분할이 가능하므로 문법 구조가 된다(cf. *She loves fresh sweet potatoes*).

물음 5 **힌트** 여기서 Adams(1973: 57)가 제시한 기준도 크게 다르지 않다.
(1) 우리가 very wet day라고 말할 수는 있지만, very small talk라고는 말하지 않는다.
(2) wetter day는 가능하지만 smaller talk는 아니다.
(3) The day is wet는 말이 되지만 the talk is small은 그렇지 못하다. 그러므로 small talk는 합성어이고, wet day는 일반 구라고 결론지을 수 있다.

물음 6 **힌트** 합성어의 기준을 다소 세분하여 보인 것이다. 오른 쪽 예들이 갖는 합성어의 특성을 (a)-(d)에 비추어 생각해보라.

물음 7 합성 형용사:

$$A \rightarrow \left. \begin{array}{l} N \\ A \\ P \end{array} \right\} A$$
    seafaring   heartbroken
    hardworking   farfetched
    overabundant   ingrown

물음 8
1. (as) clear as crystal   7. thirsty for blood
2. made by hand   8. (as) cheap as dirt
3. (as) red as blood   9. eaten by moths
4. free from care   10. (as) thin as paper

| | 5. clad in iron | 11. worthy of note |
| | 6. spun at home | 12. blind with regard to color |

물음 9 | **힌트** browbeat는 browbeaten에서 나온 것이다.

1. zero-derived	6. back-formed
2. back-formed	7. zero-derived
3. zero-derived	8. back-formed
4. back-formed	9. zero-derived
5. zero-derived	10. back-formed

물음 10 | **힌트** 각 쌍의 강세형을 비교하고서 그것을 일반화하여 기술해 보라.

물음 12 | **힌트** 전환과 제로 파생 중 어느 입장을 택하느냐에 따라 그림이 어떻게 달라져야 하는가에 유념하라.

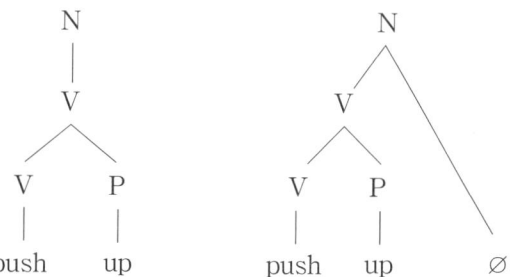

물음 13 | **힌트** 각 합성어의 구성 성분과 범주 및 의미 변화에 특히 주목한다.

물음 14 |
1. endocentric   4. exocentric
2. exocentric   5. endocentric
3. exocentric   6. exocentric
(이하 생략)

물음 16 | 형용사인 bittersweet는 'bitter'와 'sweet'의 의미를 동시에 지니고 있다는 점에서 종속 합성어와 다르다 그렇지만 bittersweet는 의미의 이탈이 없고 또한 전체적으로 대등절 'bitter and sweet'와 같이 형용사의 기능을 하기 때문에 내심 합성어이다. 이와 대조적으로 식물 이름 bittersweet은 명사로서 두 형용사 bitter, sweet와는 문법 기능이 다르므로 외심 합성어이다.

물음 17 | 참고 물론 willy-nilly, willy-willy처럼 두 가지 형을 갖는 것들도 있다.

1. *higgle*-haggle
2. super-*duper*
3. click-*clack*
4. flim-*flam*
5. hanky-*panky*
6. *dingle*-dangle
7. boogie-*woogie*
8. *bibble*-babble
9. jingle-*jangle*
10. lovey-*dovey*
11. *hum*-drum
12. *willy*-nilly

물음 18 | theo- : 'god' theology, theocracy, apotheosis, theosophy
hydro- : 'water' hydrology, hydrometer, hydrogeology
-phile : 'lover' bibliophile, electrophile, audiophile, Negrophile
-cide : 'killer' insecticide, pesticide, suicide, patricide
(이하 생략)

물음 19 | 아니다. '검 모양의 이빨[송곳니]'(=teeth shaped like sabers)의 뜻이면 saber teeth가 이상하지 않다.

물음 20 | 힌트 모국어 화자라면, 이와 같은 경우에 They *rang* the city with artillery나 He *grandstood* to the crowd라고는 말하지 않는다. Cf. The doorbell *rang* twice; He *stood* still at the back of the hall.

물음 22 **참고** Adams에 의하면, 많은 동사 합성어들은 비정형의 형태 (nonfinite forms)로 나오는 까닭에 과거형을 쓸 일이 없다고 한다. 따라서 예를 들어, to book-keep, to caretake, to sightsee에 대한 과거형으로 book-keeped, care-taked, sight-seed나 book-kept, care-took, sightsaw나 이상하기는 마찬가지라고 그는 덧붙인다. 그럼에도 불구하고 어떻든지 과거형을 꼭 써야 하는 경우 둘 중에 선택을 하라고 한다면 모국어 사용자의 직관이 대체로 일치하는 것 같다.

11장 어형성에서의 생산성

물음 1 (Aronoff의 말대로 -ive/-ile로 끝난 형용사 perceptive, servile 등은 -ity를 선호한다고 해도) -ive의 경우에는 X*ivity*형의 단어와 X*iveness*형의 단어의 단순 목록만 보아도 -ness가 -ity보다 더 생산적임을 알 수 있다. 그렇지만 -ile의 경우에는 오히려 반대로 X*ility*형의 단어수가 X*ileness*형의 단어수를 훨씬 앞지른다. 그래서 두 경우를 볼 때, 어느 어형성 규칙이 더 생산적인지를 말할 수 있는 길이 없다. 보다 합리적인 방법은 어형성 규칙의 어기를 고려하는 것이다. -ness/ -ity의 경우를 고려해 보자. 이미 알고 있는 것과 같이, -ness의 어기는 형용사(A)인데 비하여 -ity의 어기가 되는 것은 라틴어계 형용사(A, [+Latinate])이다. 분명히 어기의 크기에서 차이가 있고, 이것으로써 생산성의 차이를 가늠할 수 있다는 것이다.

-*ive*: captive, active, productive, conductive sensitive, negative
-*ile*: facile, sterile, docile, fertile, futile, fragile, agile, senile

물음 2 1. (a) -ist : '…의 주창자/ 종사자' (=advocate/practitioner of)
   (b) -id : '…성질의' (=having the quality specified by the

verb root)
  (c) -er : '행위자' (=one who does whatever is designated by the verb)
2. Buddhist, Calvinist, linguist, guitarist, alpinist, artist
rigid, florid, acid, languid, vivid, intrepid, lucid, frigid
worker, designer, player, fighter, painter, runner, hacker
3. (생략)

물음 3 접미사 -ant는 (-er과 흡사하게) 동사 어간을 행위자(agent)로 바꾼다. 그러나 그것은 라틴어계 어간에만 붙는 접사이다. 게르만어계 (Germanic)인 write, build, shout가 어기가 되지 못하는 것은 바로 이 때문이다. 의미적으로도 예측하기 어려워서, -ant 접미사 첨가에 의해 만들어진 단어들의 의미는 일관적이지 못하다. 예를 들어, defendant 는 '방어자'보다 의미가 좁혀진 '피고'이고, 반면에 accountant는 단순히 '회계원' 뿐이 아니라 '회계사', '계리사'도 된다.

물음 4 **힌트** Aronoff는 저지(blocking)를 두 가지 다른 개념으로 쓰고 있다.

Aronoff는 두 가지 다른 자료를 설명하기 위해 저지(blocking)와 저지 규칙(blocking rule)의 두 개념을 도입하고 있다. ('blocking rule'이란 표현은 그의 책 56쪽에 두 번 나온다.) Scalise(1984: 159-160)도 지적한 바 있지만, 저지와 저지 규칙 사이에는 근본적인 차이가 발견된다. 저지는 어휘부에 기재된 항목 사이의 관계인 데 반하여, 저지 규칙의 경우에는 주어진 어간에 대해 어느 항목이 먼저 어휘부의 빈 자리(slot)를 차지하느냐의 문제이다. 따라서 저지의 경우에 저지하는 항목은 미파생어(underived word)이고, 저지 규칙의 경우에 그것은 생산적인 접미사이다.

물음 5 **참고** 자주 눈에 띄지는 않지만, guider는 '(1910년 영국에서 창

설된) 소녀단의 일원/지도자'(=member of the Girl Guides)를 가리킨다. 이 기회에 protestant/protester, servant/ server, stimulant/stimulator, applicant/applier의 차이도 확인해 두자.

물음 6 bore/*borer, opponent/*opposer, judge/*judger, occupant/*occupier, accountant/*accounter, intoxicant/*intoxicator

물음 7 일부 동사에 대해 두 개의 과거형이 존재하는 것은 지난 1,500년 동안 영어가 겪어 온 많은 변화의 탓이다. 역사적으로 소위 강변화 동사(strong verbs)는 모음 전환에 의해 과거 시제를 형성했다. 그러나 약변화 동사(weak verbs)라 불리던 대다수의 동사들은 단순히 접미사 -ed를 붙여 과거형을 만들었다. 시간이 지나면서 강변화 동사가 규칙적인 과거의 모양을 취하려는 경향이 나타난 것은 당연하다. reach의 과거형이었던 raught가 reached로 된 것은 그 한 예이다. 문제 속의 hang과 shine의 경우에도 보다 오래된 과거형은 강변화형이다. dive는 본래 규칙 동사이었는데 예외적으로 강변화 과거형을 취한 경우이다. hanged/hung, shined/shone가 공존하는 것은 의미 차이에서 그 정당성을 찾을 수 있을 것 같다.

물음 8 **참고** -ful로 끝나는 영어 단어에 대한 광범위한 연구는 Brown(1958)에 의해 이루어졌다. 그는 -ful의 분포를 아래와 같이 -ful 접사 첨가의 어기 명사가 갖추어야 할 특징적 강세형을 설정하여 설명하고자 했다.

[(´_) ·] ´ [·]

여기서 가로줄 (_)은 음절을 나타낸다. 예음 부호(acute accent) '´'와 억음 부호(grave accent) '`'는 각각 제1 강세와 제2 강세를, 그리고 올린 점(·)은 무강세를 표시한다. 소괄호는 수의적임을 가리키고, 각괄호는 그 괄호로 묶인 요소들 중 하나가 나타나거나 아예 나타나지 않는 것은 좋지만 둘 다 나타나지는 못한다는 뜻이다. Brown의 규칙에서 허용된 [ˋ · ˊ] 강세형을 보이는 3음절어는 disregard와 disrespect가 전부이다.

물음 9
1. /f/나 /v/로 끝나는 명사는 -ful 접미사 첨가의 어기가 되지 못한다. *loveful, *griefful이 부적형인 것은 이 때문이다.
2. meaning은 mourning같은 동명사형과는 아주 다르다는 증거가 있다.
   (a) meaning은 보통의 명사처럼 복수형(plural form)이 있지만 mourning은 그렇지 않다(cf. several *meanings/ *mournings*).
   (b) 동명사(gerund) 앞에는 the를 쓰지 않는데, meaning의 경우에는 가능하다(예: the *meaning* of the poem/*the *mourning* of Alice).
3. -ful의 어기가 명사이고 play는 (제로 파생에 의해) 명사가 되기도 하기 때문에 별로 문제될 것이 없다. 조금 다르긴 하지만, thankful에서도 명사 어기는 thanks이나 파생 과정을 겪을 때엔 복수 형태소를 쓰지 않는 명사 부류에 속하는 것으로 설명할 수 있다. 그러한 명사의 다른 예는 scissors, guts가 있고, scissorless, gutless는 -less 첨가에 의한 파생어이다. (-*less*의 어기가 명사인 것은 의문의 여지가 없다.) 이와 비슷하게 thankless는 thanks에서 파생된 것이다. 그러므로 thanks-thankful의 파생도 전혀 이상할 것이 없다.

물음 10 힌트 Illinois와 Arkansas의 끝소리는 /s/나 /z/가 아닌 것으로 생각하라. 문제가 요구하는 음운 제약을 찾기 위해서는 지명에 따라 그곳 사람을 나타내는 단어가 무엇인지를 먼저 알아야 할 것이다.

New York New Yorker
Illinios   Illinoisan

Oakland	Oaklander
New Haven	New Havener
Nebraska	Nebraskan
Riverside	Riversider
South Bend	South Bender
Arkansas	Arkansawyer
Virginia	Virginian

형태소 {-er}을 지명에 붙여 그 곳 출신임을 나타내려면 그 지명이 (이중 모음을 포함하여) 모음이나 /ə/로 끝나지 않는 것이어야 한다.

물음 11 **힌트** 첫 난 (a)에서는 접미사의 /t/가 자음 중복을 피해 탈락되었다. spaghetti에 -teria가 붙을 때 모음 하나가 떨어지는 것은 무슨 뜻인가? 단음절 어간으로 구성된 (c)난에서는 정반대로 모음 /ə/가 더해졌다. 그리고 (b)난에 있는 예들은 모두 2음절 어간으로 뚜렷한 변화가 보이지 않는다.

Siegel(1974: 177)은 -(e)teria의 적절한 이형태의 선택은 접미사가 붙는 단어의 강세에 달려있는 것이 분명하다고 하면서, 그 단어가 마지막 강세를 갖는 것이면 -eteria이고, 그렇지 않으면 -teria가 된다고 결론짓고 있다. 그러나 문제의 자료에서 -teria의 첨가 조건은 운율적인 것으로 그 어기의 크기가 강약 음보(trochaic foot), 즉 [όσ]이어야 한다고 보는 것이 더 그럴 듯해 보인다. 모음의 첨삭도 이 운율 조건에 맞추기 위한 조정으로 이해된다.

물음 12 접미사 -able은 (목적어가 있는) 타동사에는 붙을 수 있지만, 자동사에는 붙지 못한다.

물음 13 **참고** 접미사 -ed에 대한 연구를 자극한 것은 Hirtle(1969)이었다. 그후 Hudson(1975), Beard(1976) 등으로 이어지며 관찰 내용이 조금씩 다듬어졌다. -ed 형용사가 보여주는 소유는 항상 '양도 불가능한 소유'(inalienable possession)라고 처음 규정한 것은 Hudson(1975)이다. 이러한 의미 특성에 의해 a red-roofed house/*a large-gardened house의 차이가 이해되며, *a wifed man이나 *a carred man이 적형이 못 되는 이유도 알 것 같다. 그러나 a bearded man/*a moustached man은 어떻게 설명될 수 있겠는가?

사실 A-N*ed*형의 합성 형용사와 수식을 받지 않는 -ed 형용사는 조금 다른 것 같다. Hirtle이 제시한 *a headed boy/a red-headed boy는 하나의 예일 뿐이다. 여기서 'boy'라는 개념에는 필연코 'head'라는 개념이 들어있는 데 반하여, 'red head'의 개념은 들어있지 않다. a boy with a red head와 a boy with a head를 비교해 보라. 뒤의 예에서의 용어법(pleonasm)은 그 표현에 우스꽝스런 느낌을 준다. 이것으로 an eyed hook/*an eyed cow/monster도 설명이 되는 것 같다. 그러므로 Hirtle은 수식받지 않는 -ed 형용사는 주요어(head word), 즉 핵에 대해 '비본질적인'(accidental) 것으로 생각되는 개념을 표현한다고 말한다. the verandahed bungalow가 가능한 것은 방갈로의 이미지에 반드시 베란다의 이미지가 들어있는 것은 아니기 때문이다.

물음 14 | **힌트** 여기에 보이는 것들은 'X기간을 지내다/보내다'(=to spend, pass, the period of time denoted by the noun)의 의미를 갖는 자동사이다. 그러나 O'Grady/Dobrovolsky (1992: 12)도 말했듯이, autumn이나 week가 동사로 쓰이지 않는 까닭은 아직껏 수수께끼로 남아 있다.

이 예들을 보면, 어느 시간 표현으로부터 동사가 만들어지는 경우에 대략 '시간 X의 기간 동안 어느 곳에 있다'(= to be somewhere for the PERIOD of time X)고 하는 매우 특정적인 의미 해석이 주어진다. 그래서 예컨대, 'to winter in Mexico'는 '겨울을

멕시코에서 보내다' (=to be in Mexico for the winter 또는 to spend the winter in Mexico)의 뜻이다. 그런데 noon과 midnight는 걸친 기간(period)이 아닌 시점(point in time)을 나타낼 뿐이므로, 이와 같은 유형의 새 동사를 만드는 데 쓰일 수가 없는 것이다.

물음 15 Zimmer(1964)가 관찰한 바와 같이, un-은 부정적 내용이 담긴 어기에는 붙지 않는다. 위의 대화를 정상적인 것으로 만들기 위해서는 이탤릭체 부분을 아래와 같이 바꾸어야 한다.

*unill   well
*unsad   happy
*unpessimistic   optimistic
*undirty   clean

물음 17 **힌트** 이것을 un-은 1차 접사, -less는 2차 접사이기 때문이라고 답하는 것은 옳지 않다(cf. Siegel 1974: 186).

12장 논항 구조

물음 1 look는 의도적으로 이루어지는 행위를 가리키기 때문에 그 주어는 동작주/행위자(agent)가 되고, 반면에 see는 경험자(experiencer)를 그 주어로 취한다.

물음 2
1. the magician: agent
   the ball: patient/theme
   a rabbit: goal
2. something: theme
   the ceiling: source
   the floor: goal
3. a man: agent
   a mad dog: patient/theme
4. the motor: experiencer

5. the police: agent
   the thieves: patient/theme
6. the stone: instrument
   the fence: patient/theme
7. the athletes: agent
   the Skydome: locative
8. the cat: agent
   the table: goal
   the spy: goal
9. Jack: agent
   the horse: patient/theme
   a stick: instrument
10. Sergey: agent
    the documents: theme
    the spy: goal

물음 3 힌트 소위 '놓다'의 뜻을 갖는 동사들(verbs of placing)을 찾는다.

put, place, sit, stand, insert, position, deposit, set, rest, conceal

물음 4 힌트 하위범주화에 수의적인(optional) 의미역은 소괄호 안에 넣거나 바로 뒤에 '수의적'이라고 적는다.

물음 5 힌트 문장 구조가 바뀌더라도 명사구의 의미역은 바뀌지 않는다.

1. The knife sank into his chest.
     Th   G
2. The stone dropped onto her toe.
     Th   G

물음 6 힌트 각 문장에서 주어가 갖는 의미기능을 우리말이나 영어로 풀어보면 도움이 된다.

1. (a) The subject is doing the frightening.
   (b) The subject is being frightened.
2. (a) The subject is doing the giving.
   (b) The subject is being given to.

3. (a) The subject is operating on someone.
   (b) The subject is being operated on.

물음 9 의미의 차이는 두 문장 속에 나타나는 두 개의 명사구 the kids와 the clown이 각 문장에서 배당받는 의미역이 다르기 때문이다. (a)에서 명사구 the kids는 동사 'tickled'가 나타내는 행위를 하는 동작주를 가리키고 the clown은 그 동작을 받는 수동자이다. (b)에서 두 개의 명사구와 연관된 의미역은 정반대가 되어 이제 명사구 the clown이 동작주, the kids가 수동자이다.

덧붙여서 한 마디: 이것들은 각각 주어와 목적어라고 하는 문법 기능에 따라 격(case)이 부여된다. 통사 수형도에서 주어와 목적어를 찾을 수 있는 것은 다름 아닌 격이 있기 때문이다. 비록 명사는 어떤 역할을 맡든 외형상 달라지는 것이 없어 보이지만, 그래도 거기에는 소리없는(silent) 격의 꼬리표가 달려 있는 것이다.

물음 10 <u>참고</u> 상정하는 이론틀에 따라 통사 수형도에 많은 차이가 있을 수 있다. 예를 들어, 2번 문제의 경우에 초기 생성문법에서 심층구조는 [[the burglar]$_{NP}$ [Past]$_{Aux}$[[steal]$_V$ [the ring]$_{NP}$]$_{VP}$]$_S$이었다. 그 후 통사 이론의 발전과 함께 수형도의 모양에 엄청난 변화가 있었다. 그렇지만 현재 우리의 목적을 위해서는 어느 구조이든 별로 문제되지 않는다.

1. Larry will kiss who

   <Ag, Th>

2. the burglar stole the ring
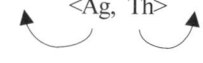
   <Ag, Th>

(이하 생략)

물음 11 아니다. John은 'seem'의 논리상 주어가 아니라 'is smart'의 논리상 주어이다.

물음 12 | 영어 합성어에서는 오른 쪽에 있는 핵(head)이 기본 의미를 결정 짓는다.

물음 13 | 같은 단어가 들어 있는 종합 합성어와 통사구는 논항 구조에서 두드러진 유사점이 발견된다. 의미 관계는 예측 가능하고, 일반적이며 체계적이다. 가령 합성 명사 money-lender에서 money는 주제이고 동사 파생 행위자 명사는 동작주이다. 이것은 money가 동사의 목적어[주제]로 기능하는 구 lend money와 비교된다. 그래서 moneylender는 lender of money로 풀이할 수 있다.
합성 형용사에서도 명사와 형용사는 서로 상응하는 구에서와 동일한 관계를 보인다. 예를 들어, 합성어인 hand-written과 구 written by hand 둘 다에서 the hand는 글씨를 쓰는 도구(instrument)이다.

물음 14 | 내심 구조라고 보면 동사이다. 첫 번째 위치에 있는 명사나 형용사는 논항 연결 원리에 따라 한정 수식어(restrictive modifier)로 해석받는다.

물음 15 | **참고** Jensen(1990: 105)은 P-A형의 합성어로 보이는 downright는 Lieber에게 하나의 예외라고 말한다. 그러나 이 예에서 down은 전치사(preposition)가 아닌 불변화사 (particle)이며, 불변화사는 (upright, over/under-ripe, overdue 에서도 보듯이) 부사의 기능(양태 또는 정도)을 하기 때문에 전치사+형용사의 경우인 *during-warm 따위와는 판이하게 다른 것이다.

Lieber의 논항 연결 원리는 underarm, overdraft처럼 첫 번째 성분이 전치사인 합성어가 가능함을 예측케 한다. 명사가 전치사의 논항 구조를 만족시키기 때문이다. 이와 반대로 영어에 *during-warm,

*above-green과 같은 전치사 + 형용사 합성어가 없는 것은 형용사가 전치사의 논항 구조를 만족시킬 수 없기 때문으로 이해된다.

13장 형태음소론

물음 1 **힌트** 영어에는 비강세 음절에서 h를 탈락시키는 규칙이 있다 (*ni(h)ilism/nihility, ve(h)icle/vehicular*).

물음 3 **힌트** 교체형의 유무에 따라 형태음소를 표기하는 방법이 다르다는 점에 특별히 유의한다.

1. {krɪtɪK}   5. {mɪθ}
2. {sɪmpL}   6. {wʊlF}
3. {wayF}   7. {ayæmB}
4. {hɪmN}   8. {blæk}

물음 5 **힌트** 동화는 '조음의 용이성'(ease of articulation)이라는 생리적 원리를 반영한다고 했다.

물음 6 **참고** Francis가 각주에서 밝힌 내용을 다시 그대로 옮긴다: "We should not be misled by the standard spelling here into considering the prefix to be /ɪm-/, /ɪr-/, /ɪl-/. Phonemically these words are /ɪmádɪst/, /ɪrəlíjəs/, /ɪlígəl/, and /ɪnákšəs/, though variants with C + C are also possible, e. g. /il + lígəl/."

물음 7 1. horse의 끝소리 /s/가 shoe의 첫소리 /š/에 동화되어 그것과 같아졌다가 하나로 발음되기도 한다. 대화에서 소리의 동화에 이은 탈락은 드물지 않다 (예. *sof(t)ness*).
2. 치경음 /n/이 양순음 /p/에 동화되어 /m/이 되었다. (이하 생략)

물음 8 참고 Foley(1990)는 단어의 역사적 측면을 다루고 있는데, -al/-ar 에 대해서도 두 페이지(163-164)에 걸쳐 예시하고 있다.

1. *-al* : hymnal, musical, fatal, brutal, herbal, regional, original, logical, classical, abdominal, personal, regal, naval, nominal, Oriental, Occidental, autumnal, global, parental, cultural, critical, bridal, marginal, palatal, emotional, colonial, notional, neutral, spectral

   -ar : scalar, lunar, polar, uvular, capsular, scholar, molecular, granular, linear, nuclear, molar, consular, angular, circular, muscular, vehicular, auricular, rectangular, titular, spectacular

2. 아니다. 문제 속의 columnar에서도 보듯이 l이 바로 선행하지 않는 경우에도 -ar을 택한다.

물음 9 1. Sampson과 Thompson.
2. 잉음의 /p/와 더불어 발음되는 단어는 comfort, warmth이다. 화자에 따라서는 Tomkins, dreamt도 /p/를 넣어 발음하기도 하는 모양이다.

물음 10
lend.	epithetic	/d/.	ME	*lenen* 'to lend'
bound.	epithetic	/d/.	ME	*boun* 'ready, prepared'
midst.	epithetic	/t/.	ME	*agenes, ageinst*
amongst.	epithetic	/t/.	ME	*amonges*

물음 11
1. 'pharesis   3. sync'pe
2. apocop'   4. haplogy

물음 12 | 참고 OE와 ME에 이미 음위전환된 græs(<gærs), claspen(<clapsen) 따위의 예가 있었던 것 같다.
1. OE   *hros* 'horse'
2. OE   *thridda*, 'third'
3. OE   *gærs, græs*, 'grass'
4. ME   *clapsen, claspen* 'clasp'
5. ME   *drit*, 'dirt'

물음 13 | (a) Is the bean dizzy?
(b) Let me sew you to your sheet.

물음 14 | 1. vowel reduction (또는 neutralization)
2. regressive assimilation
3. progressive assimilation
4. dissimilation
5. consonant deletion
6. coalescence (또는 reciprocal assimilation)
7. dissimilation

14장 접어

물음 1 | 참고 이 자료들은 접어의 음운적 호스트와 구조상의 호스트가 확연히 다를 수 있다는 사실을 잘 보여준다.

(방언에 따라) 's 소유격 표지는 소유격의 NP 안에서 선행소유주 명사구를 수식하는 구조 끝에 오는 거의 모든 단어에 붙을 수 있다. (a)에서 's는 전치사 with에 붙고, (b)에서는 동사 robbed에,

그리고 (c)에서는 부사 yesterday에 붙는데, 이것들이 음운적 호스트의 기능을 한다. 그러나 통사적으로는 (그리고 의미적인 면에서) 호스트 기능을 하는 것은 'the boy'를 핵(head)으로 하는 전체 명사구이다.

물음 2 | **힌트** 기준 E와 F에 맞게 (not의 단축형) n't가 들어가는 문장을 만들고서 그 문법성을 따져보라.

You *have not*/*haven't been* here.
Haven't/*Have not you been here?
*I'*dn't* be doing this unless I had to.

물음 3 | **힌트** 위의 본문 내용에 맞추어 특수 접어로서의 소유격 's를 명시하면 된다.

15장 어휘화 과정

물음 1 | **참고** 이 물음에 대한 답은 다분히 주관적일 수밖에 없다. 언어 변화에 대해서는 사람마다 얼마든지 견해가 다를 수 있다. 중요한 것은 사람들이 언어를 사용할 때 어떤 생각을 하느냐 하는 것이다.

영어가 초기 발전 단계에서 그것을 사용하던 사람들의 성차별을 반영하고 있는 것은 사실이고, 만일 지금 그것을 사용하는 사람들의 대다수, 아니 의미있는 소수라 할지라도 선조들보다 성차별이 덜하다고 하면 언어는 그 사실을 반영해서 마땅하다. 역사적으로는 남자들이 모든 우편물을 날랐고, 모든 중요한 사업을 했으며, 동네 하수구 뚜껑 안으로 들어가 작업을 했다. 그래서 mailman, businessman, 그리고 manhole은 사리에 맞는 말이었다.

그러나 시대가 바뀌었고, 언어는 그 변화들을 반영해야 한다. 물론 언어 변화는 어떤 것이든 부정적으로 보는 일부 사람들이 있고, 그것이 남녀평등이란 이름하에 의식적으로 이루어진다든가 나아가 법제화까지 될 때에는 더욱 그럴 수 있다. 그 때문에 사람들은 1970년대 여성 운동과 함께 성 중립의 언어를 새로 만들려는 시도를 계속 비웃고 있다.

그러한 변화의 찬성론은 쉽게 이해가 간다. 언어는 그것을 사용하는 사람들의 문화를 보다 가깝게 반영하는 것이고, 보다 많은 사람들이 영어의 사용자로서 그들의 사회적 지위에 대해 기분이 좋을 것이다. 그러한 변화에 대한 반대론도 만만치 않을 것이다. 우선 많은 사람들이 영어의 현 상태를 못마땅해 할 것이고, 또 성차별 말고도 인종이나 직업 등 편향적인 면을 드러내는 형태론은 여전히 그 수를 헤아리기 어려울 만큼 활자화되어 남아 있을 것이기 때문이다. 생각하기 나름일지 모르나 적어도 지금은 찬성론이 우세한 모양이다. 따라서 (설사 마음에 들지 않는 면이 있다 하더라도) 그러한 개혁은 피할 수 없을 것 같다.

물음 2 | **힌트** 일반적으로 단어의 한 요소가 사라졌다거나 또는 보통 어법에서 실제로 사라진 경우에도 위의 분류가 들어맞는지 생각해보라.

물음 3 | **참고** 어휘화 여부를 판단하기는 어렵지 않다. 문제는 어휘화가 둘 이상의 유형을 보이는 경우인데, 보는 각도에 따라 의견이 엇갈리는 것은 어쩔 수 없다.

1. mixed (phonological, morphological): /ss/가 (/s/를 거쳐) /z/로 바뀌었다(cf. *dissatisfy* /ss/; *dissimilar* /s(s)/; *dissect, dissociate* /s/). 그리고 어간 형태가 solve와 사뭇 다르다.
2. semantic (의미 자질의 상실): 적어도 ladykiller는 문자 그대로 죽이는 자가 아니다.
3. mixed (phonological, morphological): 합성어 goshawk(<OE gōshafoc

'goose-hawk')의 첫 성분 gos-에서 단모음화가 일어났다.

4. mixed (phonological, semantic): 음운적으로 분절음 /p/가 탈락하고 board의 모음이 약화되었고, 의미적으로는 cupboard에 cup만 넣는 것은 아니므로 의미 자질의 첨가가 된다.
5. mixed (phonological, semantic): 분절음 /k/가 탈락하고, guard의 의미가 상실되었다.
6. mixed (phonological, semantic): holy와 day의 모음이 달라졌고, holy가 갖고 있던 의미 자질이 상실되었다.
7. morphological: 어근인 example의 모음이 달라졌다.
8. semantic: saddler가 saddle만 취급하는 것이 아니라고 보면 의미 자질의 추가가 되겠지만, '승용마'의 뜻이면 의미 자질의 상실이 된다.
9. phonological: 자음 탈락과 모음의 약화/탈락이 보인다.
10. semantic: writer는 단순히 '쓰는 사람'을 가리키는 것이 아니기 때문에 의미 자질 [professional]의 첨가로 본다.

참고문헌

Adams, Valerie. 1973. *An Introduction to Modern English Word-Formation*. London: Longman.

Allen, Margaret R. 1977. The morphology of negative prefixes in English. In M. Stein, ed., *Proceedings of the Eighth Annual Meeting of the North Eastern Linguistic Society*, 1-11.

Allen, Margaret R. 1978. *Morphological Investigations*. Doctoral dissertation, University of Connecticut.

Anderson, Stephen R. 1982. Where's morphology? *Linguistic Inquiry* 13, 571-612.

Anderson, Stephen R. 1986. Disjunctive ordering in inflectional morphology. *Natural Language and Linguistic Theory* 4, 1-31.

Aronoff, Mark. 1976. *Word Formation in Generative Grammar*. Linguistic Inquiry Monograph 1. Cambridge, Mass.: MIT Press.

Aronoff, Mark. 1994. *Morphology by Itself: Stems and Inflectional Classes*. Linguistic Inquiry Monograph 22. Cambridge, Mass.: MIT Press.

Asher, R. E., ed. 1994. *The Encyclopedia of Language and Linguistics*. New York: Pergamon Press.

Bauer, Laurie. 1979. On the need of pragmatics in the study of nominal compounding. *Journal of Pragmatics* 3, 45-50.

Bauer, Laurie. 1983. *English Word-formation*. Cambridge: Cambridge University Press.

Bauer, Laurie. 1988. *Introducing Linguistic Morphology*. Edinburgh: Edinburgh University Press.

Beard, Robert. 1976. Once more on the analysis of ed-adjectives. *Journal of Linguistics* 12, 155-157.

Beard, Robert. 1995. *Lexeme-Morpheme Base Morphology: A General Theory of Inflection and Word Formation*. Albany: State University of New York Press.

Berstein, Theodore M. 1975. *Reverse Dictionary*. New York: Quadrangle.

Bloch, Bernard. 1947. English verb inflection. *Language* 23, 399-418. Reprinted in M. Joos, ed., *Readings in Linguistics I*. Chicago: University of Chicago Press.

Bloch, Bernard and George L. Trager. 1942. *Outline of Linguistic Analysis*. Baltimore: Linguistic Society of America.

Bloomfield, Leonard. 1926. A set of postulates for the science of language. *Language* 2, 153-164.

Bloomfield, Leonard. 1933. *Language*. New York: Holt, Rinehart, and Winston.

Boas, Franz. 1911. *Handbook of American Indian Languages*. Washington: Bureau of American Ethnology.

Bolinger, Dwight L. 1948. On defining the morpheme. *Word* 4, 18-23.

Bolinger, Dwight L. and Donald A. Sears. 1981. *Aspects of Language* (3rd edition). New York: Harcourt Brace Jovanovich.

Botha, Rudolf P. 1984. *Morphological Mechanisms: Lexicalist Analyses of Syntactic Compounding*. Oxford: Pergamon Press.

Bradley, Henry. 1967. *The Making of English*. New York: Walker & Co.

Bright, William, ed. 1992. *International Encyclopedia of Linguistics*. New York: Oxford University Press.

Broderick, John P. 1975. *Modern English Linguistics: A Structural and Transformational Grammar*. New York: Harper & Row.

Brown, A. F. 1958. *The Derivation of English Adjectives Ending -ful*. Doctoral dissertation, University of Pennsylvania, Philadelphia.

Chapin, Paul G. 1970. On affixation in English. In M. Bierwisch and K. E.

Heidolph, eds., *Progress in Linguistics*, 51-63. The Hague: Mouton.

Chomsky, Noam. 1957. *Syntactic Structures*. The Hague: Mouton.

Chomsky, Noam. 1965. *Aspects of the Theory of Syntax*. Cambridge, Mass.: MIT Press.

Chomsky, Noam. 1970. Remarks on Nominalization. In R. Jacobs and P. Rosenbaum, eds., *Readings in English Transformational Grammar*, 181-221. Waltham, Mass.: Ginn.

Chomsky, Noam and Morris Halle. 1968. *The Sound Pattern of English*. New York: Harper and Row.

Clark, Eve V. and Herbert H. Clark. 1979. When nouns surface as verbs. *Language* 55, 767-811.

Crane, L. Ben, Edward Yeager and Randahl L. Whitman. 1981. *An Introduction to Linguistics*. Singapore: Harper & Row.

Crystal, David. 1992. *An Encyclopedic Dictionary of Language and Linguistics*. Oxford: Blackwell.

Curme, George O. 1931. *A Grammar of the English Language 3, Syntax*. Boston, Mass.: D. C. Heath and Company.

Dik, Simon C. 1967. Some critical remarks on the treatment of morphological structure in transformational generative grammar. *Lingua* 18, 352-383.

Di Sciullo, Anna-Maria and Edwin Williams. 1987. *On the Definition of Word*. Cambridge, Mass.: MIT Press.

Downing, Pamela. 1977. On the creation and use of English compound nouns. *Language* 53, 810-842.

Dressler, Wolfgang U. 1985. *Morphonology*. Ann Arbor: Karoma.

Elson, Benjamin and Velma Pickett. 1983. *Beginning Morphology and Syntax*. Dallas, Texas: Summer Institute of Linguistics.

Firth, John R. 1964. *Speech*. London: Oxford University Press.

Foley, James. 1990. *The Wonder of Words*. Vancouver: Abecedarian Book Company.

Fowler, Henry W. 1965. *Modern English Usage*. Oxford: Clarendon Press.

Francis, W. Nelson. 1958. *The Structure of American English*. New York: Ronald Press.

Fries, Charles C. 1952. *The Structure of English: An Introduction to the Construction of English Sentences*. New York: Harcourt, Brace & World.

Fromkin, Victoria and Robert Rodman. 1993. *An Introduction to Language* (5th edition). New York: Holt, Rinehart and Winston.

Gimson, A. C. 1980. *An Introduction to the Pronunciation of English*. London: Edward Arnold.

Gleason, Henry A. 1961. *An Introduction to Descriptive Linguistics* (revised edition). New York: Holt, Rinehart and Winston.

Greenberg, Joseph H., ed. 1966. *Universals of Language* (2nd edition) Cambridge, Mass.: MIT Press.

Grimshaw, Jane B. 1990. *Argument Structure*. Cambridge, Mass.: MIT Press.

Gruber, Jeffrey S. 1976. *Lexical Structures in Syntax and Semantics*. Amsterdam: North Holland.

Halle, Morris. 1973. Prolegomena to a theory of word formation. *Linguistic Inquiry* 4, 3-16.

Harris, Zellig S. 1951. *Structural Linguistics*. Chicago: University of Chicago Press.

Hatcher, Ann G. 1951. *Modern English Word-Formation and Neo-Latin*. Baltimore: Johns Hopkins Press.

Haugen, Einer. 1951. Directions in modern linguistics. *Language* 27, 211-222. Reprinted in M. Joos, ed., *Readings in Linguistics* I. Chicago: University of Chicago Press.

Hirtle, W. H. 1969. -Ed adjectives like 'verandahed' and 'blue-eyed,'

Journal of Linguistics 6, 19-36.

Hockett, Charles F. 1947. Problems of morphemic analysis. *Language* 23, 321-43. Reprinted in M. Joos, ed., *Readings in Linguistics* I. Chicago: University of Chicago Press.

Hockett, Charles F. 1954. Two models of grammatical description. *Word* 10, 210-31. Reprinted in M. Joos, ed., *Readings in Linguistics* I. Chicago: University of Chicago Press.

Hockett, Charles F. 1958. *A Course in Modern Linguistics*. New York: Macmillan.

Hudson, R. A. 1975. Problems in the analysis of ed-adjectives. *Journal of Linguistics* 11, 69-72.

Hoekstra, Teun, Harry van der Hulst and Michel Moortgat, eds. 1980. *Lexical Grammar*. Dordrecht: Foris Publications.

Jackendoff, Ray S. 1975. Morphological and semantic regularities in the lexicon. *Language* 51, 639-671.

Jensen, John T. 1990. *Morphology: Word Structure in Generative Grammar*. Amsterdam: John Benjamins.

Jespersen, Otto. 1919. *Chapters on English*. In *Selected Writings of Otto Jespersen*, 1962. London: George Allen & Urwin.

Jespersen, Otto. 1924. *The Philosophy of Grammar*. London: George Allen & Urwin.

Jespersen, Otto. 1942. *A Modern English Grammar on Historical Principles. Part VI. Morphology*. London: George Allen & Unwin.

Joos, Martin, ed. 1958. *Readings in Linguistics* I (2nd edition). Chicago: University of Chicago Press.

Katamba, Francis. 1993. *Morphology*. London: Macmillan.

Katamba, Francis. 1994. *English Words*. London: Routledge.

Kiparsky, Paul. 1973. Elsewhere in phonology. In S. R. Anderson and P. Kiparsky, eds., *A Festschrift for Morris Halle*. New York: Holt, Rinehart and Winston.

Kiparsky, Paul. 1982. Lexical morphology and phonology. In Linguistic Society of Korea, ed., *Linguistics in the Morning Calm: Selected Papers from SICOL*-1981, 3-91. Seoul Hanshin.

Kiparsky, Paul. 1983. Word formation and the lexicon. In F. Ingemann, ed., *Proceedings of the 1982 Mid-America Linguistics Conference*, University of Kansas, Lawrence.

Klavans, Judith L. 1985. The independence of syntax and phonology in cliticization. *Language* 61, 95-120.

Koziol, Herbert. 1937. *Handbuch der Englischen Wortbildungslehre*. Heidelberg.

Kruisinga, Etsko. 1932. *A Handbook of Present-Day English, Part II, English Accidence and Syntax* 3 (5th edition). Groningen: P. Noordhoff.

Lederer, Richard. 1990. *Crazy English*. New York: Pocket Books.

Leech, Geoffrey. 1974. *Semantics*. Harmondsworth: Penguin.

Lees, Robert B. 1960. *The Grammar of English Nominalizations*. The Hague: Mouton.

Lehnert, Martin. 1971. *Reverse Dictionary of Present-Day English*. Leipzig: VEB Verlig Enzyklopädie.

Lieber, Rochelle. 1980 *On the Organization of the Lexicon*. Doctoral dissertation, MIT. Distributed by Indiana University Linguistics Club, Bloomington.

Lieber, Rochelle. 1983. Argument linking and compounds in English. *Linguistic Inquiry* 14, 251-85.

Lipka, Leonhard. 1994. Lexicalization and institutionalization. In Asher, R. E., ed., *The Encyclopedia of Language and Linguistics*. New York: Pergamon Press.

Ljung, Magnus. 1977. Problems in the derivation of instrumental verbs. In H. E. Brekle and D. Kastovsky, eds., *Perspektiven der Wordbildungsforschung*, 165-79. Bonn: Bouvier Verlag Herbert Grundmann.

Lyons, John. 1969. *Introduction to Theoretical Linguistics*. Cambridge: Cambridge

University Press.
Lyons, John. 1977. *Semantics*. Cambridge: Cambridge University Press.
Marchand, Hans. 1969. *The Categories and Types of Present-Day English Word-Formation* (2nd edition). München: C. H. Beck.
Martinet, Andre. 1960. *Eléments de linguistique générale*. Paris: Armand Colin.
Matthews, Brander. 1921. *Essays on English*. New York: Charles Scribner's Sons.
Matthews, Peter H. 1972. *Inflectional Morphology*. Cambridge: Cambridge University Press.
Matthews, Peter H. 1974[1991] *Morphology: An Introduction to the Theory of Word-Structure*. Cambridge: Cambridge University Press.
McCarthy, John J. 1982. Prosodic structure and expletive infixation. *Language* 58, 574-590.
Murry, Thomas E. 1995. *The Structure of English*. Boston: Allyn and Bacon.
Nespor, Marina and Irene Vogel. 1986. *Prosodic Phonology*. Dordrecht: Foris Publications.
Nida, Eugene A. 1940. The identification of morphemes. *Language* 24, 414-441.
Nida, Eugene A. 1946[1949]. *Morphology: The Descriptive Analysis of Words* (2nd edition). Ann Arbor: University of Michigan Press.
O'Grady, William and Michael Dobrovolsky, eds. 1992. *Contemporary Linguistic Analysis: An Introduction* (2nd edition). Ontario: Copp Clark Pitman Ltd.
Pinker, Steven. 1994. *The Language Instinct: How the Mind Creates Language*. New York: William Morrow and Company.
Potter, Simeon. 1975. *Changing English* (revised edition). London: Andre Deutch.
Pyles, Thomas and John Algeo. 1993. *The Origins and Development of the English Language* (4th edition). New York: Harcourt Brace Jovanovich.
Quirk, Randolph. 1968. *The Use of English* (2nd edition). London: Longman.
Quirk, Randolph, Sidney Greenbaum, Geoffrey Leech and Jan Svartvik. 1973. *A Grammar of Contemporary English*. London: Longman.

Robins, Robert H. 1959. In defence of WP. *Transactions of the Philological Society*, 116-144.

Robins, Robert H. 1964. *General Linguistics: An Introductory Survey* (revised edition). London: Longman.

Roeper, Thomas and Muffy E. A. Siegel. 1978. A lexical transformation for verbal compounds. *Linguistic Inquiry* 9, 199-260.

Sapir, Edward. 1921. *Language*. New York: Harcourt, Brace, and World.

Saussure, Ferdinand de. 1959. *Course in General Linguistics*, translated by Wade Baskin. New York: McGraw-Hill.

Scalise, Sergio. 1984. *Generative Morphology*. Dordrecht: Foris Publications.

Selkirk, Elisabeth O. 1982. *The Syntax of Words*. Cambridge, Mass.: MIT Press.

Siegel, Dorothy. 1974. *Topics in English Morphology*. Doctoral dissertation, MIT.

Siegel, Dorothy. 1977. The adjacency condition and the theory of morphology. In M. Stein, ed., *Proceedings of the Eighth Annual Meeting of the North Eastern Linguistic Society*, 189-97.

Skousen, Royal. 1975. *Substantive Evidence in Phonology*. The Hague: Mouton.

Sledd, James H. 1959. *A Short Introduction to English Grammar*. Chicago: Scott, Foresman.

Spencer, Andrew. 1991. *Morphological Theory*. Oxford: Basil Blackwell.

Stageberg, Norman C. 1981. *An Introductory English Grammar* (4th edition). New York: Holt, Rinehart and Winston.

Stemberger, Joseph P. 1981. Morphological haplology. *Language* 57, 791-817.

Sweet, Henry. 1891. *A New English Grammar*, Part I. Oxford: Clarendon Press.

Thun, Nils. 1963. *Reduplicative Words in English: A Study of Formations of the Types Tick-tick, Hurly-burly and Shilly-shally*. Uppsala: Carl Bloms Boktryckeri A.-B.

Trubetzkoy, N. S. 1969. *Principles of Phonology*, translated by Christiane A. M. Baltaxe. Berkeley: University of California Press.

Wells, Rulon S. 1956. Acronymy. In *For Roman Jakobson: Essays on the Occasion of His Sixtieth Birthday*, 662-667. The Hague: Mouton.

Whitney, William D. 1919. *Sanskrit Grammar* (2nd edition). Cambridge, Mass.: Harvard University Press.

Williams, Edwin. 1981a. On the notions "lexically related" and "head of a word." *Linguistic Inquiry* 12, 245-274.

Williams, Edwin. 1981b. Argument structure and morphology. *The Linguistic Review* 1, 81-114.

Zandvoort, Reinard W. 1969. *A Handbook of English Grammar* (5th edition). London: Longman.

Zimmer, Karl E. 1964. *Affixal Negation in English and Other Languages*. Supplement to *Word* 20.

Zwicky, Arnold M. 1977. On clitics. Bloomington: IULC.

Zwicky, Arnold M. and Geoffrey K. Pullum. 1983. Cliticization vs. inflection: English *n't*. *Language* 59, 502-13.

인명 색인

A

Adams, V. 23-25, 45, 61, 64, 66, 84, 85, 98, 99, 102, 171-176, 178, 189, 190, 197, 221-224, 226, 227, 229- 233, 240, 245, 249, 250, 252, 256, 258, 264, 265, 272, 278, 279, 284, 295, 375
Allen, M. 118, 195, 212, 213, 245, 301, 325-328, 335
Anderson, S. 28, 286
Aronoff, M. 19, 25, 37, 45, 46, 61, 80, 83, 102, 142, 143, 155-157, 178, 191, 219, 220, 280, 281, 284, 285, 295-297, 302, 318, 361-363, 365, 375, 384

B

Bauer, M. 20, 24, 28, 45, 99, 102, 150, 171, 178, 191, 221, 233, 271-273, 281, 284, 297, 299, 332, 375, 376, 378, 382, 383, 385
Beard, R. 297, 298
Bloch, B./Trager, G. L. 240
Bloomfield, L. 23, 26, 27, 33, 34, 36, 43, 47, 59, 80, 85, 86, 131, 133, 138, 149, 153, 158, 159, 214, 241, 243, 259, 260, 265, 267, 268, 365, 366, 368, 375
Boas, F. 27
Bolinger, D. L. 47, 64, 66, 352, 359, 368, 375
Bolinger, D. L./Sears, D. A. 47, 65, 66, 352, 359, 368, 375
Botha, R. P. 258, 334, 335
Bradley, H. 377
Broderick, J. P. 194, 195, 202

C

Carroll, L. 176
Chapin, P. G. 216, 218, 292
Chomsky, N. 24, 25, 27, 38, 43, 65, 90, 148, 155, 157, 171, 209, 214, 240, 347, 361
Chomsky, N./Halle, M. 24, 171, 214, 240, 347, 361
Clark E. V./Clark, H. H. 284, 286
Courtenay, B. de 375
Crane, L. B. *et al*. 72, 74, 152
Crystal, D. 45

D

Di Sciullo, A.-M./Williams, E. 19, 38,

41, 43, 44, 149, 325
Downing, P. 284
Dressler, W. U. 337

E

Elson, B./Pickett, V. 69, 239, 240, 242, 243, 245, 273, 304, 306, 311, 367
Espy, W. R. 183

F

Firth, J. R. 84
Fowler, H. W. 240
Francis, W. N. 32, 33, 47, 48, 50, 350, 357, 358
Fromkin, V./Rodman, R. 80, 132, 165, 182, 183, 352

G

Gleason, H. A. 59, 360
Greenberg, J, H. 161
Gruber, J. S. 233, 304

H

Halle, M. 22, 24, 25, 149, 155, 171, 214, 240, 318, 347, 361,
Harris, Z. 344
Hatcher, A. G. 272
Haugen, E. 7
Hirtle, E. H. 298

Hockett, D. F. 25, 26, 28, 29, 34-36, 60, 61, 71, 78, 98, 122, 134, 338, 339, 342, 343
Hudson, R. A. 297, 298

J

Jackendoff, R. S. 25, 150, 384
Jensen, J. T. 123, 131, 150, 215, 260, 262, 274, 322, 330, 332, 361
Jespersen, O. 23, 86, 98, 186, 227, 233, 240, 241, 250, 260, 265, 268, 269, 270, 376, 378, 380, 381, 385
Jonson, B. 51

K

Katamba, F. 40, 42, 75, 77, 84, 105, 116, 119, 159, 160, 162, 200, 216, 217, 248, 260, 280-283, 287, 297, 300, 304, 305, 310, 311, 313, 316, 329, 366, 368, 371
Kiparsky, P. 25, 231, 234, 236, 261, 275, 277, 286, 281
Klavans, J. 366, 367, 373, 374
Koziol, H. 23
Kruisinger, E. 221

L

Leech, G. 383
Lees, R. B. 24, 387

Lieber, R. 25, 150, 154, 155, 232, 234, 257, 260, 262, 263, 318-321, 325, 329, 330-335, 363
Lipka, L. 376, 378
Ljung, M. 231, 284
Lowth, R. 51
Lyly, W. 51
Lyons, J. 38, 95, 150, 377, 379, 383

M

Marchand, H. 25, 34, 36, 85, 95, 100, 131, 179, 186, 193, 194, 203, 221, 223, 225, 227, 233, 242, 250, 253, 255-257, 263, 268-270, 279, 280, 293, 295, 332
Matthews, B. 55, 169, 377
Matthews, P. H. 26, 27, 37, 38, 104, 232, 365
Murry, L. 51
Murry, T. 44, 63, 64, 77, 80, 111, 114, 140, 170, 175, 179, 188, 219, 288, 296, 347, 379

N

Nespor, M./Vogel, I 46
Nida, E. 24, 31, 78, 85, 121, 122, 124, 125, 128-131, 133, 135, 141, 153, 186, 260, 264, 268

O

O'Grady, W./Dobrovolsky, M. 110, 244-246, 277, 299, 315, 317

P

Pāṇini 214, 286
Pinker, S. 41, 91, 97, 106, 108, 166-168, 275, 312, 313, 314
Potter, S. 163, 164, 166, 168, 169, 171, 174, 177, 178, 207, 239
Priestly, J. 51
Pullum, G. 369, 370, 372

Q

Quirk, R. 375
Quirk, R. *et al*. 172, 186, 187, 195, 199, 203, 221, 222, 226, 227

R

Robins, R. H. 28, 34, 44, 368
Roeper, T./Siegel, M. 328

S

Sapir, E. 27, 161, 186
Saussure, F. de 23, 338
Scalise, S. 23, 155, 327
Selkirk, E. O. 25, 143, 150, 154-158, 168, 215, 247, 253, 257, 260, 273,

318, 329, 332, 334
Siegel, D. 25, 45, 155, 212, 214, 215, 217, 218, 220, 289, 291, 293, 294, 301, 328,
Spencer, A. 335
Stageberg, A. 51-57, 61, 64, 70, 76, 79, 84, 86, 88, 90-93, 99, 100, 109, 115, 135, 137, 138, 140, 163, 164, 171, 176, 184, 186, 202-206, 240, 241, 243, 244, 349, 351, 354, 358, 359
Stemberger, J. P. 289
Sweet, H. 221

T

Thun, N. 186
Trubetzkoy, N. S. 337

W

Whitney, W. D. 214
Williams, E. 19, 38, 41, 43, 44, 143, 146, 149, 153, 154, 295, 297, 318, 321, 322, 324, 325, 329, 335

Z

Zimmer, K. E. 299, 301
Zwicky, A. M. 366, 369, 370, 372
Zwicky, A./Pullum, G. K. 369, 370, 372

언어 색인

A

Afrikaans 163
American Indian languages 161
Arabic 163, 164

C

Cape Dutch → Afrikaans 163
Chinese 164, 351

D

Dutch 63

E

English
Old English(OE) 110, 117, 139, 180, 351, 353, 354, 356, 358, 359, 381, 385
Middle English(ME) 110, 353, 354, 356, 358, 360
Modern English(ModE) 35, 354, 356, 358, 360
Present-day English 25, 280, 352
Eskimo 161
Greenlandic Eskimo 161

F

Finnish 148, 159
French 148, 164
Old French 232

G

German 164, 214
Greek 27, 71, 161, 169, 193, 271, 353, 360, 382
Ancient Greek 27

H

Hindi 164

I

Irish 148
Italian 356

J

Japanese 148

K

Korean 159

L

Latin 39, 160, 161, 164, 169, 193, 231, 348, 349, 352, 353, 356, 382, 385

N

Norse
    Old Norse 164

P

Persian 164

R

Romance languages 353
Russian 39, 106, 148, 189, 272

S

Sanskrit 260, 265, 338, 356
Semitic languages 71
Spanish 148, 164, 353

T

Turkish 26, 159-61

V

Vietnamese 159, 207

W

Welsh 181

주제 색인(한·영)

ㄱ

가능한 단어 (possible/potential word) 22, 275, 279
간치사 (interposition) 98
강세 (stress) 31, 45, 82, 96, 194, 203, 213, 214, 227, 228, 232-235, 240-242, 251, 289-291, 343, 356-359, 369, 380
강약 음보 (trochee) 46
개방 (open) 47, 48
개방범주 (open category) 47, 48
게르만어계 (Germanic) 190, 214
격 (case) 19, 97, 109, 118, 179
결여 어형변화 계열 (defective paradigm) 116, 117-118
경계 (boundary) 36, 45, 98, 214, 291
고립 가능성 (isolability) 36
고립어 (isolating language) 28, 159, 161
공명음 무성음화 (sonorant devoicing) 345, 346
공시성 (synchrony) 23
과거시제 형성 (past tense formation) 27
괄호 묶기 (bracketing) 142
교착어 (agglutinating/agglutinative language) 28, 159-160, 161
교체 (alternation) 75, 113, 117, 123, 269, 270, 337-344, 347, 362
규칙적/불규칙적 교체 (regular and irregular alternation) 340-341
내적/외적 연성 (internal and external sandhi) 338-339
자동/비자동 교체 (automatic and nonautomatic alternation) 339-340
교체형 (alternant) 116, 337, 338, 342, 344
구개음화 (palatalization) 348, 357
구구조 규칙 (phrase structure rule) 157
구별자질 (diacritic feature) 150, 295
구절 접사 (phrasal affix) 367
구조 부류 (structural class) 56
구조언어학 (structural linguistics) 52, 60, 134, 214, 344
굴절 (inflection) 19-21, 28, 29, 35, 48, 50, 52, 63-66, 69, 88, 90, 92, 95-105, 107, 115-119, 135, 154, 159-161, 165, 211, 212, 217, 221, 237, 245, 274, 275, 285, 318, 339, 365, 370-373
굴절어 (inflecting/inflective language) 28, 49, 159, 160
굴절 어형변화 계열 (inflectional paradigm) 102, 107, 116
대명사 어형변화 (pronoun paradigm)

111-112
동사 어형변화 (verb paradigm) 112-113
명사 어형변화 (noun paradigm) 107-110
비교 어형변화 (comparable paradigm) 114-115
굴절 접미사 (inflectional suffix) 48, 50, 69, 88, 92, 96-100, 115, 135, 154, 211, 212, 221, 339, 373
굴절 접사 (inflectional affix) → 굴절 접미사 21, 64, 65, 69, 95, 98-103, 212, 217, 275, 370-373
궁극적 성분 (ultimate constituent) 134
기능어 (function word) 47, 64, 65
기본형 (base form) 27, 339, 340, 344

ㄴ

낱말 배치 (collocation) 279
내부 논항 (internal argument) 322, 328, 330, 332, 333
내부화 (internalization) 324
내심 합성어 (endocentric compound) 259-261, 265, 266
내용어 (content word) 48, 64, 65
내재적 순서 (intrinsic ordering) 218, 219
논항 (argument) 303, 308, 322, 324, 325, 328-330, 332-334
논항 구조 (argument structure) 303, 309, 318, 321-325, 328, 330-333, 335
논항 연결 원리 (argument-linking principle) 329-333

ㄷ

다시 쓰기 규칙 (rewrite rule) 157, 247, 318
다의어 (polysemous word) 87
다종합어 (polysynthetic language) → 포합어 161
단순 접어 (simple clitic) 366, 369, 373
단어 (word)
정의 (definition) 33-36
단어-계열 (word-and-paradigm, WP) 25, 27-28
단음 (phone) 71, 89, 112, 115, 159, 205, 290-292
단일어 (simple word) 27, 47-50, 60, 257, 326, 380, 384
단축어 (curtailed word) 173
대립 (contrast) 73, 126, 339, 357
대모음전이 (Great Vowel Shift) 381
대어휘범주 (major lexical category) 40
대체 이형태 (replacive allomorph) → 대체 형태소 78, 126
대체 형태소 (replacive morpheme) 78, 126
동격 합성어 (appositional compound) 265, 266
동기 상실 (demotivization) 376, 385
동사성 합성어 (verbal compound) → 어근 합성어 257
동사 파생 (deverbal) 203, 207, 210, 257, 295, 334, 362, 382

동사 합성어 (verb compound) 252-256, 263
동음이어 (homophone) 87-88, 89, 126
  접미사 -ly 89
  분사형 -en/-ing 90-93
동의어 회피 원칙 (avoid synonymy principle) 287
동작주 (agent) 304, 311, 314, 315, 321-325
동화 (assimilation) 123, 213, 295, 344, 348-349, 351
부분 동화 (partial assimilation) 348
완전 동화 (total/complete assimilation) 348-349
조음방식 동화 (manner assimilation) 348
조음점 동화 (place assimilation) 348
순행 동화 (progressive assimilation) 349
역행 동화 (regressive/anticipatory assimilation) 349
상호동화 (reciprocal assimilation) → 융합 349
두자어 (acronym) 168, 170-172
두자어 형성 (acronymy) 168, 170-172
등위 (coordination) 56, 265

ㄹ

라틴어계 (Latinate) 21, 22, 34, 67, 79, 81, 82, 214, 294, 295, 363
라틴어계 어간 (Latinate stem) 21, 22, 34, 67, 79, 81-83, 294

ㅁ

마찰음화 (spirantization) 342, 348, 357
머리 (head) → 핵 152-154, 260, 265, 318, 332
명사 파생 (denominal) 89, 203, 280
명사 합성어 (noun compound) → 합성명사 279
명시어 (specifier) 152
모음 약화 (vowel reduction) 357, 358
모음 전환 (ablaut) 109, 113, 270
모음 전환 결합 (ablaut combination) 270
모음조화 (vowel harmony) 349
모음 충돌 (hiatus) 123, 342, 356
목록소 (listeme) 41-44
무리 짓기 (group-forming) 189-190
무접 파생 (derivation by a zero suffix) → 제로 파생 227
문법 (grammar) 25-29, 38, 47, 64-66, 71, 128, 160, 227, 233, 240, 243, 244, 251, 310, 328, 365
문법성 (grammaticality) 145
문법어 (grammatical word) 40-41, 95
문법적 부류 (grammatical class) 99
문법적인 (grammatical) 19, 43, 97, 372
문법적 표시 (grammatical representation) 26
문법 표지 (grammatical marker) 19

문법 형성소 (grammatical formative) 38
문법 형태소 (grammatical morpheme) 64-66, 71
미국 구조주의 (America structuralism) 24
미파생어 (underived word) 211
민간 어원 (folk etymology) 180-181

ㅂ

반복성 (recursion; recursiveness) 157, 273
반복 합성어 (repetitive compound) → 중첩 합성어 268
반접미사(semi-suffix) 194
발음 철자 (pronunciation-spelling) 172
배열 가설 (ordering hypothesis) 215
배열론 (tactics) 26, 27
번역 차용 (loan-translation; calque) 164, 375
범주 (category) → 품사 56, 63, 90, 91, 95, 142, 143, 145-147, 150-152, 154, 156, 157, 195, 203, 212, 215, 219, 233, 247, 250, 258, 260-262, 274, 275, 277, 291, 303, 318, 321, 325, 326, 335, 362
법조동사 (model verb) 102, 117
변수 R 조건 (variable R condition) 326-327
변항 (variable) 152
변형문법 (transformational grammar) 24, 25
변형생성문법 (transformational generative grammar) 24
병렬 합성어 (coordinative compound; cocompound) 257, 265, 266
보어 (complement) 145, 146, 152, 223, 224, 252, 303, 315
보충법 (suppletion) 116-117, 275, 341
보충어 (complement) → 보어 135
보충적 교체 (suppletive alternation) → 보충법 341
보충형 (suppletive form) 117
복수 (plural) 27, 52, 60, 69, 71, 74, 75, 88, 97-100, 102, 107-110, 112, 113, 117, 119, 126, 129, 135, 163, 178, 211, 245, 246, 260, 274-277, 337, 340, 342, 346, 348, 349, 353, 369, 370, 371, 373
복합어 (complex word) 27, 48-50, 133, 143, 153, 154, 211, 376, 380
부정 접두사 in-과 un- 123, 213-214, 314, 349
분류 음소론 (taxonomic phonemics) 24
분리 가능성 (separability) 34, 368
분비 (secretion) 190, 193
분석어 (analytic language) → 고립어 159, 161
분포 (distribution) 73, 74, 89, 123, 125-128, 152, 245, 337, 370, 373
불가능한 단어 (impossible word) 22, 275

불규칙 굴절 (irregular inflection) 237, 274
불연속 형태소 (discontinuous morpheme) 70, 71
불완전 명세 (underspecfication) 344
비모음화 (vowel nasalization) 345, 346
비생산적인 (nonproductive) 230, 280, 281, 384
비속어 삽입 (expletive infixing) 45-46, 289
비음 동화 (nasal assimilation) 213, 348

ㅅ

사전 (lexicon, dictionary) 32, 37-39, 41, 42, 51, 61, 112, 157, 167, 213, 214, 231, 316
삼투 (percolation) → 자질삼투 154, 275, 318-321, 330, 331, 333, 335
삼투 규약 (percolation convention) → 자질삼투 규약 154
삽입 (insertion; epenthesis) 45, 71, 147, 243, 289, 318, 319, 353-354
   어두음 삽입 (prothesis) 353
   어말 자음첨가 (epithesis) 354
   짧은 모음의 삽입 (anaptyxis) 353
상 (aspect) 19, 97, 157
상보적 분포 (complementary distribution) 73, 74, 76, 353
생산성 (productivity) 24, 155, 205, 247, 258, 273, 279, 280, 281, 283, 284, 289, 301, 332, 382
제약 (constraints; restrictions) 283
생산적 (productive) 29, 101-103, 194, 205, 208, 230, 247, 258, 272, 279, 280, 281, 285, 293, 301, 302, 334, 379, 382, 384
생성문법 (generative grammar) 24, 27, 149, 150, 214, 286, 316
생성 의미론 (generative semantics) 24
생성 형태론 (generative morphology) 25
선호 음절 (preferred syllable) 355
성 (gender) 19, 40, 97, 379
성분 구조 (constituent structure) 132, 142, 254
성 동화 (voicing assimilation) 348
소유격 's (possessive 's) 97, 98, 373
수 (number) 19, 40, 97, 195
수식어 (modifier; determinant) 56, 91, 195, 265, 330, 331, 333
수용 (acceptance) → 제도화 36, 191, 335, 377, 378
수평 강세 (level stress) 240-242
수형도 (tree diagram) 142-144
숙어 (idiom) 38, 41, 42
술어 (predicate) 20, 21, 37, 47, 49, 52, 69, 71, 84, 116, 118, 164, 221, 223, 224, 233, 234, 253, 257, 266, 303, 308, 322, 324, 334, 337, 338, 353, 375
   한 자리 (one-place) 술어 308
   두 자리 (two-place) 술어 308

세 자리 (three-place) 술어 308
시제 (tense) 19, 21, 27, 40, 60, 64, 71, 74, 78, 97, 102, 116, 246, 341
신고전 합성어 (neo-classical compound) 268, 271-273
신조어 (invention; neologism; coinage) 168-170
실제 단어 (actual word) 22
실현 (exponent) 26
실현 (realization) 37
심적 사전 (mental dictionary) 148
심층 구조 (deep structure) 316

알파베티즘 (alphabetism) 171
압운 결합 (rime combination) 269
애매모음 (obscure vowel) 357
약어 (abbreviation) 171, 172
어간 (stem) 21, 22, 27, 34, 50, 63, 67, 69, 71, 79, 81, 82, 101, 103, 107, 109, 111, 112, 114, 116, 117, 126, 129, 143, 147, 150, 152, 154, 160, 161, 180, 186, 190, 193, 229, 230, 254, 268, 269, 275, 293-295, 318- 320, 330-334, 338, 353, 370, 371, 381
어구조 규칙 (word structure rule) 157
어근 (root) 21, 27, 28, 49, 63, 68, 69, 71, 100, 103-105, 113, 143, 152, 169, 186, 194, 203, 211, 212, 217, 257-259, 263, 274, 279, 296, 325, 326, 334, 335, 362, 363, 365, 368, 381, 382, 384
어근 합성어 (root compound) 49, 257-258, 263, 279, 325, 326, 334, 335
어기 (base) 21, 28, 50, 67, 69, 91, 96, 101-103, 107, 133, 139, 147, 165, 194, 195, 198, 203, 215, 219, 221, 213, 215, 219, 221, 231, 258, 272, 280, 282, 283, 289, 291, 293, 295- 298, 301, 328, 357
어기에 대한 제한 (limitations on the bases) 289
  음운적 (phonological) 요인 289-293
  의미·통사적 (syntactic and semantic) 요인 296-301
  형태적 (morphological) 요인 294-296
어형 (word-form) 19, 20, 25, 39-40, 45, 119, 155, 186, 188, 217, 219, 286, 365
어형변화 계열 (paradigm) 28, 102, 103, 107, 116, 117
어형성 (word-formation) 19, 20, 22-25, 49, 95, 142, 149, 155-157, 159, 163, 168, 177, 191, 219, 233, 268, 271, 279, 280, 283, 284, 286, 289, 296, 297, 318, 323, 333, 334, 361, 365
어형성 과정 (word-formation process) 22, 142, 163, 191, 280, 289, 297
어형성 규칙 (word-formation rule, WFR) 142, 149, 155-157, 191, 219, 280,

283, 286, 296, 318, 323, 333, 334, 361
어휘구조 이론 (lexical structure theory) 318, 321
어휘 기재 항목 (lexical entries) 150, 151, 303, 309, 314
어휘론 가설 (lexicalist hypothesis) 155
어휘부 (lexicon) 42-44, 143, 145, 148, 150, 215, 235, 275, 276, 284, 285, 309, 314, 318, 384
어휘 부류 (lexical class) 99
어휘 삽입 (lexical insertion) 147, 318
어휘소 (lexeme) 37-38, 95, 118, 191, 385
어휘적 변형 (lexical transformation) 329
어휘적 조건 (lexical conditioning) → 형태적 조건 75
어휘 항목 (lexical/vocabulary item) 37, 39, 41, 48, 95, 96, 98, 119, 143, 148, 150, 157, 303
어휘 형성소 (lexical formative) 38
어휘 형태소 (lexical morpheme) 64-66, 150
어휘화 (lexicalization) 148, 375, 376, 379-385
  음운적 (phonological) 380-381
  형태적 (morphological) 381-382
  의미적 (semantic) 380, 383-384
  혼합 (mixed) 384-385
언어 능력 (linguistic competence) 149
언어 직관 (linguistic intuition) 149
여과 장치 (filter) 149, 334
여타조건 (elsewhere condition) 286
역성 → 역형성 177

역성어 (back-formed word) 177-178
역형성 (back-formation) 168, 177-178, 253, 254, 331
연계 합성어 (copulative compound; Sanskrit dvandva) 265, 266
연구개음 연화 (velar softening) 294, 347
연상의 (associative) 258
연성 (sandhi) 338-339
  내적 연성 (internal sandhi) 338, 339
  외적 연성 (external sandhi) 338
연어 (collocation) 44, 249, 279
연접 (juncture) 45, 214
외부 논항 (external argument) 322, 324, 325, 329
외부화 (externalization) 324
외심 합성어 (exocentric compound; Sanskrit bahuvrihi) 257, 259-262, 266, 274, 277, 384
외접사 (circumfix) 71
우언법 (periphrasis) 115
우연한 공백 (accidental gap) 23
우측머리 규칙 (right-hand head rule) 153-154, 318
운각 → 음보 45
운율어 (prosodic word) 45, 46, 47
움라우트 (umlaut) 110, 113, 349
원음소 (archiphoneme) 343, 344
위치 부류 (position class) 54-55
위치상의 변이형 (positional variant) 72
유용성 (utility) 377
유어 공통음 (phonaestheme) 84-85, 189, 206

유음 생략 (haplology) 289, 356
유형론 (typology) 158
융합 (coalescence) 174, 349, 357
융합어 (fusional language) → 굴절어 160
융해 (fusion) → 융합 357
융화 (syncretism) 118-119
은유 (metaphor) 139, 378
음보 (foot) 45-47, 84
음성 상징 (sound symbolism) 84, 206, 270
음소 (phoneme) 24, 27, 71, 72, 121, 123, 126, 337, 338, 341, 343, 344, 357
음소배열 제약 (phonotactic constraint) 149, 168
음소 표시 (phonemic representation) 26, 338
음운 교체 (phonological alternation) → 교체 337-344
음운어 (phonological word) 45-47
음운적 조건 (phonological conditioning) 65, 74, 110, 126, 341, 342
음위전환 (metathesis) 358-359
의미 격자 (theta grid) 322
의미역 (semantic/thematic role; theta role) 304, 308-311, 314-316, 318, 321-324, 335
    경험자 (experiencer) 305
    도구 (instrument; instrumental) 305, 308, 313, 330, 331, 333
    도착점 (goal) 305, 306, 323
    동작주 (agent) 304, 311, 314, 315, 321-325

    수동자 (patient; undergoer) 304, 305, 311, 314, 330
    수혜자 (benefactive; recipient) 306
    시발점 (source) 305, 314
    주제 (theme) 304, 305, 314, 315, 321-325, 332, 335
    처소 (locative; location) 306, 311, 313, 330, 333
    양태 (manner) 330, 333
의미의 일관성 (semantic coherence) 301-302
의미의 규칙성 (semantic regularity) 102
의미의 변별성 (semantic distinctiveness) 122
의미적 합성 (semantic compositionality) 384
의사 합성 동사 (pseudo-compound verb) 253-255, 263
의성 (echoism; onomatopoeia) 185
의존 어간 (bound stem) 50
의존형 (bound form) 21, 22, 34, 36, 63, 88, 147, 161, 165, 211, 368
의존 형태소 (bound morpheme) 50, 63, 67, 369, 370, 373
이니셜리즘 (initialism) 171
"이다" 조건 ("IS A" condition) 326
이분지 (binary branching) 142, 318
이분지 가설 (binary branching hypothesis) 142
이원적 (binary) 65, 195
이음 규칙 (allophonic rule) 345, 346
이중 강세 (double stress) → 수평 강세

240
이차 파생어 (secondary derivation) 50
이형태 (allomorph) 20, 21, 71-75, 78, 123, 126, 280, 337, 338, 341, 344, 345, 349, 352, 361-363
이형태 규칙 (allomorph rule) 361-363
이화 (dissimilation) 351-352
인접 조건 (adjacency condition) 301
일부 생산적인 (semi-productive) 280
1접사1규칙 가설 (one affix, one rule hypothesis) 142
일차 파생어 (primary derivative) 50
일차 합성어 (primary compound) → 어근 합성어 257, 326, 327, 333, 334
임시어 (nonce word) 148, 174, 375, 376, 377
임시어 형성 (nonce formation) 375, 376-377
잉음의 (excrescent) 354

ㅈ

자기 내포 (self-embedding) 158
자리 이동 (transposition) 34
자립 어간 (free stem) 50
자립형 (free form) 21, 22, 33, 34, 47, 59, 63, 135, 271, 381
자립 형태소 (free morpheme) 34, 63, 67, 151
자질삼투 (feature percolation) 154

자질삼투 규약 (feature percolation convention) 154, 318-320, 330
장모음화 (vowel lengthening) 345, 346, 357
재조정 (readjustment) 361
저지 (blocking) 284-287, 335
전접어 (enclitic) 366
전환 (conversion) 23, 89, 109, 113, 143, 165, 221-228, 230, 233-237, 261, 270, 358, 359
  동사 전성 명사 (verb to noun) 222-223
  명사 전성 동사 (noun to verb) 223-225, 226
  형용사 전성 동사 (adjective to verb) 226
전환쌍 (conversion pair) 235-237
절단 (clipping) 173, 174, 193, 205, 356, 361, 362
절단 규칙 (truncation rule) 361, 362
절단어 (clipped word) 173, 174
접두사 (prefix) 21, 28, 50, 67-69, 71, 81, 91, 95, 96, 112, 115, 123, 129, 139, 153, 154, 157, 166, 193-199, 201, 203, 211, 213, 214, 219, 297, 299, 319, 349, 366
  결성 (privative/reversative) 196
  경멸 (pejorative) 199
  부정 (negative) 91, 123, 195-196, 213, 214, 299, 345
  수효 (number) 199-200

시간과 순서 (time and order) 198-199
정도 또는 크기 (degree or size) 197
처소 (locative; place) 198
태도 (attitude) 197-198
기타 (other) 201
접두사 첨가 (prefixation) 194-201, 211
접미사 (suffix) 21, 28, 35, 48, 50, 52, 67-69, 71, 74, 75, 82, 88, 89, 92, 95-102, 107, 110, 115, 126, 128, 135, 137, 139, 147, 151-154, 156, 157, 160, 166, 178, 189, 190, 193, 194, 203-212, 215, 219, 221, 226, 229, 230, 232, 235, 245, 261, 273, 276, 280, 281, 285, 289, 290, 292, 295, 301, 339, 340, 347, 348, 357, 362, 366, 368, 369, 371, 373
명사/형용사→동사 (noun/ adjective →verb) 208
명사/형용사→명사/형용사 (noun/ adjective →noun/adjective) 207
명사→명사 (noun →noun) 203-207
신분·영역 (status, domain) 206-207
  여성형 (feminine) 204-205
  지소형 (diminutive) 205-206
  직업인 (occupational) 203-204
명사→형용사 (noun→adjective) 209-210
동사→명사 (verb →noun) 207-208
동사 접미사 (verb suffix) 208
부사 접미사 (adverb suffix) 210
형용사→명사 (adjective→noun) 208
접미사 첨가 (suffixation) 21, 96, 153, 157, 203-210, 211, 226, 261
접사 (affix) 21-23, 28, 60, 63-65, 67-69, 71, 78, 95, 96, 98-104, 107, 112, 142-144, 146, 147, 150-152, 154-157, 159, 165-167, 177, 190, 193, 194, 211, 212, 214, 215, 215, 217-219, 221, 228, 230, 233-235, 261, 266, 274, 275, 284, 289, 296, 318-320, 324, 334, 335, 339, 340, 361, 365, 367-373, 380-382, 384
1군 (class I) 214
2군 (class II) 214
1차 (primary) 214, 215, 217, 219, 234, 274
2차 (secondary) 151, 214, 215, 217, 219, 234, 275
접사 첨가 (affixation) 23, 69, 95, 165, 193, 214, 218, 228, 234, 266, 275, 324, 367, 371
접어 (clitic) 19, 20, 365-373
접어화 (cliticization) 19, 20, 365, 366-367, 369, 373
접요사 (infix) 68
제 1자매 원리 (first sister principle) 328-329
제도화 (institutionalization) 375, 377-378, 380
제로 접미사 (zero suffix) 126, 229, 230, 232
제로 접사 (zero affix) 233, 261
제로 파생 (zero derivation) 82, 126,

127, 165, 221, 222, 227, 228-232, 253, 255, 284
조건음 (conditioning sound) 348, 349
조어법→어형성 19
조정 규칙 (adjustment rule) 361-363
종속 합성어 (subordinate compound; subcompound) 265
종합 합성어 (synthetic compound) 49, 257-259, 327, 328, 333-335
주요어 (head word)→핵 275
중음 탈 락(haplology)→유음 생략 356
중첩 (reduplication) 186-187, 268
중첩 합성어 (reduplicative compound) 186, 268-270
중화 (neutralization) 344, 357-358
지소형 (diminutive) 190, 193, 203-206
지시물 (referent) 325
지시 표현 (referring expression) 303
직관 (intuition)→언어 직관 31, 149, 157, 231, 232
직접 성분 (immediate constituent, IC) 132-134, 141, 142
직접 성분 분석 (IC analysis) 132, 134- 135, 141
쭉정 모음 (schwa) 357

ㅊ

차용 (borrowing) 48, 163-164, 193, 194, 204, 210, 231, 375, 382
차용어 (borrowed word; loan(word))
164, 165, 193, 194, 210, 375
창의성 (creativity) 24
철자어 (orthographic word) 45
첩어 (reduplicative; reduplicated word) 186, 268, 269
촘스키 혁명 (Chomskyan revolution) 24

ㅋ

크랜베리 형태 (cranberry morph) 79, 80, 131

ㅌ

타동성 (transitivity) 308
탈락 (deletion; elision) 119, 355-356
   어두음 탈락 (aphaeresis; aphesis) 356
   어말음 탈락 (apocope) 356
   어중음 탈락 (syncope) 356
통사 원자 (syntactic atom) 38
통시성 (diachrony) 23
특수 접어 (special clitic) 366, 369, 370, 373

ㅍ

파니니의 원리 (Pāṇini's theorem) 286
파생 (derivation) 19-21, 25, 28, 63, 95, 96, 99-105, 107, 126, 127, 143, 150, 155, 165, 166, 168, 178, 203, 212, 217, 221, 222, 226, 229,

231- 237, 253, 255-257, 261, 272, 280, 284, 293, 295, 301, 318, 319, 347, 365
파생어 (derivative; derived word) 49, 50, 105, 107, 127, 142, 177, 211, 231, 279, 280, 321, 376, 382
파생 어간 (derived stem) 70
파생 접미사 (derivational suffix) 35, 52, 88, 89, 92, 95, 99-101, 166, 194, 210, 211, 221, 362
파생 접사 (derivational affix) 64, 65, 95, 99, 100, 102, 103, 143, 165, 166, 211, 212, 214, 215, 217, 284, 334, 339
폐쇄 (closed) 47, 48, 56
폐쇄범주 (closed category) 47, 48, 56
폐용- (obsolescence) 139
포합어 (incorporating language) 159, 161
표면 구조 (surface structure) 316
표지 (marker) 19, 27, 28, 60, 98, 246, 383
품사 (word class; part of speech) 23, 47, 48, 51, 52, 69, 90, 95, 96, 99-101, 103, 128, 194, 203, 215, 221, 228, 230, 247, 252, 257, 276, 319, 341, 370
피동화음 (assimilated sound) 349
피수식 요소 (determinatum) 265

ㅎ

하위범주화 (subcategorization) 145-147, 150, 151, 157, 212, 215, 219, 303, 318, 321, 325, 335
하위범주화틀 (subcategorization frame) 145-147, 150, 151, 157, 212, 215, 219, 335
한정 (determination) 197, 198, 252, 293
한정적 합성어 (determinative/attributive compound) →종속 합성어 265
합병 (merging) 118, 119, 160
합성 (compounding) 20, 23, 95, 165, 167, 178, 186, 214, 234, 239, 244, 246, 247, 250, 252, 253, 255, 256, 258, 263, 268, 272, 319, 381, 384
합성 동사 (compound verb) 232, 247, 252-256, 263, 331
합성 명사 (compound noun) 118, 239, 244, 245, 247, 248, 250-255, 332
합성어 (compound word; compound) 21, 36, 47, 50, 153, 154, 157-159, 167, 168, 174, 184, 186, 194, 197, 230, 231, 235, 237, 239-245, 250-263, 265, 266, 268, 271-275, 277, 279, 297, 320, 321, 325-328, 330-335, 367, 376-378, 381
　기준 (the criterion of) 239-240
　유형 (types of) 257-266, 332
합성 어간 (compound stem) 70, 254, 258, 330, 331

합성 형용사 (compound adjective) 231, 247, 248, 252, 263, 297, 298
합성 혼성어 (compound-blend) 175
항목-과정 (item-and-process, IP) 25, 344
항목-배열 (item-and-arrangement, IA) 25, 26-27
핵 (head) 25, 27, 152, 154, 260, 262, 265, 275, 321
행동주의 (behaviorism) 26
행위자 (actor) → 동작주 304
형식 부류 (form-class) 52, 56
형용사 파생 (deadjectival) 203, 210
형용사 합성어 (adjective compound) → 합성 형용사 231, 254, 279
형태 (morph) 26, 71, 72, 80, 272
형태론 (morphology) 19-21, 23-25, 27, 36, 59, 65, 88, 121, 150, 153, 155, 159, 165, 166, 211, 213, 289, 295, 322, 335, 342, 365, 375
형태소 (morpheme) 20-22, 24, 26-28, 31, 33, 34, 47, 50, 52, 59-75, 79-83, 85, 88, 89, 92, 96, 97, 108, 121-123, 125-129, 131-134, 137-141, 143, 146-151, 154, 159-161, 177, 180, 187, 205, 211, 230, 268, 269, 295, 318, 319, 335, 337-340, 342, 344, 346, 352, 357, 361, 362, 365, 369, 370, 373
  정의 (definition) 59-62
  식별 (the identification of) 121-131
형태소 분석 (morphemic analysis) 121- 140
형태음소 (morphophoneme) 27, 126, 344, 348, 353, 361
형태음소 규칙 (morphophoneme rule) 345, 346
형태음소론 (morphophonemics; morphophonology) 24, 337, 338, 344
형태적 유형론 (morphological typology) 158
형태적 전환 (morphological conversion) 234, 261
형태적 조건 (morphological conditioning) 74, 126, 341, 342
형태적 표시 (morphemic representation) → 문법적 표시 26
호스트 (host) 366-368, 370, 373
혼성 (blending) 174-175
혼성어 (blend; portmanteau word) 27
혼성 형태소 (portmanteau morpheme) 70, 71
화석화 (fossilization) → 어휘화 379
환칭 (antonomasia) 183-184
후접어 (proclitic) 366
휴지 (pause; pausing) 35, 36, 45

주제색인(영·한)

A

abbreviation (약어) 171, 172
ablaut (모음 전환) 109, 113, 270
acceptance (수용) →institutionalization 36, 191, 335, 377, 378
accidental gap (우연한 공백) 23
acronym (두자어) 168, 170-172
acronymy (두자어 형성) 168, 170-172
actual word (실제 단어) 22
adjacency condition (인접 조건) 301
adjective compound (형용사 합성어) →compound adjective 231, 254, 279
adjustment rule (조정 규칙) 361-363
affix (접사) 21-23, 28, 60, 63-65, 67-69, 71, 78, 95, 96, 98-104, 107, 112, 142-144, 146, 147, 150-152, 154-157, 159, 165-167, 177, 190, 193, 194, 211, 212, 214, 215, 215, 217-219, 221, 228, 230, 233-235, 261, 266, 274, 275, 284, 289, 296, 318-320, 324, 334, 335, 339, 340, 361, 365, 367-373, 380-382, 384
  class Ⅰ (1군) 214
  class Ⅱ (2군) 214
  primary (1차) 214, 215, 217, 219, 234, 274
  secondary (2차) 151, 214, 215, 217, 219, 234, 275
affixation (접사 첨가) 23, 69, 95, 165, 193, 214, 218, 228, 234, 266, 275, 324, 367, 371
agent/agentive (행위자, 동작주) 304, 311, 314, 315, 321-325
agglutinating/agglutinative language (교착어) 28, 159-160, 161
allomorph (이형태) 20, 21, 71-75, 78, 123, 126, 280, 337, 338, 341, 344, 345, 349, 352, 361-363
allomorphy rule (이형태 규칙) 361-363
allophonic rule (이음 규칙) 345, 347
alphabetism (알파베티즘) 171
alternant (교체형) 116, 337, 338, 342, 344
alternation (교체) 75, 113, 117, 123, 269, 270, 337-344, 347, 362
automatic and non-automatic (자동/비자동) 339-340
  internal and external sandhi (내적/외적 연성) 338-339
  regular and irregular (규칙적/불규칙적) 340-341

American structuralism (미국 구조주의) 24
analytic language (분석어) →isolating language 159, 161
antonomasia (환칭) 183-184
appositional compound (동격 합성어) 265, 266
archiphoneme (원음소) 343, 344
argument (논항) 303, 308, 322, 324, 325, 328-330, 332-334
argument-linking principle (논항연결 원리) 329-333
argument structure (논항 구조) 303, 309, 318, 321-325, 328, 330-333, 335
aspect (상) 19, 97, 157
assimilated sound (피동화음) 349
assimilation (동화) 123, 213, 295, 344, 348-349, 351
    partial assimilation (부분 동화) 348
    total assimilation (완전 동화) 348-349
    complete assimilation→total assimilation 348
    manner assimilation (조음방식 동화) 348
    place assimilation (조음점 동화) 348
    reciprocal assimilation (상호 동화) →coalescence 349
    progressive assimilation (순행 동화) 349
    anticipatory assimilation (역행 동화) 349
    regressive assimilation→anticipatory assimilation 349
associative (연상의) 258
attributive compound (한정적 합성어) →determinative compound 265
avoid synonymy principle (동의어 회피 원칙) 287

B

back-formation (역형성, 역성) 168, 177, 178, 253, 254, 331
back-formed word (역성어) 177, 178
bahuvrihi→exocentric compound (외심 합성어) 257, 259-262, 266, 274, 277, 384
base (어기) 21, 28, 50, 67, 69, 91, 96, 101-103, 107, 133, 139, 147, 165, 194, 195, 198, 203, 215, 219, 221, 213, 215, 219, 221, 231, 258, 272, 280, 282, 283, 289, 291, 293, 295- 298, 301, 328, 357
    limitations on (제한) 289-301
base form (기본형) 27, 339, 340, 344
behaviorism (행동주의) 26
binary (이원적) 65, 195
binary branching (이분지) 142, 318
binary branching hypothesis (이분지 가설) 142
blend (혼성어) 27, 174, 175
blending (혼성) 174, 175
blocking (저지) 284-287, 335

borrowed word (차용어) →loan word 164, 165, 193, 194, 210, 375
borrowing (차용) 48, 163-165, 193, 194, 204, 210, 231, 375, 382
boundary (경계) 36, 45, 98, 214, 291
bound form (의존형) 21, 22, 34, 36, 63, 88, 147, 161, 165, 211, 368
bound morpheme (의존 형태소) 50, 63, 67, 369, 370, 373
bound stem (의존 어간) 50
bracketing (괄호 묶기) 142

C

calque (번역 차용) 164
case (격) 19, 97, 109, 118, 179
category (범주) →word class 56, 63, 90, 91, 95, 142, 143, 145-147, 150-152, 154, 156, 157, 195, 203, 212, 215, 219, 233, 247, 250, 258, 260-262, 274, 275, 277, 291, 303, 318, 321, 325, 326, 335, 362
Chomskyan revolution (촘스키 혁명) 24
circumfix (외접사) 71
clipped word (절단어) 173, 174
clipping (절단) 173, 174, 193, 205, 356, 361, 362
clitic (접어) 19, 20, 365-373
cliticization (접어화) 19, 20, 365, 366-367, 369, 373
closed (폐쇄) 47, 48, 56

closed category (폐쇄 범주) 47, 48, 56
coalescence (융합) 174, 349, 357
cocompound →coordinative compound (병렬 합성어) 257, 265, 266
coinage (신조어) →invention 168, 169
collocation (연어, 낱말 배치) 44, 249, 279
complement (보어, 보충어) 145, 146, 152, 223, 224, 252, 303, 315
complementary distribution (상보적 분포) 73, 74, 76, 353
complex word (복합어) 27, 48-50, 133, 143, 153, 154, 211, 376, 380
compound (합성어) 21, 36, 47, 50, 153, 154, 157-159, 167, 168, 174, 184, 186, 194, 197, 230, 231, 235, 237, 239-245, 250-263, 265, 266, 268, 271-275, 277, 279, 297, 320, 321, 325-328, 330-335, 367, 376-378, 381
 the criterion of (기준)
 types (유형)
compound adjective (합성 형용사) 231, 247, 248, 252, 263, 297, 298
compound-blend (합성 혼성어) 175
compounding (합성) 20, 23, 95, 165, 167, 178, 186, 214, 234, 239, 244, 246, 247, 250, 252, 253, 255, 256, 258, 263, 268, 272, 319, 381, 384
compound noun (합성 명사) 118, 239, 244, 245, 247, 248, 250-255, 332
compound stem (합성 어간) 70, 254,

258, 330, 331
compound verb (합성 동사) 232, 247, 252-256, 263, 331
compound word (합성어) →compound 21, 36, 47, 50, 153, 154, 157-159, 167, 168, 174, 184, 186, 194, 197, 230, 231, 235, 237, 239-245, 250-263, 265, 266, 268, 271-275, 277, 279, 297, 320, 321, 325-328, 330-335, 367, 376- 378, 381
conditioning sound (조건음) 348, 349
constituent structure (성분 구조) 132, 142, 254
content word (내용어) 48, 64, 65
contrast (대립) 73, 126, 339, 357
conversion (전환) 23, 89, 109, 113, 143, 165, 221-228, 230, 233-237, 261, 270, 358, 359
    verb to noun (동사 전성 명사) 222-223
    noun to verb (명사 전성 동사) 223-225, 226
    adjective to verb (형용사 전성 동사) 226
conversion pair (전환쌍) 235-237
coordination (등위) 56, 265
coordinative compound (병렬 합성어) 257, 265, 266
copulative compound (연계 합성어) 265, 266
cranberry morph (크랜베리 형태) 79,

80, 131
creativity (창의성) 24
curtailed word (단축어) 173

D

deadjectival (형용사 파생) 203, 210
deep structure (심층 구조) 316
defective paradigm (결여 어형변화 계열) 116, 117-118
deletion (탈락) 119, 355-356
    aphaeresis/aphesis (어두음 탈락) 356
    syncope (어중음 탈락) 356
    apocope (어말음 탈락) 356
demotivization (동기 상실) 376, 385
denominal (명사 파생) 89, 203, 280
derivation (파생) 19-21, 25, 28, 63, 95, 96, 99-105, 107, 126, 127, 143, 150, 155, 165, 166, 168, 178, 203, 212, 217, 221, 222, 226, 229, 231- 237, 253, 255-257, 261, 272, 280, 284, 293, 295, 301, 318, 319, 347, 365
derivational affix (파생 접사) 64, 65, 95, 99, 100, 102, 103, 143, 165, 166, 211, 212, 214, 215, 217, 284, 334, 339
derivational suffix (파생 접미사) 35, 52, 88, 89, 92, 95, 99-101, 166, 194, 210, 211, 221, 362
derivation by a zero suffix (무접 파

생)→zero derivation 227
derivative (파생어) 49, 50, 105, 107, 127, 142, 177, 211, 231, 279, 280, 321, 376, 382
derived stem (파생 어간) 70
derived word (파생어)→derivative 49, 50, 105, 107, 127, 142, 177, 211, 231, 279, 280, 321, 376, 382
determinant (수식어) 56, 91, 195, 265, 330, 331, 333
determination (한정) 197, 198, 252, 293
determinative compound (한정적 합성어) →subordinate compound 265
determinatum (피수식 요소) 265
deverbal (동사 파생) 203, 207, 210, 257, 295, 334, 362, 382
diachrony (통시성) 23
diacritic feature (구별 자질) 150, 295
dictionary (사전)→lexicon 32, 37-39, 41, 42, 51, 61, 112, 157, 167, 213, 214, 231, 316
diminutive (지소형) 190, 193, 203-206
discontinuous morpheme (불연속 형태소) 70, 71
dissimilation (이화) 351-352
distribution (분포) 73, 74, 89, 123, 125-128, 152, 245, 337, 370, 373
double stress (이중 강세)→level stress 240
dvandva (연계 합성어)→copulative com- pound 265, 266

E

echoism (의성) 185
elision→deletion 119, 355-357
elsewhere condition (여타조건) 286
enclitic (전접어) 366
endocentric compound (내심 합성어) 259-261, 265, 266
epenthesis (삽입)→insertion 45, 71, 147, 243, 289, 318, 319, 353-355
excrescent (잉음의) 354
exocentric compound (외심 합성어) 257, 259-262, 266, 274, 277, 384
expletive infixing (비속어 삽입) 45-46, 289
exponent (실현) 26
external argument (외부 논항) 322, 324, 325, 329
externalization (외부화) 324

F

feature percolation (자질삼투) 154
feature percolation convention (자질삼투 규약) 154, 318, 319, 330
filter (여과 장치) 149, 334
first sister principle (제 1자매 원리) 328
folk etymology (민간 어원) 180-181
foot (음보, 운각) 45-47, 84
form-class (형식 부류) 52, 56
fossilization (화석화)→lexicalization 379

free form (자립형) 21, 22, 33, 34, 47, 59, 63, 135, 271, 381
free morpheme (자립 형태소) 34, 63, 67, 151
free stem (자립 어간) 50
function word (기능어) 47, 64, 65
fusion (융해) →coalescence 357
fusional language (융합어) →inflectional language 160

G

gender (성) 19, 40, 97, 379
generative grammar (생성문법) 24, 27, 149, 150, 214, 286, 316
generative morphology (생성 형태론) 25
generative semantics (생성 의미론) 24
Germanic (게르만어계) 190, 214
grammar (문법) 25-29, 38, 47, 64-66, 71, 128, 160, 227, 233, 240, 243, 244, 251, 310, 328, 365
grammatical (문법적인) 19, 43, 97, 372
grammatical class (문법적 부류) 99
grammatical formative (문법 형성소) 38
grammaticality (문법성) 145
grammatical marker (문법 표지) 19
grammatical morpheme (문법 형태소) 64-66, 71
grammatical representation (문법적 표시) 26
grammatical word (문법어) 40-41, 95
Great Vowel Shift (대모음전이) 381

group-forming (무리 짓기) 189-190

H

haplology (유음 생략, 중음 탈락) 289, 356
head (핵, 머리) 25, 27, 152-154, 260, 262, 265, 275, 318, 321, 332
head word (주요어) →head 275
hiatus (모음 충돌) 123, 342, 356
homophone (동음이어) 87-93, 126
host (호스트) 366-368, 370, 373

I

IA (항목-배열) →item-and-arrangement 25, 27
IC →immediate constituent (직접 성분) 134
IC analysis (직접성분 분석) 132, 134, 135, 141
immediate constituent 132-134, 141, 142
impossible word (불가능한 단어) 22, 275
incorporating language (포합어) 159, 161
infix (접요사) 68
inflecting/inflective language (굴절어) 28, 49, 159, 160
inflection (굴절) 19-21, 28, 29, 35, 48, 50, 52, 63-66, 69, 88, 90, 92, 95-105, 107, 115-119, 135, 154, 159-161, 165, 211, 212, 217, 221, 237, 245, 274, 275, 285, 318, 339, 365,

370-373
inflectional affix (굴절) →inflectional suffix 21, 64, 65, 69, 95, 98-103, 212, 217, 275, 370-373
inflectional paradigm (굴절 어형변화 계열) 102, 107, 116
   noun paradigm (명사 어형변화) 107-110
   pronoun paradigm (대명사 어형변화) 111-112
   verb paradigm (동사 어형변화) 112-113
   comparable paradigm (비교 어형변화) 114-115
inflectional suffix (굴절 접미사) 48, 50, 69, 88, 92, 96-100, 115, 135, 154, 211, 212, 221, 339, 373
initialism (이니셜리즘) 171
insertion (삽입) 45, 71, 147, 243, 289, 318, 319, 353-354
   anaptyxis (짧은 모음의 삽입) 353
   epithesis (어말 자음첨가) 354
   prothesis (어두음 삽입) 353
institutionalization (제도화) 375, 377-378, 380
internal argument (내부 논항) 322, 328, 330, 332, 333
internalization (내부화) 324
interposition (간치사) 98
intrinsic ordering (내재적 순서) 218, 219
intuition (직관) →linguistic intuition 31, 149, 157, 231, 232

invention (신조어) 168-170
IP (항목-과정) →item-and-process 25, 344
irregular inflection (불규칙 굴절) 237, 274
"IS A" condition ("이다" 조건) 326
isolability (고립/독립 가능성) 36
isolating language (고립어) 28, 159, 161
item-and-arrangement (항목-배열) 25, 26-27
item-and-process (항목-과정) 25, 344

J

juncture (연접) 45, 214

L

Latinate (라틴어계) 21, 22, 34, 67, 79, 81, 82, 214, 294, 295, 363
Latinate stem (라틴어계 어간) 21, 22, 34, 67, 79, 81-83, 294
level stress (수평 강세) 240-242
lexeme (어휘소) 37-38, 95, 118, 191, 385
lexical (어휘적인) 43, 66, 155
lexical class (어휘 부류) 99
lexical conditioning (어휘적 조건) → morphological conditioning 75
lexical entries (어휘 기재 항목) 150, 151, 303, 309, 314,
lexical formative (어휘 형성소) 38
lexical insertion (어휘 삽입) 147, 318
lexical item (어휘 항목) 37, 39, 41, 48, 95, 96, 98, 119, 143, 148, 150,

157, 303
lexical morpheme (어휘 형태소) 64-66, 150
lexical structure theory (어휘구조 이론) 318, 321
lexical transformation (어휘적 변형) 329
lexicalist hypothesis (어휘론 가설) 155
lexicalization (어휘화) 148, 375, 376, 379-385
   phonological (음운적) 380-381
   morphological (형태적) 381-382
   semantic (의미적) 380, 383-384
   mixed (혼합) 384-385
lexicon (어휘부) 42-44, 143, 145, 148, 150, 215, 235, 275, 276, 284, 285, 309, 314, 318, 384
linguistic competence (언어 능력) 149
linguistic intuition (언어 직관) 149
listeme (목록소) 41-44
loan (차용어)→loan word 164, 165, 193, 194, 210, 375
loan-translation (번역 차용)→calque 164, 375
loan word (차용어) 164, 165, 193, 194, 210, 375

M

major lexical category (대어휘범주) 40
marker (표지) 19, 27, 28, 60, 98, 246, 383

mental dictionary (심적 사전) 148
merging (합병) 118, 119, 160
metaphor (은유) 139, 378
metathesis (음위전환) 358-359
modal verb (법조동사) 102, 117
modifier (수식어)→determinant 56, 91, 195, 265, 330, 331, 333
morph (형태) 26, 71, 72, 80, 272
morpheme (형태소) 20-22, 24, 26-28, 31, 33, 34, 47, 50, 52, 59-75, 79-83, 85, 88, 89, 92, 96, 97, 108, 121-123, 125-129, 131-134, 137-141, 143, 146-151, 154, 159-161, 177, 180, 187, 205, 211, 230, 268, 269, 295, 318, 319, 335, 337-340, 342, 344, 346, 352, 357, 361, 362, 365, 369, 370, 373
   definition (정의) 59-62
   the identification of (식별) 121-130
morphemic analysis (형태소 분석) 121-140
morphemic representation (형태적 표시)→grammatical representation 26
morphological conditioning (형태적 조건) 74, 126, 341, 342
morphological conversion (형태적 전환) 234, 261
morphological typology (형태적 유형론) 158
morphology (형태론) 19-21, 23-25, 27, 36, 59, 65, 88, 121, 150, 153, 155,

159, 165, 166, 211, 213, 289, 295, 322, 335, 342, 365, 375
morphonology (형태음소론) →morphophonemics 337
morphophonemic rule (형태음소 규칙) 345, 346
morphophonemics (형태음소론) 24, 337, 338, 344
morphophonology (형태음소론) →morphophonemics 337, 338, 344

N

nasal assimilation (비음 동화) 213, 348
neo-classical compound (신고전 합성어) 268, 271-273
neologism (신조어) →invention 168, 169
neutralization (중화) 344, 357-358
nonce formation (임시어 형성) 375, 376-377
nonce word (임시어) 148, 174, 375, 376, 377
nonproductive (비생산적인) 230, 280, 281, 384
noun compound (명사 합성어) → compound noun 279
number (수) 19, 40, 97, 195

O

obscure vowel (애매모음) 357
obsolescence (폐용) 139
one affix, one rule hypothesis (1접사 1규칙 가설) 142
onomatopoeia (의성) →echoism 185
open (개방) 47, 48
open category (개방 범주) 47, 48
ordering hypothesis (배열 가설) 215
orthographic word (철자어) 45

P

palatalization (구개음화) 348, 357
Pāṇini's theorem (파니니의 원리) 286
paradigm (어형변화 계열) 28, 102, 103, 107, 116, 117
past tense formation (과거시제 형성) 27
pause (휴지) 35, 36, 45
percolation (삼투) →feature percolation 154, 275, 318-321, 330, 331, 33, 335
percolation convention (삼투 규약) → feature percolation convention 154
periphrasis (우언법) 115
phonaestheme (유어 공통음) 84-85, 189, 206
phone (단음) 71, 89, 112, 115, 159, 205, 290-292
phoneme (음소) 24, 27, 71, 72, 121, 123, 126, 337, 338, 341, 343, 344, 357
phonemic representation (음소 표시) 26, 338
phonological alternation (음운교체) → alternation 337-344
phonological conditioning (음운적 조건)

65, 74, 110, 126, 341, 342
phonological word (음운어) 45-47
phonotactic constraint (음소배열 제약)
　　149, 168
phrasal affix (구절 접사) 367
phrase structure rule (구구조규칙) 157
plural (복수) 27, 52, 60, 69, 71, 74,
　　75, 88, 97-100, 102, 107-110, 112,
　　113, 117, 119, 126, 129, 135, 163,
　　178, 211, 245, 246, 260, 274-277,
　　337, 340, 342, 346, 348, 349, 353,
　　369, 370, 371, 373
polysemous word (다의어) 87
polysynthetic language (다종합어) →
　　incorporating language 161
portmanteau morpheme (혼성 형태소)
　　70, 71
portmanteau word (혼성어) →blend
　　27, 174, 175
position class (위치 부류) 54-55
positional variant (위치상의 변이형) 72
possessive 's (소유격 's) 97, 98, 373
possible word (가능한 단어) 22, 275, 279
potential word (가능한 단어) →possible
　　word 22, 275, 279
predicate (술어) 20, 21, 37, 47, 49,
　　52, 69, 71, 84, 116, 118, 164, 221,
　　223, 224, 233, 234, 253, 257, 266,
　　303, 308, 322, 324, 334, 337, 338,
　　353, 375
　　one-place (한 자리) 308

two-plae (두 자리) 308
three-place (세 자리) 308
preferred syllable (선호 음절) 355
prefix (접두사) 21, 28, 50, 67-69, 71,
　　81, 91, 95, 96, 112, 115, 123, 129,
　　139, 153, 154, 157, 166, 193-199,
　　201, 203, 211, 213, 214, 219, 297,
　　299, 319, 349, 366
　　privative/reversative (결성) 196
　　pejorative (경멸) 199
　　negative (부정) 91, 123, 195-196,
　　　　213, 214, 299, 345
　　number (수효) 199-200
　　time and order (시간과 순서) 198-199
　　degree or size (정도 또는 크기) 197
　　locative/place (처소) 198
　　attitude (태도) 197-198
　　other (기타) 201
prefixation (접두사 첨가) 194-201, 211
primary compound (일차 합성어) →
　　root compound 257, 326, 327, 333, 334
primary derivative (일차 파생어) 50
proclitic (후접어) 366
productive (생산적) 29, 101-103, 194,
　　205, 208, 230, 247, 258, 272, 279,
　　280, 281, 285, 293, 301, 302, 334,
　　379, 382, 384
productivity (생산성) 24, 155, 205,
　　247, 258, 273, 279, 280, 281, 283,
　　284, 289, 301, 332, 382
　　constraints/restrictions (제약) 283

pronunciation-spelling (발음 철자) 172
prosodic word (운율어) →phonological word 45, 46, 47
pseudo-compound verb (의사 합성 동사) 253-255, 263

R

realization (실현) 37
recursion (반복성) 157, 273
recursiveness (반복성) →recursion 157, 273
reduplicated word (첩어) →reduplicative 186, 268, 269
reduplication (중첩) 186, 268-270
reduplicative (첩어) 186, 268, 269
reduplicative compound (중첩 합성어) 186, 268
referent (지시물) 325
referring expression (지시 표현) 303
repetitive compound (반복 합성어) → reduplicative compound 268
replacive allomorph (대체 이형태) → replacive morpheme 78, 126
replacive morpheme (대체 형태소) 78, 126
rewrite rule (다시 쓰기 규칙) 157, 247, 318
right-hand head rule (우측머리 규칙) 153-154, 318
rime combination (압운 결합) 269
root (어근) 21, 27, 28, 49, 63, 68, 69, 71, 100, 103-105, 113, 143, 152, 169, 186, 194, 203, 211, 212, 217, 257-259, 263, 274, 279, 296, 325, 326, 334, 335, 362, 363, 365, 368, 381, 382, 384
root compound (어근 합성어) 49, 257-258, 263, 279, 325, 326, 334, 335

S

sandhi (연성) 338-339
schwa (쭉정 모음) 357
secondary derivative (이차 파생어) 50
secretion (분비) 190, 193
self-embedding (자기 내포) 158
semantic coherence (의미의 일관성) 301-302
semantic compositionality (의미적 합성) 384
semantic distinctiveness (의미적 변별성) 122
semantic regularity (의미적 규칙성) 102
semantic role (의미역) →thematic role 304, 308-311, 314-316, 318, 321-324, 335
semi-productive (일부 생산적인) 280
semi-suffix (반접미사) 194
separability (분리 가능성) 34, 368
simple clitic (단순 접어) 366, 369, 373
simple word (단일어) 27, 47-50, 60, 257, 326, 380, 384
sonorant devoicing (공명음 무성음화) 345, 346
sound symbolism (음성 상징) 84, 206,

270
special clitic (특수 접어) 366, 369, 370, 373
specifier (명시어) 152
spirantization (마찰음화) 342, 348, 357
stem (어간) 21, 22, 27, 34, 50, 63, 67, 69, 71, 79, 81, 82, 101, 103, 107, 109, 111, 112, 114, 116, 117, 126, 129, 143, 147, 150, 152, 154, 160, 161, 180, 186, 190, 193, 229, 230, 254, 268, 269, 275, 293-295, 318- 320, 330-334, 338, 353, 370, 371, 381
stress (강세) 31, 45, 82, 96, 194, 203, 213, 214, 227, 228, 232-235, 240-242, 251, 289-291, 343, 356-359, 369, 380
structural class (구조 부류) 56
structural linguistics (구조 언어학) 52, 60, 134, 214, 344
subcategorization (하위범주화) 145-147, 150, 151, 157, 212, 215, 219, 303, 318, 321, 325, 335
subcategorization frame (하위범주화틀) 145-147, 150, 151, 157, 212, 215, 219, 335
subcompound (종속 합성어) →subordinate compound 265
subordinate compound (종속 합성어) 265
suffix (접미사) 21, 28, 35, 48, 50, 52, 67-69, 71, 74, 75, 82, 88, 89, 92, 95-102, 107, 110, 115, 126, 128, 135, 137, 139, 147, 151-154, 156, 157, 160, 166, 178, 189, 190, 193, 194, 203-212, 215, 219, 221, 226, 229, 230, 232, 235, 245, 261, 273, 276, 280, 281, 285, 289, 290, 292, 295, 301, 339, 340, 347, 348, 357, 362, 366, 368, 369, 371, 373
noun→noun (명사→명사) 203-207
    feminine (여성형) 204-205
    diminutive (지소형) 205-206
    occupational (직업인) 203-204
    status, domain (신분·영역) 206- 207
noun→adjective (명사→형용사) 209-210
noun/adjective→verb (명사/형용사→동사) 208
noun/adjective→noun/adjective (명사/형용사→명사/형용사) 207
verb→noun(동사→명사) 207-208
verb suffix (동사 접미사) 208
adverb suffix (부사 접미사) 210
adjective→noun (형용사→명사) 208
suffixation (접미사 첨가) 21, 96, 153, 157, 203-210, 211, 226, 261
suppletion (보충법) 116-117, 275, 341
suppletive alternation (보충적 교체) → suppletion 341
suppletive form (보충형) 117
surface structure (표면 구조) 316

synchrony (공시성) 23
syncretism (융화) 118-119
syntactic atom (통사 원자) 38
synthetic compound (종합 합성어) 49, 257-259, 327, 328, 333-335
synthetic language (종합어) →inflecting language 160, 161

T

tactics (배열론) 26, 27
taxonomic phonemics (분류 음소론) 24
tense (시제) 19, 21, 27, 40, 60, 64, 71, 74, 78, 97, 102, 116, 246, 341
thematic role (의미역) 304, 308-311, 314-316, 318, 321-324, 335
   actor (행위자) →agent 304
   agent (동작주, 행위자) 304, 311, 314, 315, 321-325
   benefactive (수혜자) 306
   experiencer (경험자) 305
   goal (도착점) 305, 306, 323
   instrument/instrumental (도구, 도구격) 305, 308, 313, 330, 331, 333
   locative/location (처소, 처소격) 306, 311, 313, 330, 333
   manner (양태) 330, 333
   patient (수동자) 304, 305, 311, 314, 330
   recipient →benefactive (수혜자) 306
   source (시발점) 305, 314

theme (주제) 304, 305, 314, 315, 321-325, 332, 335
undergoer →patient (수동자) 304, 305, 311, 314, 330
theta grid (의미 격자) 322
theta role (의미역) →thematic role 304, 308
transformational generative grammar (변형생성문법) 24
transformational grammar (변형문법) 24, 25
transitivity (타동성) 308
transposition (자리 이동) 34
tree diagram (수형도) 142-144
trochee (강약 음보) 46
truncation rule (절단 규칙) 361, 362
typology (유형론) 158

U

ultimate constituent (궁극적 성분) 134
umlaut (움라우트) 110, 113, 349
underived word (미파생어) 211
underspecification (불완전 명세) 344
utility (유용성) 377

V

variable (변항) 152
variable R condition (변수 R 조건) 326-327
velar softening (연구개음 연화) 294, 347

verbal compound (동사성 합성어) →
　root compound (어근 합성어) 257
verb compound (동사 합성어) 252-256,
　263
vocabulary item (어휘 항목)→lexical
　item 37, 41
voicing assimilation (성 동화) 348
vowel harmony (모음조화) 349
vowel lengthening (장모음화) 345, 346,
　357
vowel nasalization (비모음화) 345, 346
vowel reduction (모음 약화) 357, 358

W

WFR (어형성 규칙)→word-formation
　rule 142, 149, 155-157, 191, 219,
　280, 283, 286, 296, 318, 323, 333,
　334, 361
word (단어)
　definition (정의) 33-36
word-and-paradigm (단어계열) 25, 27-28
word class (품사) 23, 47, 48, 51, 52,
　69, 90, 95, 96, 99-101, 103, 128,
　194, 203, 215, 221, 228, 230, 247,
　252, 257, 276, 319, 341, 370
word-form (어형) 19, 20, 25, 39-40,
　45, 119, 155, 186, 188, 217, 219,
　286, 365
word-formation (어형성, 조어법) 19,
　20, 22-25, 49, 95, 142, 149,
　155-157, 159, 163, 168, 177, 191,
　219, 233, 268, 271, 279, 280, 283,
　284, 286, 289, 296, 297, 318, 323,
　333, 334, 361, 365
word-formation process (어형성 과정)
　22, 142, 163, 191, 280, 289, 297
word-formation rule (어형성 규칙)
　142, 149, 155-157, 191, 219, 280,
　283, 286, 296, 318, 323, 333, 334, 361
word structure rule (어구조 규칙) 157
WP (단어 계열)→word-and-paradigm 25

Z

zero affix (제로 접사) 233, 261
zero derivation (제로 파생) 82, 126,
　127, 165, 221, 222, 227, 228-232,
　253, 255, 284
zero suffix (제로 접미사) 126, 229,
　230, 232

▶ 저자 약력

서울대학교 사범대학 영어과 졸업 (B.A.)
미국 University of Texas at Austin 대학원
　언어학과 졸업 (M.A., Ph.D.)
성균관 대학교 영어영문학과 교수
이화여자대학교 대학원 강사
한국음운론학회 회장
한국영어학회 초대 회장
University of Massachusetts at Amherst 객원교수
Johns Hopkins University 객원교수
BK21 서강-이화 언어학 교육·연구단 단장
일본영어학회 자문위원
현재 서강대학교 영어영문학과 교수

▶ 주요 저서

- *Aspects of Korean Morphology*, 범한서적, 1984
- 「영어음운론」 한신문화사, 1987
- 「영어학의 이해」 (공저), 지식산업사, 1993
- 「형태론」 (공역), 한신문화사, 1994
- 「최적성 이론」 (공저), 한신문화사, 1997
- (John J. McCarrhy 지음) 최적성이론의 주제별 안내(공역), 한국문화사, 2003
- 「영어음성학과 음운론」, 종합 출판, 2008

신·영·어·학·총·서 7

영어형태론
(ENGLISH MORPHOLOGY)

1판 1쇄 ▷ 1998년 8월 18일
1판 2쇄 ▷ 2000년 8월 25일
1판 3쇄 ▷ 2009년 8월 20일
2판 1쇄 ▷ 2010년 3월 10일
2판 2쇄 ▷ 2015년 8월 31일

지은이 ▷ 김 영 석
발행인 ▷ 김 진 수
발행처 ▷ **한국문화사**
등록번호 ▷ 제 2-1276호
133-110 서울시 성동구 광나루로 130 서울숲IT캐슬 1310호
Tel (02)464·7708, 3409·4488
Fax (02)499·0846

*책값은 뒤표지에 있습니다.

ISBN 978-89-5726-755-4 93740
ISBN 978-89-7735-361-9 (세트)

* 잘못된 책은 바꾸어 드립니다.